पंकज राग

कैफ़े सिने संगीत

राजकमल पेपरबैक्स

राजकमल पेपरबैक्स में
पहला संस्करण : 2023

राजकमल पेपरबैक्स : उत्कृष्ट साहित्य के जनसुलभ संस्करण

राजकमल प्रकाशन प्रा.लि.
1-बी, नेताजी सुभाष मार्ग, दरियागंज
नई दिल्ली-110 002
द्वारा प्रकाशित

शाखाएँ : अशोक राजपथ, साइंस कॉलेज के सामने, पटना-800 006
पहली मंज़िल, दरबारी बिल्डिंग, महात्मा गांधी मार्ग, प्रयागराज-211 001
वेबसाइट : www.rajkamalprakashan.com
ई-मेल : info@rajkamalprakasshan.com

मुद्रक : विकास कंप्यूटर एंड प्रिंटर्स
ट्रॉनिका सिटी-201 102
द्वारा मुद्रित

मूल्य : ₹250

CAFE CINE SANGEET
by Pankaj Rag

ISBN : 978-81-19028-80-1

पंकज राग

मुज़फ़्फ़रपुर, बिहार में जन्मे पंकज राग ने सेंट स्टीफंस कॉलेज, दिल्ली से इतिहास विषय में और तत्पश्चात् दिल्ली विश्वविद्यालय से आधुनिक भारतीय इतिहास में एम.फ़िल. की उपाधि प्राप्त की। दिल्ली विश्वविद्यालय में लगभग डेढ़ वर्ष तक अध्यापन भी किया। 1990 में वे भारतीय प्रशासनिक सेवा, मध्य प्रदेश संवर्ग में आए।

पंकज राग ने पुरातत्त्वविज्ञान, अभिलेखागार एवं संग्रहालय आयुक्त, मध्य प्रदेश सरकार के रूप में भी सेवा प्रदान की है। वे भारतीय फ़िल्म एवं टेलीविज़न संस्थान, पुणे के निदेशक, महानिदेशक, राष्ट्रीय अभिलेखागार तथा मध्य प्रदेश सरकार में कई महत्त्वपूर्ण पदों पर रहे हैं।

संगीत विशेषज्ञ के रूप में, पंकज राग ने फ़िल्मों और संस्कृति पर गहन शोध किया है। सन् 1931 से 2005 तक के फ़िल्म संगीत निर्देशकों पर आधारित उनकी पुस्तक 'धुनों की यात्रा' बहुचर्चित रही है। वे प्रख्यात हिन्दी कवि हैं। उनके कविता-संग्रह 'यह भूमंडल की रात है' पर उन्हें प्रतिष्ठित 'केदार सम्मान', 'मीरा स्मृति सम्मान' और 'स्पन्दन कृति सम्मान' प्राप्त हुए हैं। '1857 : दी ओरल ट्रैडिशन' में उन्होंने लोकगीतों एवं लोककथाओं के माध्यम से प्रथम स्वतंत्रता संग्राम को पुनर्सृजित किया है।

उन्होंने अनेक कृतियों का सम्पादन भी किया है जिनमें–'विन्टेज मध्य प्रदेश', 'भोपाल 50 इयर्स', 'मास्टर पीसेज़ ऑफ़ मध्य प्रदेश', 'राग-रागिनी फोलियो', 'रायसेन का पुरातत्त्व', 'राजगढ़ का पुरातत्त्व', 'मंदसौर का पुरातत्त्व', 'नोन एंड अननोन : एन इंसाइक्लोपीडिया ऑफ़ मॉन्यूमेंट्स ऑफ़ मध्य प्रदेश' आदि शामिल हैं। फ़िलहाल वे मध्य प्रदेश भवन, दिल्ली में रेज़िडेंट कमिश्नर के पद पर कार्यरत हैं।

सिने संगीत के

उन पाठकों के नाम

जिन्होंने मुझे बहुत प्यार दिया है

क्रम

हिन्दी फ़िल्म-संगीत की प्रवृत्तियाँ

हिन्दी फ़िल्म-संगीत के किसी भी पक्ष का विश्लेषण करते समय कई पहलुओं और मानकों का ध्यान रखने के साथ-साथ एकीकृत और संगठनात्मक तरीक़े से परिवर्तन, संघर्ष, निरन्तरता और बदलावों को भी शामिल करना ज़रूरी है। इसी प्रकार किसी विशेष समय-अवधि के संगीत के विश्लेषण के वक़्त न सिर्फ़ सुर, राग, ताल, धुनों जैसे कारकों का बल्कि व्याख्या के स्तर पर संगीत की माँग और प्रभाव के साथ उस समय की सामाजिक, आर्थिक और राजनीति का मनुष्य की चेतना से जो सम्बन्ध निर्मित होता है, उसे भी देखा जाना चाहिए।

हिन्दी फ़िल्म-संगीत की शुरुआत 1931 में निर्मित पहली टॉकीज़, 'आलमआरा' और पहले गीत 'दे दे ख़ुदा के नाम पर प्यारे, ताक़त है गर देने की' से हुई, जिसके गायक थे डब्लू.एम. ख़ान और संगीतकार थे फ़िरोज़ शाह मिस्त्री। उस युग में जब फ़िल्मों में साधारण और सीधी-सादी प्रकार की कथा होती थी तो अक्सर गीत-संगीत फ़िल्म की कहानी को आगे बढ़ाने के लिए प्रयुक्त किए जाते थे। साथ ही, फ़िल्मी गीतों का प्रयोग भावनाओं को प्रदर्शित करने के लिए भी किया जाता

था। हारमोनियम, तबला और बाँसुरी मुख्य संगीत वाद्य होते थे और पार्श्व-गायन उस समय तक लोकप्रिय नहीं हुआ था और उसकी जड़ें अभी फ़िल्मी क्षेत्र में जमी नहीं थीं। गीत फ़िल्म के अदाकारों द्वारा ही गाए जाते थे और वे अदाकार गीत-संगीत में अच्छी तरह से प्रशिक्षित नहीं होते थे। उनके लिए रचित गीत और संगीत-संरचना साधारण होती थी और वे गीत अधिकतर धीमी गति या लय के होते थे। पहले के दौर के फ़िल्मी गीत कभी तो शास्त्रीय रागों के शुद्ध रूप में तो अधिकतर उनके बेहद सीधे-सादे रूपान्तर पर आधारित होते थे और इस तरह शुरुआती फ़िल्म-संगीत में काफ़ी हद तक उस मधुर गुणवत्ता में कमी होती थी जो बाद के दशकों में आई।

अधिकतर कलाकार पारसी थिएटर से आते थे या उस जगह से, जिसे 'कोठा संस्कृति' कहा जाता था। इस संगीत में गीत का वह रूप प्रखर था जो नाक से या रीतिबद्ध तरीक़े से गाया जाता था (स्त्री गायिकाएँ अक्सर एक कम्पन या मर्दाना तरीक़े से 'काली पाँच' की रेंज में गाती थीं)। कई बार पारसी थिएटर से प्रभावित होकर मौखिक बातचीत जैसी धुनें बनाई जाती थीं। अक्सर ये शुरुआती धुनें बॉम्बे टॉकीज़ की संगीत-निर्देशक सरस्वती देवी द्वारा फ़िल्म 'अछूत कन्या' (1936) के गीत 'मैं बन की चिड़िया बन ही बन में डोलूँ रे' और 'खेत की मूली, बाग़ का आम' जैसी होती थी, जिसकी तुलना बाल-कविताओं से भी की गई है। फ़िल्म 'प्रकाश पिक्चर्स' के संगीतकार लल्लूभाई नायक (जिनके लिए बनारस की राजकुमारी ने 'बम्बई की सेठानी' के लिए अपना सर्वप्रथम गीत 'हमसे क्यों रूठ गए' गाया था) की फ़िल्म 'बम्बई मेल' का 'किसकी आमद का यूँ इन्तज़ार है' जैसे गम्भीर गीत से लेकर प्राणसुख नायक के इम्पीरियल फ़िल्म्स में बनी फ़िल्म 'माधुरी'

(1932) के प्रसिद्ध शास्त्रीय गायक पटवर्धन के 'सरिता सुगन्ध शोभे वसन्त' जैसे गीत (माधुरी ही वह पहली फ़िल्म थी जिसके रेकॉर्ड बने थे) या रणजीत मूवीटोन के झंडे ख़ान (जिन्होंने 1941 में बनी फ़िल्म 'चित्रलेखा' में राग भैरवी में सभी गीतों में संगीत दिया था) तक के गीतों में अभिव्यक्ति की सादगी ज़रूर अलग-अलग हो सकती थी, लेकिन कुल मिलाकर पहले के गीतों के 'ताल' और 'रस' की संगीत आकृति अधिकतर एक ही घेरे की सीमाओं के भीतर होती थी।

स्टूडियो व्यवस्था के दिनों में संगीत-निर्देशक किसी स्टूडियो विशेष के वेतनभोगी कर्मचारी हुआ करते थे। एक तरफ़ हमें दामोदर शर्मा को देखना होगा, जिन्होंने सिर्फ़ 'पैरामाउंट' की फ़िल्मों में संगीत दिया तथा इसी तरह सुन्दरदास भाटिया ने 'सरोज मूवीटोन' के लिए धार्मिक-परम्परा और समाज के पदचिन्हों पर चलनेवाले गीत तैयार किए जबकि दूसरी तरफ़ कोलकाता के 'मादन थिएटर' के बृजलाल वर्मा को रेखांकित करना होगा जो मुख्यतः पारसी थिएटर-स्टाइल के संगीत के लिए जाने जाते थे और जिनके अधिकतर गीत मास्टर निसार और ग्लैमरस और भड़कीली जहाँआरा कज्जन ने 'शीरीं फ़रहाद' (1931), 'लैला मजनू' (1931), 'गुलरू जरीना' (1932), 'ज़हरीला साँप' (1933), 'मेरा प्यारा' (1935) आदि के लिए गाए और 'वो मुक़द्दर न रहा वो ज़माना न रहा', 'राहत का इस तरह से ज़माना गुज़र गया' और 'मेरा प्यारा दुलारा दुलारा साजन' जैसे हिट गीत लेकर आए। 'मादन थिएटर' की प्रसिद्ध संगीतमयी रचना 'इन्द्रसभा' (1931) में वज़ीर ख़ान द्वारा कम्पोज़ किए गए और नागरदास नायक द्वारा वाद्य संयोजित किए गए 71 गीत थे (जो अभी तक किसी फ़िल्म में सर्वाधिक गीतों का रेकॉर्ड है), जिनमें ब्रज के लोक संगीत, नाटकों, पारम्परिक ग़ज़ल शैली, पारसी नाटकीय

वाक्पटुता और यहाँ तक कि यूरोपियन ऑपेरा की भी छाया थी जो उस दशक को परिभाषित करनेवाले स्टाइलिस्ट और संरचनात्मक मापदंडों के भीतर रचे गए। कोल्हापुर का 'प्रभात स्टूडियो' (जो बाद में पूना स्थानान्तिरत हो गया) की 'अयोध्या का राजा' (1932), 'माया मच्छिन्द्र' (1932), 'सैरंध्री' (1932) आदि जैसी धार्मिक और सामाजिक फ़िल्मों में गोविन्दराव तेम्बे की हारमोनियम पर आधारित शास्त्रीय रचनाएँ 'सकल जगत् में छत्रपति सुमरत सब जन' और 'छोड़ आकाश को सितारे' एक तरह से मराठी रंगमंचीय शैली का ही थोड़ा संशोधित विस्तार थीं। 'प्रभात' के दूसरे संगीतकार केशवराव भोले ने पियानो और हवाइयन गिटार जैसे वाद्ययंत्रों से परिचय करवाया और 'अमृतमंथन' (1934) में 'कमसिनी में दिल पे' में सुरों को तोड़ते हुए अधिक बारीक और प्रयोगात्मक गीतों की तरफ़ अग्रसर हुए तथा फ़िल्म 'दस बजे' (1942) में कोमलता और रूमानियत के साथ 'उसने कहा इनकार क्यों बनने में मेरी चाँदनी' जैसे गीत बनाए। मराठी 'नाट्य' और 'भाव' संगीत के शेड्स कई मराठी संगीत-निर्देशकों ने हिन्दी फ़िल्मों के लिए तैयार किए गए गीतों में क़ायम रखे। मास्टर कृष्णाराव ने शास्त्रीय संगीत को मधुर बनाकर यमन-कल्याण पर आधारित 'अमर ज्योति' (1936) के गीत 'सुनो-सुनो वन के प्राणी' और फ़िल्म 'वहाँ' (1937) के गीत 'हर गली में हैं बगीचे' में भावों की सुरीली चमक बनाए रखी। 'प्रभात स्टूडियो' ने अपनी सामाजिक फ़िल्मों में आम आदमी की भावनात्मक मनोदशा और संवेदनशीलताओं के अनुसार फ़िल्म-संगीत को रचे जाने की आवश्यकता को रेखांकित किया। दादा चाँदेकर (मास्टर विनायक की फ़िल्मों के संगीतकार) ने भी 'जमुना बीच खेलूँ खेल' ('ब्रह्मचारी' 1938) जैसे लुभानेवाले बेहद लोकप्रिय Seduction गीत और 'बगीचा ये सरकारी काहे मैं तोड़ी कली

चम्पा की' जैसे ब्रिटिश नस्लवाद पर व्यंग्य गीत रचने की अपनी शैली से बाहर आकर 'अमृत' (1941) में मराठी नाट्य संगीत 'तान' का प्रमुखता से इस्तेमाल किया। अन्ना साहेब माइनकर ने उसी नाट्य शैली का 'घर की लाज' (1941) में यमन पर आधारित गीत 'गोकुल अब तो जाऊँ' में प्रयोग किया। मराठी शैली की यह प्रवृत्ति 1960 के उत्तरार्द्ध तक दृष्टव्य होती है जब 'भाभी की चूड़ियाँ' (1961) में संगीतकार सुधीर फड़के ने राग भूपाली पर आधारित गीत 'ज्योति कलश छलके' और यमन पर आधारित रचना 'लौ लगाती गीत गाती' में इसका प्रयोग किया। जहाँ पारम्परिक संगीत शैली तथा सामन्ती महफ़िली शैली का संगीत मुश्ताक़ हुसैन और मीर साहब के 'मिनर्वा मूवीटोन' की फ़िल्मों (जैसे 'पुकार' (1939) के दार्शनिक शैली का 'ज़िन्दगी का साज़ भी क्या साज़ है'), मधुलाल मास्टर की छोटी, सीधी-सादी रचनाओं और मुरकी युक्त रफ़ीक़ गज़नवी की रूमानी ग़ज़लों और गीतों में क़ायम रहा, वहीं वह कलकत्ता के 'न्यू थिएटर्स' का संगीत था जिसने संगीत के लिए एक नई ज़मीन तराशी। बंगाल की पारम्परिकता और आधुनिकता, दोनों को प्रदर्शित करता, वहाँ के भद्रलोक के सामाजिक माहौल से उद्भूत होता और उसे उभारता और प्रबल बुर्जुआ वर्ग को रेखांकित करता यह उस वर्ग का संगीत था जो अभी तक पूरी तरह से अपनी भूमि-आधारित जड़ों से मुक्त नहीं हुआ था। इस संगीत में भावनाओं के संगीत के युग की शुरुआत थी (यह उस समय के बंगाली साहित्य की अति संवेदनशील शैली के समानान्तर था, जो नये बंगाली भद्रलोक में बहुत प्रिय था), जहाँ एक तरफ़ आर.सी. बोराल ने स्वदेशी ऑर्केस्ट्रा, रवीन्द्र संगीत, लोक संगीत, ठुमरी और ग़ज़ल का उपयोग सरल, मधुर और भावनात्मक रूप में किया तो दूसरी तरफ़ आधुनिकता की तरफ़ जाते हुए हार्मोनी के

सर्वप्रथम इस्तेमाल और ऑर्गन और चेलो जैसे पश्चिमी वाद्य उपकरणों के अधिक उपयोग के साथ पंकज मल्लिक आए तथा कई अमर गीतों जैसे, 'इक बँगला बने न्यारा' ('प्रेसिडेंट', 1937), 'बाबुल मोरा नैहर छूटो जाए' ('स्ट्रीट सिंगर', 1934), 'मैं सोते भाग जगा दूँगा' और 'तुम बिन कल ना आवे' ('लगन', 1942), 'शराबी सोचकर मतवाले' ('मुक्ति', 1937), 'करूँ क्या आस निरास भई' ('दुश्मन', 1939), 'पिया मिलन को जाना' ('कपाल कुंडला', 1939), 'मैं क्या जानूँ क्या जादू है' ('ज़िन्दगी' 1940) और 'डोले हृदय की नैया' ('विद्यापति', 1937) का सृजन हुआ और कुन्दन लाल सहगल, पंकज मल्लिक और कानन देवी सुपर स्टार गायक के रूप में स्थापित हुए।

इस दशक के दौरान स्वतंत्रता आन्दोलन के लिए उमड़ी जनचेतना ने निश्चित तौर पर न केवल देशभक्ति से परिपूर्ण गीतों के शब्दों और बोलों में बल्कि ऊँची पिच और तेज़ गति के साथ कुछ हद तक फ़िल्म-संगीत के लहज़े और रचना में भी एक विशेष उत्साह और प्रेरणादायक स्वर दिया। मिसाल के तौर पर मास्टर मोहम्मद द्वारा 'वाडिया मूवीटोन' की फ़िल्मों के लिए रचित गीतों—'पराई पीर जाने वीर भारत हो तो ऐसा हो' ('वीर भारत', 1934 जो जयदेव पर फ़िल्मांकित था जो आनेवाले वर्षों में एक महत्त्वपूर्ण संगीत-निर्देशक बन गए), 'हम वतन के, वतन हमारा' ('जय भारत', 1936) और 'झंडा ऊँचा रहे हमारा' ('लुटारू ललना', 1938) का ज़िक्र किया जा सकता है। अनिल बिस्वास पहले संगीत-निर्देशक थे जिन्होंने सामाजिक-राजनैतिक जागृति के लिए 'कोरस' को समाज या समुदाय की आवाज़ के प्रतिबिम्ब के रूप में प्रस्तुत किया। उनकी कुछ संगीतमयी रचनाएँ महज़ देशभक्ति की रचनाएँ नहीं थीं (उनकी देशभक्ति की रचनाओं का सबसे प्रसिद्ध सदाबहार उदाहरण है—'आज हिमालय की

चोटी से'—'क़िस्मत' (1943) बल्कि वैसी रचनाएँ भी जो भारतीय समाज के भीतर बुनियादी विरोधाभासों और असमानताओं पर सवाल उठाती थीं और परिवर्तन की आवश्यकता की वकालत करती थीं। 'निराला हिन्दुस्तान' (1938) का समूह गीत 'धनवानो-धनवानो ग़रीबों की परवाह करो', 'कॉमरेड' (1938) का 'जागो जागो सोने वालो अब तो हुआ सवेरा', 'हमारी बात' (1943) का 'बादल से निकल चला यह दल मतवाला रे' और 'करवटें बदल रहा है आज सब जहाँ' जैसे गीत इसके उदाहरण हैं। यथार्थवादी फ़िल्म 'रोटी' (1943) में एक प्रकार की भारतीय ब्रेख़्तनुमा प्रणाली का उपयोग राग मालकौंस पर आधारित मार्मिक गीत 'रोटी-रोटी क्यों रटता', 'है मक्कार ज़माना' और 'ग़रीबों पर दया करके बड़ा एहसान करते हो' में और फ़िल्म 'भूख' (1947) के गीत 'सारे जग में पेट का धन्धा' और 'इस जग में ग़रीबों का नहीं है ठिकाना' में द्रष्टव्य होते हैं। इन सामाजिक-राजनैतिक संवेदना के विषयों पर रचे गए फ़िल्म-संगीत में जीवन्त और जागरूक मनोदशा को दर्शाने की आवश्यकता के कारण ही शायद ऑर्केस्ट्रा के विस्तार की ज़रूरत समझी गई और पहली बार अनिल विश्वास के द्वारा भारतीय फ़िल्म-संगीत में बारह दलीय ऑर्केस्ट्रा की शुरुआत की गई।

अनिल बिस्वास

दुर्भाग्यवश, हिन्दी की अधिकांश फ़िल्मों में ऐसे विषयों की तुलनात्मक कमी के चलते, हिन्दी संगीत में इस तरह के समाजशास्त्रीय और राजनैतिक फ़िल्म गीत-संगीत की शैली कभी भी प्रभावशाली प्रवृत्ति नहीं बन सकी। हालाँकि प्रगतिशील और शास्त्रीय के मिलन से रचित 'धरती के लाल' (1946) और 'नीचा नगर' (1942) के रवि शंकर द्वारा संगीतबद्ध गीत, 'चौरंगी' (1942) में क़ाज़ी नज़रुल इस्लाम के कुछ बेमिसाल गीत जैसे 'सारा दिन छत पीटी हाथ हूँ दुखाई रे', राज कपूर के समाजवादी झुकाव की 'आवारा' और 'श्री 420' जैसी फ़िल्मों के गीत, सलिल चौधरी की 'दो बीघा ज़मीन' और 'जवाहर' जैसी फ़िल्मों के गीत (वैसे उनके सामूहिक mass based songs मुख्यत: बांग्ला और ग़ैर फ़िल्मी संगीत में हैं) या फिर उत्तरोत्तर उच्च होते स्वरों के साथ बहुमुखी प्रतिभा के धनी एस.डी. बर्मन की क्लासिक 'प्यासा' (1957) के सदाबहार गीत (जैसे 'ये महलों ये तख़्तों ये ताजों की दुनिया' और 'जिन्हें हिन्द पर नाज़ है वो कहाँ हैं') जैसी कोशिशें बीच-बीच में आती रहीं।

सी. रामचन्द्र के पश्चिम, लैटिन और अफ्रीकन बीट्स, कोरल whistling और बेनी गुडमैन के स्टाइल के ऑर्केस्ट्रा का 'आना मेरी जान मेरी जान संडे के संडे' 'शहनाई' (1948) जैसे गीतों में अपने पाश्चात्य 'बिगाड़ों' के प्रयोग से भी अन्तत: ऐसी रचनाओं का सृजन होता था जो अन्तत: 'अंग्रेज़ी तरीक़ों का उपहास ही करता था और गोप, भगवान और याक़ूब जैसे अभिनेताओं की कॉमेडी फ़िल्मों में अपनी लोकप्रिय जगह बनाए रखता था। वहीं सी. रामचन्द्र कई फ़िल्मों में भारतीय संगीत का शुद्ध मेलोडी प्रधान रूप भी लाते रहे। सी. रामचन्द्र को हिन्दी फ़िल्मों में रॉक एंड रोल के सबसे पहले प्रयोग का श्रेय दिया जाता है, 'मैं हूँ एक ख़लासी' ('सरगम') गीत में। इसी प्रकार scat singing का प्रयोग

'ईना मीना डीका' ('आशा/किशोर') के रूप में बिलकुल नया था। वहीं दूसरी तरफ़ राग पीलू पर आधारित लता मंगेशकर का बेहतरीन गीत 'धीरे से आजा री अँखियन में', (अलबेला), ठुमरी अंग में 'तुम क्या जानो तुम्हारी याद में हम कितना रोए' ('शिनशिनाकी बूबलाबू)' और मधुर और अलौकिक गीत 'आँखों में समा जाओ, इस दिल में रहा करना' ('यास्मीन') जैसे कई मेलोडी प्रधान गीतों का श्रेय भी उन्हें जाता है।

सी. रामचन्द्र

यह भी ग़ौरतलब है कि जिन गीतों में ऊपरी तौर पर सामाजिक और राजनैतिक सन्देश प्रतिबिम्बित नहीं होते थे, वहाँ भी समुदाय की आवाज़ का महत्त्व इस तरह आने लगा था कि देश के विभिन्न भागों के लोक संगीत और संगीतात्मक मुहावरों का हिन्दी फ़िल्मों के सामूहिक उल्लसित, त्योहार प्रधान क्षणों (या कभी-कभी व्यक्तिगत दुःख और भावनात्मकता के क्षणों) में प्रयोग चालीस के दशक से बढ़ने लगा था। 1940 के दशक से ही बम्बई के फ़िल्म सिनेमा में देश के सभी भागों से कलाकारों और संगीत-निर्देशकों के आने के कारण अब यह हिन्दी सिनेमा का लगभग एकाधिकारवादी केन्द्र बन गया था और यहाँ की फ़िल्मों का संगीत अब शास्त्रीय और सभ्य सामन्ती संगीत से हटकर

एक व्यापक mass based आधारित माध्यम बन गया था।

जहाँ अनिल विश्वास अपने कई गीतों में पूरबी और बंगाली लोकगीतों का प्रयोग कर रहे थे, ग़ुलाम हैदर ने फ़िल्म-संगीत में पंजाब के लोकगीतों से प्रभावित होकर अपनी 'ढोलक' बीट्स और लय से एक नई शैली की शुरुआत की (जिसे आगे चलकर 'पंजाब स्कूल' भी कहाँ जा सकता है), जहाँ उछाल भरे गीतों के साथ नूरजहाँ और शमशाद बेगम (जो 'ख़ज़ांची' (1941) फ़िल्म में आई थीं) ने अपना करिश्मा दिखाया। 'ख़ज़ांची' में युवा लड़कियों का साइकिल चलाते हुए 'सावन के नज़ारे हैं अहा अहा' गीत और दृश्य स्त्रियों के लिए मुक्तिवादी गीत बना, जो रूढ़िवादी घरों में गर्म चर्चा का विषय भी बना था। यहाँ तक कि लता मंगेशकर को उनका पहला हिट 'दिल मेरा तोड़ा हाय कहीं का ना छोड़ा' ('मजबूर', 1948) देने का श्रेय भी ग़ुलाम हैदर को ही है। ग़ुलाम हैदर ने इस गीत के बीट्स पहली बार '555 सिगरेट' के टिन पर उस समय बजाई, जबकि दोनों गोरेगाँव रेलवे स्टेशन पर लोकल ट्रेन की प्रतीक्षा कर रहे थे। लता ने वहीं इस बीट्स से तारतम्य मिलाते हुए गाना शुरू कर दिया और इस तरह इस मशहूर गीत का सृजन हुआ।

पंजाब स्कूल के विभिन्न रंग हिन्दी फ़िल्म-संगीत में वर्षों तक जारी रहे, जिसमें पंडित अमरनाथ और हुस्नलाल-भगतराम जैसे संगीतकार लाक्षणिक लयबद्ध पैटर्न में पंजाबी काफ़ी, पहाड़ी हीर के साथ 'मिर्ज़ा साहिबा' (1947), 'प्यार की जीत' (1948) (जिसमें सुरैया का सदाबहार गीत 'तेरे नैनों ने चोरी किया' था), 'मीना बाज़ार' (1954), 'आँसू' (1950) और 'बड़ी बहन' (1948—जिसका चिरकालिक चुलबुला गीत था 'चुप-चुप खड़े हो ज़रूर कोई बात है') में हिट गीत देते रहे। जी.ए. चिश्ती, पंडित गोबिन्दराम, श्याम सुन्दर और हंसराज बहल

जैसे संगीतकारों ने स्वयं की विशिष्ट छाप अंकित करते हुए कई गीत रचे, जैसे श्याम सुन्दर द्वारा संगीतबद्ध 'साजन की गलियाँ छोड़ चले' ('बाज़ार', 1949)। बॉम्बे फ़िल्म उद्योग का यह वह दौर था जिसमें पंजाबी का प्रभुत्व दिखाई देना शुरू हो गया था।

ओ.पी. नैयर ने इस प्रवृत्ति को अपने 'टप्पा' की दुलकी चाल पर आधारित बीट और राग पीलू पर आधारित गीतों, जैसे 'नया दौर' (1957) और 'फागुन' (1958) जैसी फ़िल्मों के 'माँग के साथ तुम्हारा', 'उड़ें जब जब जुल्फ़ें तेरी', 'पिया-पिया-पिया न लागे मोरा जिया' और 'एक परदेसी मेरा दिल ले गया' के ज़रिये आगे के दशक में भी जारी रखा। कई अन्य संगीतकारों ने भी जैसे ख़य्याम ('कभी कभी' और 'त्रिशूल'), शिव-हरि ('सिलसिला', 'चाँदनी', 'लम्हे' आदि), जतिन-ललित ('दिलवाले दुल्हनिया ले जाएँगे') ने सत्तर के दशक से यश चोपड़ा की पंजाबी कलेवर की फ़िल्मों के द्वारा और फिर पंजाबी NRI दर्शकों के सन्दर्भ में नई सदी में भी इसे क़ायम रखा। करन जौहर की फ़िल्मों में यह पंजाबी रंग बार-बार उभरता है।

वसन्त देसाई ने अपनी कई फ़िल्मों, जैसे 'मतवाला शायर रामजोशी' (1947) के 'भाई सावधान हो भँवर उड़ जाएगा' और 'देखो मोरी उमरिया है बाली' जैसे गीतों से लेकर 'दो आँखें बारह हाथ' (1957) के 'मैं जागूँ तू सो जा' जैसे गीत में पावड़ा, लावणी और तमाशा जैसी मराठी लोकशैली का प्रयोग किया। खेमचन्द प्रकाश और जमाल सेन 'भर्तृहरि' (1944) और 'शोख़ियाँ' (1954) जैसी फ़िल्मों के ज़रिये राजस्थानी लोक का प्रभाव लाए जबकि नौशाद 'रतन' (1944), 'मेला' (1948), 'दुलारी' (1949), 'बैजू बावरा' (1952), 'मदर इंडिया' (1957), 'गंगा जमुना' (1961), 'संघर्ष' (1968) जैसी फ़िल्मों में अवध और पूर्वी उत्तर

प्रदेश की लोक धुनों को लेकर मेलोडी प्रधान और ज़मीन से जुड़े गीतों के साथ हिन्दी फ़िल्म-संगीत पटल पर एक अलग आयाम ही पा गए।

नौशाद को फ़िल्म-संगीत में कई तरह की नवीनता लाने का श्रेय दिया जाएगा—फ़िल्म 'आन' के लिए सौ ऑर्केस्ट्रा का समूह और पश्चिमी नोटेशन की पुस्तिका, 'शारदा' में मटका रिद्म का प्रयोग, बड़े स्केल पर 'बीन' और 'डफ' का प्रयोग, 'रतन' फ़िल्म में आवाज़ और वाद्य की रिकार्डिंग के लिए अलग साउंडट्रैक और फिर उनका मिश्रण करना और बाँसुरी तथा क्लेरीनेट या सितार और मैंडोलिन जैसे वाद्ययंत्रों का संयोजन आदि। नौशाद ने शास्त्रीय संगीत के लोक आधार को प्रयुक्त करते हुए जिस तरह इन दोनों के बीच के भेद को ख़त्म किया, वह उनका विशेष और उल्लेखनीय योगदान था। नौशाद के संगीत में शास्त्रीय रागों के आधार पर सरल, आकर्षक लोक धुनें सामने आईं। 'झूले में पवन के' और 'दूर कोई गाए धुन ये सुनाए' की धुनें क्रमशः राग पीलू और देस पर आधारित थी, 'दुःख भरे दिन बीते रे भैया' मेघ मल्हार की लोक-अभिव्यक्ति थी, 'दो हंसों का जोड़ा बिछड़ गयो रे' राग भैरवी और 'ढूँढ़ो-ढूँढ़ो रे साजना' फिर से राग पीलू पर आधारित था। इसी प्रवृत्ति को एस.एन. त्रिपाठी और चित्रगुप्त (ख़ासकर पूरबी, लेकिन एस.एन. त्रिपाठी का झुकाव कभी-कभार राजस्थानी लोक संगीत की तरफ़ भी रहा) द्वारा संगीतबद्ध किए गए गीतों में, ख़ास तौर पर लोक पर आधारित गीतों में बार-बार देखा जा सकता है। उन्होंने शहनाई और मैंडोलिन जैसे उपकरणों का अधिक प्रयोग तो किया ही, साथ ही, अपने संगीत में मध्यमवर्ग के रूढ़िवादी औचित्य और नैतिक अपेक्षाओं को पूरा करने का प्रयास किया। उनकी रचनाओं और उन्हीं की तरह के संगीतकार शिवराम और अविनाश व्यास (जो अपने गीतों में गुजराती पुट लाए थे, जिसे बाद में कल्याणजी-आनन्दजी की जोड़ी ने

1968 में बनी 'सरस्वतीचन्द्र' के गरबा पर आधारित गीत, 'मैं तो भूल चली बाबुल का देस' में प्रयुक्त किया) के संगीत में एक ख़ास तरह के नृत्यात्मक धड़कन की विशेषता थी, लेकिन उनके गीतों में 'श्रृंगार' की अभिव्यक्ति हमेशा सम्मानित मापदंडों के अनुसार रही, जिसने छोटे शहरों और क़स्बों के पौराणिक और अति भावनात्मक सामाजिक फ़िल्मों के दर्शकों की संवेदनशीलताओं को कभी आहत नहीं किया। 'फूल-बगिया में बुलबुल बोले' ('रानी रूपमती', 1959), 'जरा सामने तो आओ छलिये' ('जनम-जनम के फेरे', 1957 जो बिनाका गीतमाला के वार्षिक चार्ट का सबसे हिट गीत था), 'जल भरी गगरी सा छलके जियरवा' ('कुँवारी', 1964), 'जय-जय हे जगदम्बे माता' ('गंगा की लहरें', 1964), 'चल उड़ जा रे पंछी के अब ये देस हुआ बेगाना' ('भाभी', 1957), 'करूँ गौरी पूजन में तो तन-मन से' ('वीर अर्जुन', 1952), 'तुम कहाँ छुपे ओ साँवरे' ('श्रवण कुमार', 1960) जैसी कम बजट की फ़िल्मों के लिए रचे इन संगीतकारों के ये गीत 1970 के दशक तक हिन्दी फ़िल्म-संगीत के महत्त्वपूर्ण गीत बने रहे। हमें यहाँ सी. अर्जुन की फ़िल्म 'जय सन्तोषी माँ' (1975) के इस धारा के गीतों की विस्मयकारी लोकप्रियता को नहीं भूलना चाहिए। भारतीय जनमानस की रुचि की विविधता फ़िल्म-संगीत के माध्यम से भली-भाँति परखी जा सकती है।

1947 में मिली आज़ादी उम्मीद, सपने और हर्षोल्लास के परिदृश्य को सामने लाई और इस आज़ादी के साथ एक नया संगीत भी आया मानो संगीत भी ग़ुलामी के बन्धनों को तोड़कर एक नये व्यक्तित्व के साथ उभर रहा था। स्वतंत्रता के बाद के दिनों में उच्च प्रोफ़ाइल और बड़ी बजट की फ़िल्मों में नई आशाओं और आकांक्षाओं के इस माहौल में युवाओं की संवेदनशीलताओं के अनुरूप देव आनन्द की 'happy go lucky' और

मस्त, बिन्दास छवि (जो 'बाज़ी' जैसी फ़िल्मों में अपराध और क़ानून को भी एक नये लीक से हटे नज़रिये से देखता था) या राज कपूर और गुरुदत्त के सामाजिक सपनों की सीधी-सादी छवि ने बेहद लोकप्रियता हासिल की, जिसमें इनकी फ़िल्मों के संगीत का भी बड़ा हाथ था।

संगीत का यह दौर आधुनिक, लय-केन्द्रित प्रवाह और तेज़ ऑर्केस्ट्रा का था (शंकर-जयकिशन अपने आर्केस्ट्रा में अक्सर सौ वायलिनों को एक साथ बजवाते थे) जो 1940 के धीमी गति वाली तालों और धुनों के मापदंडों से ख़ुद को मुक्त करता था और 'आवारा हूँ' ('आवारा', 1951), और 'मेरा जूता है जापानी' ('श्री 420', 1955) जैसे गीतों का सृजन करता था, जिनके साथ एक आम आदमी भी आसानी से जुड़ सकता था और उन्हें गुनगुना सकता था। शंकर-जयकिशन के संगीत में पूर्वी यूरोप और मध्य एशिया का प्रभाव कई बार दृष्टिगोचर होता है (उदाहरण के लिए, 'चोरी चोरी' और 'आवारा' जैसी फ़िल्मों में)। नये कॉर्ड पैटर्न एवं नई ध्वनियों के साथ राज कपूर की मुख्य रूप से समाजवादी-रुझान वाली फ़िल्मों के लिए उन्होंने कई हिट गीत दिए। उनके कई गीतों में राग भैरवी का सरल और सुन्दर उपयोग हुआ, तथा कोरस को एक नये आक्रामक अन्दाज़ में ('रमैया वस्तावैया' और 'आ अब लौट चलें' जैसे गीतों में) इस्तेमाल करते हुए उन्होंने जनता की नब्ज़ पर क़ब्ज़ा कर लिया। फिर चाहे वह वाल्ट्ज़ पर आधारित गीत, जैसे 'दिल की नज़र से' ('अनाड़ी'), 'दिल की गिरह खोल दो' ('रात और दिन') और 'अजीब दास्तां है ये' ('दिल अपना और प्रीत पराई') हो या फ़िल्म 'बसन्त बहार' और 'आम्रपाली' में शास्त्रीय संगीत पर आधारित गीत हो, 'तीसरी क़सम' के लोक-रंग वाले गीतों से लेकर 'संगम' और 'मेरा नाम जोकर' के शहरी अभिव्यक्ति वाले गीत हों,

शंकर-जयकिशन ने हमेशा अपनी बहुमुखी प्रतिभा का प्रदर्शन किया। उनका संगीत हमेशा मेलोडियस और लोकप्रिय रहा।

उसी समय, एस.डी. बर्मन आधुनिक मुहावरों और दोलन भरे रिद्म (उदाहरण के तौर पर, 'जानी तुम तो डोले दगा दई के', 'मोरा गोरा रंग लई ले'), ख़ास तरह के नये, परस्पर संवादात्मक, कभी-कभी गहन और कभी चुलबुली अभिव्यक्ति वाले संगीत तो कभी भटियाली, जात्रा और बंगाल की सारी और गोवा की लोकधुनों से अपनी विशिष्ट पहचान बना रहे थे। स्वतंत्रता के बाद के युवा बोहेमियन और फ़ैशन की देव आनन्द की रोमांटिक छवि के साथ यह संगीत मेल खाता था जो बहुत अधिक मुक्त, उदार और आनन्ददायक तरह से रोमांस करता था और जो क़ानून और अपराध को एक अलग दृष्टिकोण के साथ भी देखता था। इस भंगिमा के साथ उन्होंने 'ये रात ये चाँदनी फिर कहाँ' ('जाल', 1952), 'छोड़ दो आँचल ज़माना क्या कहेगा' ('पेइंग गेस्ट', 1957), 'अच्छा जी मैं हारी चलो मान जाओ न' ('काला पानी', 1958), 'माना जनाब ने पुकारा नहीं' ('पेइंग गेस्ट', 1957) जैसे कई हिट गीत दिए। जिन युगल गीतों को एस.डी. बर्मन ने संगीतबद्ध किया, उनमें प्रकृति और रोमांस एक शरारती प्रफुल्ल तरीक़े से एक साथ बढ़ते हैं और एक बदलते हुए स्वतंत्र भारत में संगीत की एक नई शैली को रेखांकित करते हैं। बड़े पैमाने पर हो रहे शहरी प्रवास और परिवार और समाज की परम्परागत रूढ़ियों के कमज़ोर पड़ने के सन्दर्भ के बीच यह संगीत अपनी प्रासंगिकता प्रदर्शित करता है। बर्मन के गीत रागों पर आधारित होते थे, लेकिन उनका अनुक्रम अक्सर कॉर्ड्स पर विकसित किया जाता था। शायद यही कारण था उनके गीत इतने ताज़ा और आधुनिक लगते थे।

जैसा कि पहले बताया गया है, ओ.पी. नैयर द्वारा संगीतबद्ध किए

गीतों की फ़ेहरिस्त में न केवल पंजाबी लोक धड़कन शामिल थी, बल्कि पश्चिम से ली गई ज़िन्दादिल प्रेरणा का संयोजन भी शामिल था, जैसे 'ऐ दिल है मुश्किल जीना यहाँ' ('सी.आई.डी.', 1956) और 'बाबूजी धीरे चलना' ('आर पार', 1954) और 1950 और 1960 के दशक में हिन्दी फ़िल्म-संगीत में लय की एक rollicking मदमस्त 'रम्बा' शैली को उन्होंने क्लब सॉन्ग की एक गीत-शैली के रूप में स्थापित किया। ख़ास कर शम्मी कपूर और देव मुखर्जी जैसे नये सितारों की फ़िल्मों में रॉक एंड रोल प्रेरित गीत भी काफ़ी संख्या में रचे गए।

सलिल चौधरी ने बृहत् कोरल गीतों पर अपने अभिनव प्रयासों के ज़रिये ख़ुद की एक शैली बनाई, जिसमें उन्होंने एक सिम्फ़नी जैसी सेटिंग, स्केल के जटिल परिवर्तन और हार्मोनी के प्रवाह को एक साथ जोड़ा। उन्होंने इन सबका इस्तेमाल अपने जनचेतना के गीतों में साम्राज्यवाद और भारतीय समाज में हो रहे सामाजिक और आर्थिक शोषण के ख़िलाफ़ किया। इस प्रकार उन्होंने संगीत के क्षेत्र में कला की एक नई सर्वहारा परिभाषा दी और समुदाय के मेहनत और संघर्ष को भी संगीत में स्थापित किया। सलिल के लिए संगीत कला की आभिजात्यवादी सीमाओं के भीतर ही नहीं, बल्कि आम लोगों के संघर्ष और आकांक्षाओं के भीतर स्थित था और उन्होंने रेखांकित किया कि ऐसा संगीत भी बहुत सुन्दर हो सकता है। इप्टा द्वारा अपनाया गया गीत 'हरियाला सावन ढोल बजाता आया' ('दो बीघा ज़मीन', 1953), 'जानेवाले सिपाही से पूछो वो कहाँ जा रहा है' ('उसने कहा था', 1960) और 'वो दुनिया बदल दे जिस दुनिया में बच्चों की मुस्कान नहीं' ('जवाहर', 1960) जैसे उदाहरण बरबस याद आते हैं। उन्होंने अपने बाद के 70 के दशक के अधिक शिष्ट और परिष्कृत फ़िल्मों के चरण के दौरान बृहत् कोरल और सामूहिक गायन

शैली का प्रयोग किया, जैसे 'ज़िन्दगी कैसी है पहेली' ('आनन्द', 1970) और शोपिन के nocturna से प्रेरित अद्‌भुत गीत 'रातों के साए घने' ('अन्नदाता', 1972)। सलिल इस बात को बेहद महत्त्वपूर्ण मानते थे कि संगीत को संकीर्ण सीमाओं में बाँधना नहीं चाहिए और उनका मानना था कि संगीत अन्तरराष्ट्रीय होना चाहिए। इसीलिए हम उनके संगीत में दुनिया भर के संगीत का प्रभाव देखते हैं। फ़िल्म 'छाया' में मोत्सार्ट के सिम्फ़नी नं. 40 का प्रयोग 'इतना न मुझसे तू प्यार बढ़ा' में किया गया। 'ऐ मेरे प्यारे वतन' ('काबुलीवाला') अफगान लोकगीत पर आधारित था और 'मधुमती' के गीत कुमाऊँ और उत्तर-पूर्व के लोकगीतों पर। शुद्ध जैज़ पर आधारित गीत 'बाग़ में कली खिली', (चाँद और सूरज), पूरी तरह चर्च क्वायर पर बनाया गया 'मेरे मन के दीये' (परख) और रेड आर्मी के मार्चिंग गीत से प्रभावित होकर सृजित 'धरती कहे पुकार के' जैसे गीत इसके उदाहरण हैं। उनके कई गीतों में तेज़ तालबद्ध लहर की तरह का तरंगित हुनर सामने आता है जैसे 'हल्के-हल्के चलो साँवरे', 'रिमझिम-झिमरिम बदरवा बरसे', 'आहा रिमझिम के ये प्यारे-प्यारे गीत' आदि। सलिल का संगीत अक्सर लीक से हटकर होता था (हालाँकि एक अलग शैली में 1940 और 1950 में सज्जाद हुसैन ने भी लीक से हटकर 'दोस्ती', 'सैंया' और 'संगदिल' फ़िल्मों में बहुत से गीत रचे)। गीतों का पारम्परिक मीटर अक्सर उल्लेखनीय नवोन्मेष के साथ टूट जाता था जैसे फ़िल्म 'आनन्द', 'अन्नदाता', 'रजनीगन्धा', 'अनोखा दान' और 'संगत' में किया गया।

हालाँकि इन आधुनिक प्रवृत्तियों के समानान्तर, 1950 और 1960 के दशक में कई फ़िल्मों के बहुत-से गाने शुद्ध शास्त्रीय रागों पर आधारित थे और कभी-कभी मुरकी, तान और तरानों की पूरी श्रृंखला उनमें

रोशन

समाई थी। इनमें से कुछ फ़िल्में ऐतिहासिक और period फ़िल्में थीं और लगभग सभी संगीत के लिए समर्पित musicals थीं। नौशाद 'शबाब' (1954) में आमिर ख़ान और 'मुग़ल-ए-आज़म' (1960) में बड़े ग़ुलाम अली ख़ान द्वारा गाए गीतों के साथ आए। शंकर-जयकिशन ने फ़िल्म 'बसन्त बहार' (1956) में राग बसन्त बहार आधारित रचना 'केतकी गुलाब जूही' में मन्ना डे के साथ पंडित भीमसेन जोशी को लिया। वसन्त देसाई की 'झनक झनक पायल बाजे' (1955) और 'राम राज्य' (1967), एस.एन. त्रिपाठी की 'कवि कालिदास' (1959), 'रानी रूपमती' (1959) और 'संगीत सम्राट् तानसेन' (1961) का इस सन्दर्भ में ज़िक्र किया जा सकता है। वसन्त देसाई पहले राग मल्हार को विविध रूपों में प्रयोग करते थे, बाद में वे जोगिया और झिंझोटी जैसे कम लोकप्रिय रागों का प्रयोग करनेवाले संगीतकार कहलाए। सचिन देव बर्मन द्वारा 'कैसे कहूँ' (1964), 'गाइड' (1965) और 'मेरी सूरत तेरी आँखें', रोशन की 'चित्रलेखा' (1964), शंकर-जयकिशन की 'बसन्त बहार' और 'आम्रपाली' (1966), मदन मोहन द्वारा संगीतबद्ध 'देख कबीरा रोया' (1957) और ओ.पी. नैयर की 'कल्पना' (1960) को फ़िल्मों में शास्त्रीय संगीत के उपयोग के पैमाने

पर मील स्तम्भ माना जाता है। कुल मिलाकर 50 का दशक मेलोडी का दशक और फ़िल्म-संगीत का स्वर्णिम युग भी माना जाता है। इस मेलोडी को परिभाषित करती थीं मौलिक और ताज़गी भरी रचनाएँ एवं शास्त्रीय, लोक और अन्तरराष्ट्रीय प्रभावों का फ़िल्म-संगीत और ऑर्केस्ट्रेशन में कई प्रकार के अभिनव रूपान्तर की अभिव्यक्ति।

हिन्दी फ़िल्म जगत् का 1950 के संगीत का दौर 1960 के आते-आते बहुत ही सघन और crystallized हो गया। और फिर एल.पी. रिकॉर्ड्स के आ जाने से संगीतकारों को समय संयम से मुक्ति मिल गई ताकि वे अपनी रचनात्मकता को अधिक विस्तृत तरीक़े से अभिव्यक्त कर सकें और ख़ास तौर पर इंटरल्यूड के संगीत के साथ अधिक प्रयोग कर सकें। मदन मोहन जैसे संगीतकार ने 60 के दशक में 'ग़ज़ल सम्राट्' का ख़िताब प्राप्त कर लिया (जो जगह ग़ुलाम मोहम्मद 'मिर्ज़ा ग़ालिब' की अलग शैली की ग़ज़लों और 'पाकीज़ा' के स्वर्णिम संगीत में भी हासिल नहीं कर पाए थे)। रईस ख़ान के सितार से सजी ख़ूबसूरत ग़ज़लों और गीतों के साथ लता के बहुमूल्य रत्नों जैसे 'वो चुप रहें तो मेरे दिल के दाग़ जलते हैं' ('जहाँआरा', 1964), 'आपकी नज़रों ने समझा प्यार के क़ाबिल मुझे' ('अनपढ़', 1962) और 'अगर मुझसे मोहब्बत है मुझे सब अपने ग़म दे दो' ('आपकी परछाइयाँ', 1964) जैसी असंख्य रचनाओं के साथ मदन मोहन और लता की जुगलबन्दी तो फ़िल्म-संगीत का एक अलग अध्याय ही बनाती है। अपने लोकप्रिय सहयोगियों से अलग मदन मोहन जनता के संगीतकार नहीं थे। वे ग़ज़लों की बारीकियों को समझनेवाले समझदार और गहन विचारशील श्रोताओं के संगीतकार थे।

वास्तव में फ़िल्मों में मुशायरे की तरह की उर्दू कविता की संगीतमय

अभिव्यक्ति 1950 की नई प्रवृत्तियों के दौर में भी क़ायम रही और विविध तथा ज़्यादा सामाजिक या राजनैतिक झुकाव और मुद्दों के साथ। 1950 और 1960 की इस धारा का फ़िल्म-संगीत एक अलग शैली के रूप में आया जब साहिर लुधियानवी, कैफ़ी आज़मी, मजरूह सुल्तानपुरी, नीरज इत्यादि गीतकारों द्वारा लिखे गीतों को नाज़ुक धुनें देने के लिए रोशन, ख़य्याम, रवि, एन. दत्ता और सी. अर्जुन जैसे संगीतकारों ने आम तौर पर राग यमन कल्याण और पहाड़ी का इस्तेमाल किया (यह बात भी क़ाबिले ग़ौर है कि इनमें से कुछ गीतकार उन्हीं दिनों चल रहे प्रगतिशील लेखक आन्दोलन में भी सक्रिय थे)। 'फिर सुबह होगी' (1958) में साहिर के लिखे और ख़य्याम के संगीतबद्ध शीर्षक गीत और 'चीनो अरब हमारा' तथा सुधा मल्होत्रा द्वारा संगीतबद्ध 'दीदी' के 'तुम मुझे भूल भी जाओ तो ये हक़ है तुमको' में समाजवादी रंगत थी तो रोशन के 'आरती' के मजरूह के लिखे 'बने हो एक ख़ाक से तो दूर क्या क़रीब क्या' में वर्ग भेद को मुशायरे जैसी शैली से चुनौती देता राजनैतिक साम्यवादी बयान और नीरज लिखित 'नई उम्र की नई फ़सल' (1961) के गीत 'आज की रात बड़ी शोख़ बड़ी नटखट है' और साहिर लिखित एन. दत्ता के 'धर्मपुत्र' (1962) के 'भूल सकता है भला कौन ये प्यारी आँखें' में ऊष्म और दिलकश रूमानियत थी। जे.पी. कौशिक द्वारा संगीतबद्ध मज़ाज का क़लाम 'मैं आहें भर नहीं सकता' ('आसमान महल', 1965), जाँनिसार अख़्तर द्वारा लिखित सी. अर्जुन की 'ग़म की अँधेरी रात में' ('सुशीला' 1966) या फिर रवि की 'बहू बेटी' (1965) की साहिर की रचना 'जियो तो ऐसे जियो जैसे सब तुम्हारा है, मरो तो ऐसे कि जैसे तुम्हारा कुछ भी नहीं' और 'गुमराह' (1963) का पुनः साहिर द्वारा क़लमबद्ध 'चलो इक बार फिर

से अजनबी बन जाएँ हम दोनों' में एक निहित दार्शनिक आत्मनिरीक्षण भरा सौन्दर्य था।

उन्हीं वर्षों में संगीत के रूप में क़व्वाली की भी बहुत लोकप्रियता रही। जहाँ मदन मोहन को 'ग़ज़ल सम्राट्' माना जाता था, वहीं रोशन क़व्वालियों के उस्ताद सृजनकर्ता के रूप में उभरे। ख़ासकर फतेह अली ख़ान की रचना से प्रेरित रोशन की 'बरसात की रात' 1960 की क़व्वाली 'ये इश्क़ इश्क़ है इश्क़ इश्क़' की असाधारण सफलता ने क़व्वाली की विधा में रोशन की योग्यता को रेखांकित किया। 'निगाहें मिलाने को जी चाहता है' ('दिल ही तो है', 1963) जैसी प्रसिद्ध रचना और 'वाक़िफ़ हूँ ख़ूब इश्क़ के तर्ज़े बयाँ से मैं' ('बहू बेगम', 1967) इत्यादि की सफलता हिन्दी फ़िल्मों में क़व्वालियों को भी एक विशेष स्थान दिलाती है। वैसे यह ग़ौरतलब है कि हिन्दी फ़िल्म-संगीत में पहली क़व्वाली मानी जानेवाली चालीस के दशक की 'ज़ीनत' की 'आहें न भरी शिकवे न किए, कुछ भी न ज़ुबाँ से काम लिया' से लेकर छठे दशक की 'अल हिलाल' की क़व्वाली 'हमें तो लूट लिया मिल के हुस्न वालों ने' से गुज़रते हुए और रोशन की बेहतरीन क़व्वालियों से उत्कर्ष पाते हुए 70 के दशक में भी 'झूम बराबर झूम शराबी' ('5 राइफ़ल्स' 1974), 'इशारों को अगर समझो राज़ को राज़ रहने दो' ('धर्मा', 1973), 'यारी है ईमान मेरा यार मेरी ज़िन्दगी' (ज़ंजीर) और 'पर्दा है पर्दा ('अमर अकबर एंथोनी', 1974) लोकप्रिय रहीं। 1996 की फ़िल्म 'राजकुमार' में लक्ष्मी-प्यारे के संगीत निर्देशन में 'दम मस्त कलन्दर' और 'आ जा आ जा तू आ जा आनेवाले' और ए.आर. रहमान द्वारा संगीतबद्ध 'ख्वाजा मेरे ख्वाजा' ('जोधा-अकबर', 2009), 'पिया हाजी अली' (फ़िज़ा) 'कुन फ़या कुन' (रॉकस्टार) 'अर्ज़ियाँ' (दिल्ली 6)

जैसे कई क़व्वालीनुमा गीत अपनी लोकप्रियता के कारण हिन्दी फ़िल्मों में बार-बार इस्तेमाल होते हैं और 'सूफ़ी रॉक' जैसे गीतों के साथ एक नई प्रवृत्ति का सूत्रपात्र करते हैं।

इस तरह फ़िल्मी गानों में सितार के प्रयोग में महारथ हासिल करनेवाले यदि मदन मोहन थे, तो वहीं रोशन ने भी अपने लोक आधारित गानों में बाँसुरी का प्रचुर प्रयोग किया। उन्होंने 'ममता' जैसी फ़िल्म में सारंगी का बहुआयामी प्रयोग किया। ओ.पी. नैयर ने बाँसुरी और शहनाई एवं सारंगी और गिटार का एक साथ अभिनव जुगलबन्दी जैसा प्रयोग किया। वह दौर ऐसा चल निकला जहाँ फ़िल्मों में गीतों के साथ-साथ नयापन लिये ऑर्केस्ट्रा का प्रयोग ज़रूरी हो गया था। 1960 के अन्त में शंकर-जयकिशन (जिन्होंने 'Raga Jazz Style' नामक एक एलबम भी निकाला) के नेतृत्व में हिन्दी फ़िल्म-संगीत में जैज़ भी प्रचुरता से प्रवेश कर गया था, पर इससे संगीत में कोलाहल और शोर-शराबा बढ़ गया था। हालाँकि, उन वर्षों में जब नेहरू युग की उम्मीदें और आकांक्षाएँ मोह-भ्रम और अलगाव की भावना में बदल रही थीं (शायद इसके सबसे अच्छे उदाहरण हेमन्त कुमार के 'सन्नाटा' (1969) का गीत 'बस एक चुप-सी लगी है', 'ख़ामोशी' (1969) के 'तुम्हारा इन्तज़ार है' और 'वो शाम कुछ अजीब थी' जैसे गीत थे। हेमन्त द्वारा रचित धड़कते और विविधता वाले 1950 के गीतों से अलग यह बदलती हुई सामाजिकता को रेखांकित करता संगीत था। जैज़ आधारित गीतों में पश्चिम की तरह की विचारधारा और समाज शास्त्रीय चेतना नहीं थी, बल्कि हिन्दी फ़िल्मों द्वारा प्रयुक्त जैज़ की संगीत शैली में brass बैंड को अपनाकर तेज़ शोर-शराबा पैदा करने की प्रवृत्ति अधिक थी, जैसे 'लो आई है जवानी रूप के नगमे

गाती' ('पहचान', 1970) जैसे गाने। हालाँकि, जल्द ही दुनिया के कई हिस्सों में हालात को बदलने की गरज़ से नक्सलबाड़ी जैसे कई युवा आन्दोलन हुए और मौजूदा तौर-तरीक़ों से नाराज़गी के कारण, अपरम्परागत व्यवहार शैलियों और पलायनवादी रूपों, जैसे एल.एस. डी. आधारित 'हिप्पी' संस्कृति का प्रादुर्भाव हुआ। 1970 के आसपास आज़ादी के बाद पैदा हुए नये युवाओं की रुचि और संवेदनशीलताओं को पूरा करने के लिए हिन्दी फ़िल्मी संगीत भी कई नये मुहावरों और अलंकरणों को लेकर उभरा। संगीतकार आर.डी. बर्मन नये युवा वर्ग के प्रतीक के रूप में उभरे जिन्होंने लैटिन बोसा नोवा बीट का उपयोग कर 'मार डालेगा दर्दे जिगर' ('पति-पत्नी', 1969) जैसे मुग्ध करनेवाले गीत दिए। बर्मन ने इलेक्ट्रॉनिक उपकरणों, दोगुनी रफ़्तार वाली लय और तीव्र एम्पलीफ़िकेशन का उपयोग कर बहुत सुन्दर संगीत रचा और यह साबित कर दिया कि शोर-शराबा भी रचनात्मक हो सकता है जो मानस के अन्दरूनी मनोविज्ञान में प्रवेश कर सकता है और दर्शकों को 'दम मारो दम' ('हरे रामा हरे कृष्णा', 1971) के 'हिप्पीनुमा' झंकारों पर झुमा सकता है या 'जाने जां ढूँढ़ता फिर रहा' ('जवानी दीवानी', 1972) के haunting scale द्वारा एक नये तरीक़े से अभिभूत कर सकता है। बर्मन के नवीनीकरण का मतलब 'ओ माँझी' ('बँधे हाथ', 1973) जैसे भटियाली शैली के गीत को एक अलग आधुनिक रिद्म में बदलना था। उनके द्वारा इलेक्ट्रॉनिक रूप से परिष्कृत किए गए ऐसे नवीन सुर नये हिन्दी फ़िल्म-संगीत के विशिष्ट आवर्ती स्वर लहरी बन गए।

यह नैतिक मानकों और पुराने मूल्यों को तिलांजलि देकर पनपी संगीत की एक नई शैली थी। आर.डी. बर्मन के संगीत में आधुनिकीकरण

और शहरीकरण अलगाव का कारण नहीं बनते, बल्कि इसमें एक परेशान और उत्तेजनात्मक भावना उभरती है और 'दुनिया में लोगों को धोखा कभी हो जाता है' जैसे गीत सामने आते हैं। बर्मन ने बढ़ते और फैलते भारतीय मेट्रो शहरों की रात की रहस्यमय आवाज़ों को पकड़कर कई गाने बनाए। 'जब अँधेरा होता है आधी रात के बाद', 'मैं एक चोर तू मेरी रानी' ('राजा रानी', 1973) और 'फिर वही रात है' ('घर', 1979) जैसे गाने संक्षेप में बढ़ते शहरी भारत के आधुनिक शहरी रातों की ज़िन्दगी का उदाहरण देते हैं। बर्मन के संगीत ने 'यादों की बारात', 'कारवाँ', 'जवानी दीवानी', 'खेल खेल में', 'हम किसी से कम नहीं', 'अजनबी' आदि फ़िल्मों के गीतों के माध्यम से नये शहरी युवाओं को आनन्दित किया जो पहले की पीढ़ी से कहीं ज़्यादा स्वच्छन्द थे और पारम्परिक मूल्य आधारित भावनाओं से मुक्त थे, जिन्होंने पुरानी आदर्शवादिता और कुंठाओं को सिरे से ख़ारिज कर दिया था और वे कामुक और रोमांचक से परहेज़ नहीं करते थे। 'चरित्रहीन', 'कारवाँ', 'कटी पतंग', 'मेरे जीवनसाथी' और इसी तरह की कई फ़िल्मों में बर्मन द्वारा कैबरे विधा का प्रयोग हुआ। इस नये स्वच्छन्द युग में बर्मन अत्यधिक प्रयोगात्मक और रचनात्मक हो गए। 'ख़ुशबू' फ़िल्म के गीत 'ओ माँझी रे' में उन्होंने सोडा वॉटर की बोतल में फूँक मारकर संगीत उत्पन्न किया।

हालाँकि उनके कई गीतों को चोरी किया हुआ या पश्चिमी शैलियों से प्रेरित बताया गया था, लेकिन उन्होंने कभी भी अपने संगीत के सुरीले पहलू को नहीं छोड़ा—यह भी एक वजह थी कि वे गुलज़ार और ऋषिकेश मुखर्जी जैसे लीक से हटकर गुणवत्ता वाले फ़िल्म निर्माताओं के चहेते संगीतकार थे। नई उपमाओं और गुलज़ार के रूपकों को लेकर

उनका संगीत अक्सर कविता के बहुत क़रीब आता है। वे गुलज़ार के 'मेरा कुछ सामान' ('इजाज़त') की कविता की तरह की आपसी बातचीत से भी मधुर गीतमय सृजन में रूपान्तरित कर सकते थे। हालाँकि यह मेलोडी 1950 और 1960 के दशकों के संगीत की तरह नहीं थी या पुराने पैटर्न के अनुरूप नहीं थी बल्कि नई उम्र के आत्मविश्लेषी आधार पर नई उम्र के युवाओं द्वारा पूछे जानेवाले सवालों के अनुरूप थी। 70 के दशक में आर.डी. बर्मन, लक्ष्मी-प्यारे और कल्याणजी-आनन्दजी का वर्चस्व छाया रहा (ख़य्याम की काव्यात्मक 'कभी कभी' जैसे कुछ अपवादों को छोड़कर)। अपने गली-मुहल्लों में गूँजनेवाली धुनों और रिद्म तथा आकर्षक मेलोडी के सहारे कल्याणजी-आनन्दजी के 'खाई के पान बनारस वाला' ('डॉन', 1978) और 'मेरा जीवन कोरा काग़ज़' ('कोरा काग़ज़', 1974) जैसे गीत बहुत मशहूर हुए। लक्ष्मी-प्यारे के ढोलक आधारित रिद्म पर सृजित 'बिंदिया चमकेगी' ('दो रास्ते', 1969) और 'डफ़ली वाले डफ़ली बजा' ('सरगम', 1979) जैसे गीत घर-घर में लोगों की ज़ुबान पर चढ़े। जहाँ 1960 के दशक में लक्ष्मी-प्यारे 'आसरा', 'अनीता', 'सती सावित्री', 'दोस्ती', 'संत ज्ञानेश्वर' जैसी फ़िल्मों में नवप्रवर्तनशील और रचनात्मक धुनें लेकर आए, वहीं 70 के दशक में वे सीधी-सादी लेकिन बेहद catchy धुनों के साथ और प्यारेलाल के उत्कृष्ट arrangement और ऑर्केस्ट्रेशन को लेकर ('उत्सव' और 'सत्यं शिवं सुन्दरम्' जैसे कुछ अपवादों को छोड़कर) लोकप्रिय और लोक-लुभावन संगीत की राह पर चलने लगे। लक्ष्मी-प्यारे का संगीत आर.डी. बर्मन की अपेक्षा कम सूक्ष्म और बारीक था, पर यही आम आदमी के बीच उनकी अधिक उत्तरोतर लोकप्रियता का कारण भी बनता रहा। वैसे आर.डी., लक्ष्मी-प्यारे और कल्याणजी-आनन्दजी के

एकाधिकार के बीच भी 70 के दशक में कुछ स्थान नई धारा की फ़िल्मों के लिए भी बचा रहा, जैसे वनराज भाटिया के संगीत से सजी 'भूमिका' (1977) के मराठी लोक संगीत और शास्त्रीय आधारित गीतों के लिए हो या फिर बासु भट्टाचार्य और बी.आर. इशारा की शिष्ट और शहरी, मध्य और उच्चवर्ग के आपसी रिश्तों को संवेदनशील मनोवैज्ञानिक ढंग से उद्‌भासित करते सपन जगमोहन द्वारा संगीतबद्ध 'चेतना' (1971) के 'मैं तो हर मोड़ पर तुझको दूँगा सदा' या कनु रॉय द्वारा 'अनुभव' (1971) के 'कोई चुपके-से आ के' या 'गृहप्रवेश' (1979) के 'आप अगर आप न होते' जैसे गीतों के लिए हो। इसी सन्दर्भ में जयदेव द्वारा संगीतबद्ध जटिल, ऑफ़ बीट लेकिन बेहद सुन्दर और मेलोडियस गीतों को हम कैसे भूल सकते हैं? 'गमन' (1978) की 'सीने में जलन आँखों में तूफ़ान-सा क्यूँ है' और 'अजीब सानेहा' जैसी ग़ज़लें हों, या 'आलाप' (1977) के शास्त्रीय प्रधान 'काहे मनवा नाचे' या राग देस आधारित 'आई ऋतु सावन की' जैसी ऐसे वक़्त में सृजित रचनाएँ हों जब शास्त्रीय संगीत का फ़िल्मों में असर कम होता जा रहा था या फिर लीक से हटकर बनाई गई 'घरौंदा' (1978) की 'मुझे प्यार तुमसे नहीं है नहीं है' जैसी अनुपम कृति हो। जयदेव की रचनाएँ 70 के दशक में समाज की जटिलताओं के अनुरूप उनके पहले की 'हम दोनों' या 'मुझे जीने दो' जैसी फ़िल्मों के संगीत की अपेक्षा मुरकियों के सूक्ष्म प्रयोग, सरोद के पेचीदा इस्तेमाल, 'गांधार' लगाने की उनकी कला और संगीत में हरकतों के समावेश के द्वारा अधिक जटिल लगती हैं, पर यह जटिलता मेलोडी और सौन्दर्य में समझौता किए बग़ैर थी जैसा हम फ़िल्म 'मान जाइए' के 'बदरा छाए रे', 'प्रेम पर्वत' के 'ये दिल और उनकी निगाहों के साये' या 'रेशमा और शेरा' के 'एक मीठी-सी'

चुभन जैसे गीतों में देखते हैं। कुछ हद तक फ़िल्मों में शास्त्रीय संगीत रवीन्द्र जैन जैसे संगीतकारों ने भी क़ायम रखा ('चितचोर', 1976) जिन्होंने संगीत में एक नया मुहावरा और नई शैली विकसित की जहाँ ऊँची पट्टी की ग्रामीण उठान और पुकार थी, भक्तिपरक अभ्यर्थना थी और कोमल प्रणय भाव था और इनके साथ अधिकांशत: उनके 'राजश्री प्रोडक्शंस' की फ़िल्मों के 'श्याम तेरी बंसी पुकारे राधा नाम' ('गीत गाता चल', 1975), वार्षिक बिनाका में प्रथम पायदान पर आया 'अँखियों के झरोखों से तूने देखा जो साँवरे' ('अँखियों के झरोखों से', 1978) या 'गोरिया रे तेरे आने से सज गई हमरी ये टूटी-फूटी नाव' ('नैया', 1979) जैसे गीत बहुत मक़बूल रहे। वहीं दूसरी तरफ़ राजेश रोशन अपने सुरुचि और लालित्य भरे ऑर्केस्ट्रेशन, शहरी माहौल और भंगिमाओं को समेटे हुए 'My heart is beating' ('जूली', 1975), 'नज़रों से कह दो प्यार में' और 'आओ मनाएँ जश्ने मोहब्बत जाम उठाएँ जाम के बाद' ('दूसरा आदमी', 1977) या 'पलभर में ये क्या हो गया' ('स्वामी', 1977) जैसे गीतों से अपने लाक्षणिक (muted) वायलिन और (congo) रिद्म की पृष्ठभूमि के साथ युवा दिलों की धड़कन बन गए।

अस्सी का दशक फ़िल्म-संगीत में मेलोडी के पैमाने से सबसे ख़राब दशक माना जाता है। बाज़ारीकरण और सस्ते कैसेट उद्योग के विस्तार का एक अर्थ यह भी था कि संगीत एक बृहत् उत्पादन की वस्तु या माल बन गया था, जहाँ हथकंडों और दिखावटीपन के आधार पर गुणवत्ता को तिलांजलि देकर जल्द मुनाफ़े की दरकार बढ़ती जा रही थी। कुछ अपवादों, जैसे 'उमराव जान', 'उत्सव' और कुछ कलात्मक और लीक से हटकर बनी फ़िल्मों जैसे 'अर्थ', 'साथ-साथ', 'नमकीन'

आदि के संगीत को छोड़ दें तो 1980 के दशक के फ़िल्म-संगीत की मुख्य और हावी प्रवृत्ति मेटल, डिस्को और रॉक का प्रचुर उपयोग था। इसके उदाहरण बप्पी लहरी के गीत 'हरि ओम हरि' ('प्यारा दुश्मन', 1980), 'रम्भा हो' ('अरमान' 1981) और 'डिस्को डांसर' (1982) के गीत हैं जो अपनी आकर्षक बीट्स के कारण तुरन्त और आकर्षक रूप से अपील तो करते हैं, मगर कोई स्थायी प्रभाव नहीं छोड़ते। वीडियो कैसेट उद्योग के दौर में क्योंकि निम्न-मध्यवर्ग और निम्न वर्ग जो वीडियो प्लेयर नहीं ख़रीद पाता था, केवल वही सिनेमाघर जाया करता था, अत: यह माना गया कि ऐसे दर्शक सेक्स, लड़ाई और sleazy नृत्य और गीतों (जिनमें भावनाओं और संवेदनशीलता के गहरी धुनों के स्पर्श की कोई ज़रूरत नहीं होती) के 'मसाले' से सन्तुष्ट हो सकते हैं और मुनाफ़े का व्यापार बढ़ा सकते हैं। हिन्दी सिनेमा की मुख्यधारा के संगीत के स्तर में गिरावट की कमी उस दौर में काफ़ी हद तक ग़ैर फ़िल्मी ग़ज़लों ने पूरी की, जिसने ढेर लोकप्रियता प्राप्त की क्योंकि मुख्यधारा की फ़िल्मों में गुणवत्तापूर्ण गीतों की जगह बहुत घट चुकी थी। वास्तव में 1980 के दशक का बेहतरीन फ़िल्म संगीत लीक से हटकर कलात्मक फ़िल्मों में था, जैसे 'मंडी' और 'तरंग' (जिसमें रघुवीर सहाय की कविता 'संग सो जा' को मांड, जोगिया और भीमपलासी द्वारा संगीतबद्ध किया गया था), अजित वर्मन की 'वास्ता' (जहाँ 'माँ बोलो कब तलक यूँ ही जलना है' शायद सबसे बढ़िया रचना थी, जिसे भटियाली के एक प्रयोगात्मक रूप में संगीतबद्ध किया गया था हालाँकि यह कम प्रसिद्ध हुई), लक्ष्मीकान्त-प्यारेलाल की 'उत्सव', आर.डी. बर्मन की 'नमकीन', जगजीत सिंह की 'अर्थ' और कम ध्यान दी गई फ़िल्म 'कालका', कुलदीप सिंह की 'साथ-

साथ', उस्ताद दिलवर ख़ान की 'आश्रय', जयदेव की 'अनकही' और 'जुम्बिश' आदि।

1990 के दशक को फ़िल्म संगीत में मधुरता की वापसी के वर्ष के रूप में देखा जाता है, जिसकी शुरुआत नदीम-श्रवण ने 'आशिक़ी' (1990) से की, लेकिन अब सन्दर्भ दूसरा था और मुक्त अर्थव्यवस्था और बढ़ते वैश्वीकरण के दौर में हिन्दी फ़िल्म संगीत को अब मधुरता के पुराने रूप और बनावट के मापदंडों द्वारा परिभाषित न करके एक तरह से व्यापक पारिस्थितिकीय और ग्रहणशील वस्तु के मद्देनज़र देखा जा रहा था। पिछले दशकों में हुई संचार क्रान्ति ने इस बात को सुनिश्चित किया है कि दुनिया-भर से संगीत अब इंटरनेट पर आसानी से उपलब्ध है और इसका उपयोग, रीमिक्स और पुनः उपयोग करने के लिए डिजिटल रूप से stock music के रूप में संगृहीत किया जा सकता है। रिहर्सल और बड़े ऑर्केस्ट्रा के दिन अब लद गए हैं। फ़िल्म-संगीत अब विज्ञापन और आक्रामक प्रचार के युग में गैजेट की तकनीक को सहायता से एक सस्ती वस्तु बन गया है। एक घटिया गीत भी आकर्षक रूप से पैक कर बेचा जाता है, टीवी चैनलों पर बार-बार दिखाया जाता है और तुरन्त लाभ के लिए, जनता के लिए सुलभ बना दिया जाता है। आज संगीत ऑडियो की बजाय मनोरंज़न का एक विजुअल माध्यम ज़्यादा है। तेज़ी से विकसित होती अपनी दुनिया में Visual interaction के ज़रिये थोड़े ही समय के दौरान दर्शकों का ध्यान आकर्षित करने के लिए यह पर्याप्त है। एक समझदार श्रोता द्वारा घटिया या डुप्लीकेट सामग्री के घटकों पर चिन्तन, विचार या विश्लेषण कर इसे अस्वीकार करने का जोखिम इस तरीक़े से बहुत कम हो जाता है।

फिर भी अब ग्रहणशील संगीत का एक अर्थ यह भी था कि अब न केवल पश्चिम बल्कि तेज़ी से पाकिस्तान और मध्य-पूर्व और दक्षिण-पूर्व एशिया व दक्षिण कोरिया के संगीत का प्रभाव और नकल भी फ़िल्म-संगीत में प्रचुरता से होने लगा। अगर एक तरफ़ अनु मलिक या प्रीतम जैसे संगीतकारों पर वहाँ के संगीत का पूरी तरह से चोरी का आरोप लगाया गया है तो दूसरी तरफ़ फ़िल्म-संगीत में फ़्यूज़न (fusion) के कुछ रचनात्मक प्रयोग भी किए गए हैं और फ़िल्म संगीत में नये स्वर और सुर भी आए हैं। शान्तनु मोइत्रा जैसे संगीतकार और स्वानन्द किरकिरे जैसे गीतकार ने 'हज़ारों ख़्वाहिशें ऐसी' जैसी फ़िल्मों में अच्छी कविता और संगीत का 'बावरा मन देखने चला एक सपना' जैसे गीतों के द्वारा उल्लेखनीय परिष्कृत मिश्रण का प्रदर्शन किया है। ए.आर. रहमान और एम.एम. क्रीम जैसे गीतकारों ने सूफ़ी प्रभावों और उच्च स्तर की इस्लामी भक्ति अभिव्यक्तियों का उपयोग मूल या परिवर्तित रूप से करके 'चल छैयाँ-छैयाँ' ('दिल से', 1997), 'मुझे रंग दे रंग दे' ('तक्षक', 1999), 'धुआँ-धुआँ' और 'नूर-उन-अल नूर' ('मीनाक्षी', 2004) 'हम यहाँ तुम यहाँ' ('ज़ख़्म', 1998) 'ख़्वाजा मेरे ख़्वाजा' (जोधा-अकबर, 2008) और 'कुन फ़ाया कुन' (रॉकस्टार, 2011) जैसी सुन्दर रचनाएँ बनाई हैं। यही प्रवृत्ति हिमेश रेशमिया के हौंटिंग गीत 'मैं जहाँ रहूँ' ('नमस्ते लन्दन') और साजिद-वाजिद की संगीत प्रस्तुति 'तेरे मस्त-मस्त दो नैन' ('दबंग', 2010) में नज़र आती है। सूफ़ी रॉक का प्रयोग हिन्दी फ़िल्मों में अब आम हो चला है। रहमान ने 'दिल से' फ़िल्म में डोब्रो गिटार और अपनी रचना 'टेलिफ़ोन टेलीफ़ोन' में अरबी के वाद्ययंत्र ऊद जैसे नये वाद्ययंत्रों का ख़ूबसूरती से इस्तेमाल किया है। इसी प्रकार शंकर-एहसान-लॉय ने ग्रामीण स्कॉटलैंड की पब

संस्कृति की संगीत प्रेरणा का इस्तेमाल 'दिल चाहता है' के गीतों के लिए किया, और 'जाने क्यों' गीत के लिए ऑस्ट्रेलियन didgeridoo का प्रयोग किया। शंकर-एहसान-लॉय जैसे संगीतकार एक तरफ़ तो नये एन.आर.आई. और कॉरपोरेट दर्शकों की रुचि और संवेदनशीलताओं की गणना करने में कुशल हैं और कुछ हद तक दूसरी ओर उन्होंने वैश्वीकरण और पारम्परिक जड़ों के बीच में उलझे मूल्यों के श्रोताओं के लिए संगीत में कुछ स्थान बनाने की कोशिश करते हुए लोक के साथ fusion से उत्पन्न ख़ूबसूरत गीतों (जैसे 'कजरारे-कजरारे', 'बंटी और बबली', 2005) की रचना की है—कुछ ऐसा ही जैसा विशाल भारद्वाज ने 'ओंकारा' (2006) फ़िल्म के 'नमक इश्क़ का' और 'बीड़ी जलई ले' में आधुनिक भारत की लोकप्रिय क़स्बाई संस्कृति के विशिष्ट उदाहरणों के रूप में समकालीन संगीत के साथ लोक के मिश्रण को और भी सराहनीय तरीक़े से उभारा है। इसी प्रकार 'फ़ुकरे' (2013) के पारम्परिक पंजाबी लोकगीत का परिष्कृत रूप हमें राम सम्पत द्वारा संगीतबद्ध और सोना महापात्रा के गाए 'अम्बरसरिया मुंडेया वे कच्ची कलियाँ न तोड़/तेरी माँ ने बोले हैं मुझे तीखे से बोल' जैसे लोकप्रिय गीत में मिलता है। 'गैंग्स ऑफ़ वासेपुर' (2012) में बिहार/झारखंड के विवाह लोकगीत की आरम्भिक पंक्तियों को लेकर 'तार बिजली से हमारे पिया' का वरुण ग्रोवर द्वारा दिया गया गीत विस्तार और स्नेहा खानवलकर के द्वारा क़िए गए संगीत रूपान्तर को शारदा सिन्हा ने बेमिसाल गायकी से घर-घर में लोकप्रिय बनाया।

इधर की फ़िल्मों में ऊँची पिच के गानों का सृजन और शोर भरे ऑर्केस्ट्रेशन का चलन बहुत आम हो गया है और कई गीत शैली के स्तर पर पुनरावृत्त से लगते हैं, लेकिन इसके बावजूद आज के संगीत में

भी कुछ बहुत ख़ूबसूरत रचनाएँ समय-समय पर सामने आती हैं। इधर के कई गीतों के शब्दों में भी प्रयोगात्मकता और कवितामय स्पर्श उन्हें विशिष्ट बनाता है। 'तारे ज़मीं पर' (2007) का प्रसून जोशी का लिखा, शंकर-एहसान-लॉय का संगीतबद्ध और शंकर महादेवन का गाया 'मैं कभी बतलाता नहीं पर अँधेरे से डरता हूँ मैं माँ', 'दम लगा के हइशा' (2015) का वरुण ग्रोवर का लिखा, अनु मलिक का स्वरबद्ध और मोनाली ठाकुर का गाया 'ये मोह मोह के धागे तेरी उँगलियों से जा उलझे', 'लुटेरा' (2013) का अमिताभ भट्टाचार्य का लिखा, अमित त्रिवेदी द्वारा संगीतबद्ध और मोनाली ठाकुर द्वारा ही गाए 'हवा के झोंके आज मौसमों से रूठ गए...सँवार लूँ', 'पिंक' (2016) का कुर्रतुल ऐन बलोच का गाया, तनवीर गाज़ी का लिखा और शान्तनु मोइत्रा का संगीतबद्ध 'कारी-कारी रैना', इरशाद कामिल का लिखा, प्रीतम द्वारा संगीतबद्ध और आतिफ़ असलम और चिन्मयी श्रीपद द्वारा फ़िल्म 'फटा पोस्टर निकला हीरो' (2013) में गाए 'मैं रंग शर्बतों का तू मीठे घाट का पानी' जैसे गीतों में कथ्य के अनुरूप लाजवाब बोलों के साथ संवेदनात्मक संगीत का मिश्रण यह रेखांकित करता है कि हिन्दी फ़िल्म-संगीत का एक हिस्सा अभी भी एक ख़ूबसूरत ज़मीन गढ़ रहा है जिसमें मुहावरे समकालीन सामाजिकता और आधुनिकता को साथ लेकर चलते हैं।

हिन्दी फ़िल्मी गीतों में 'शाम'

जहाँ सुबह या भोर को नई आशा, उल्लास या उमंग का प्रतीक माना जाता है, वहीं शाम के साथ पता नहीं क्यों उदासी, अकेलेपन या अन्तर्विवेचना को जोड़कर देखने की परम्परा रही है। हिन्दी फ़िल्मों में शाम को लेकर सृजित कई गीतों में भी यह भाव नज़र आता है। याद करें 'ख़ामोशी' (1969) का हेमन्त कुमार द्वारा संगीतबद्ध, गुलज़ार द्वारा लिखित और किशोर कुमार के गाए उस अभूतपूर्व गीत को 'वो शाम कुछ अजीब थी ये शाम भी अजीब है, वो कल भी पास-पास थी वो आज भी क़रीब है'। हल्के कहरवा ताल के साथ राग कल्याण की अनुभूति के बीच यह गीत एक गहराती हुई उदासी का एहसास कराता है, जो अद्‌भुत है। आधुनिक समाज के भीतर प्रेम के अन्दर छुपी तमाम आशंकाओं और अनिश्चित भविष्य को लेकर चलता यह गीत सुरों का विस्तार नदी की उदास लहरों के फ़िल्मांकन के समानान्तर बड़ी ख़ूबसूरती से करता है। राजेश खन्ना के ही ऊपर फ़िल्माए एक अन्य उदास गीत 'कहीं दूर जब दिन ढल जाए, साँझ की दुल्हन बदन चुराए, चुपके-से आए' में योगेश के शब्द, सलिल चौधरी की अविस्मरणीय

पल पल दिल के पास तुम रहती हो...; फ़िल्म : ब्लैकमेल

धुन और मुकेश की सोज़ भरी आवाज़ असाध्य बीमारी से जूझते एक व्यक्ति के आन्तरिक दु:ख को ढलते हुए दिन की प्रतीकात्मकता के बीच स्थापित करते हैं। वहीं राज कपूर की 'आह' (1953) के शुद्ध कल्याण आधारित 'ये शाम की तन्हाइयाँ ऐसे में तेरा ग़म' (लता), 'कवि कालिदास' (1959) के भरत व्यास लिखित और एस.एन. त्रिपाठी द्वारा स्वरबद्ध जयजयवन्ती आधारित 'शाम भई घनश्याम न आए' (लता), 'फागुन' (1973) के मजरूह लिखित और दादा बर्मन द्वारा कम्पोज़ किए गए अहीर भैरव पर आधारित 'संध्या जो आए मन उड़ जाए' (लता), 'जय चित्तौड़' (1961) के एस.एन. त्रिपाठी और भरत व्यास की जुगलबन्दी का गम्भीर, उदात्त गीत 'साँझ हो गई प्रभो तुम्हीं प्रकाश दो' (लता) जैसे गीतों में शाम फिर संवेदना के धरातल पर उदासी को सृष्टि करती दिखाई देती है। ख़य्याम के संगीत-निर्देशन के पहाड़ी की छाया लिये 'शाम-ए-ग़म की क़सम, आज ग़मगीं हैं हम' (तलत महमूद) ऐसे गीतों में एक श्रेष्ठ स्थान रखता है। वहीं 'एक नाव

दो किनारे' (1973) का नक़्श लायलपुरी का लिखा और बृजभूषण का संगीतबद्ध 'ये शाम है धुआँ-धुआँ, फ़िज़ा बहुत उदास है' (रफ़ी) आज भले ही हमारी याददाश्त में न हो, पर गीत वाक़ई लाजवाब था। इसी तरह अप्रदर्शित फ़िल्म 'मिट्टी का देव' (जिसके व्यावसायिक वितरण के लिए मुकेश और लता भी तैयार थे) में गुलज़ार के लिखे, सलिल चौधरी के संगीतबद्ध और मुकेश के गाए 'शाम से आँख में नमी-सी है, आज फिर आपकी कमी-सी है' तो सलिल के ख़ास अन्दाज़ का अद्‌भुत गीत है। इसी गीत को बाद में आर.डी. बर्मन के संगीत निर्देशन में आशा भोसले ने और फिर जगजीत सिंह ने भी गाया, पर जो बात सलिल और मुकेश ला पाए, वह फिर नहीं आई।

उदासी या एकाकीपन या विरह को शाम के सहारे यूँ अभिव्यक्त करते अन्य गीतों में अनिल विश्वास के संगीत निर्देशन में 'ज्वार भाटा' (1944) के 'साँझ की बेला पंछी अकेला, नैनन में दुःख रैन अँधेरी' (अरुण कुमार, साथी), 'चन्द्रलेखा' (1948) के 'साँझ की बेला जिया अकेला' (उमा देवी, मोती), बंगाल की मिट्टी की गन्ध लिये अनिल विश्वास के ही स्वर और संगीत निर्देशन में 'साँझ भई बंजारे' ('आसरा', 1941), सफ़दर आह के लिखे और अनिल विश्वास के ही संगीत निर्देशन में बंगाली लोक प्रभाव को एक आधुनिक नृत्य दृश्य में समाहित करते 'सजना साँझ भई आन मिलो' (सितारा) आदि गीत आज भूले-बिसरे हो चुके हैं।

पर फ़िल्मी गीतों में शाम का एक मुलायम, ख़ुशनुमा रूमानी पक्ष भी रहा है जहाँ प्यार की संवेदना कविता की तरह से स्पर्श करती है। 'हर शाम आँखों पर तेरा आँचल लहराए, हर रात यादों की बारात ले आए' जैसे अन्तरे के साथ 'ब्लैकमेल' (1973) का राजेन्द्र कृष्ण लिखित और

किशोर का गाया 'पल-पल दिल के पास तुम रहती हो' तो कल्याणजी-आनन्दजी की सर्वश्रेष्ठ रचनाओं में अपना स्थान रखता है। वही बात लक्ष्मी-प्यारे की 'इम्तिहान' (1974) के 'रोज शाम आती थी मगर ऐसी न थी' (लता) की ऊँची पट्टी आधारित कम्पोज़ीशन के बारे में कही जा सकती है, जहाँ ढलते सूरज की लालिमा से खिले आकाश की पृष्ठभूमि में फ़िल्मांकन भी कमाल का ही था। वहीं फ़िल्म 'वासना' (1968) के साहिर लिखित और चित्रगुप्त द्वारा संगीतबद्ध 'ये पर्वतों के दायरे ये शाम का धुआँ, ऐसे में क्यों न छेड़ दे दिलों की दास्तां' (लता, रफ़ी) और 'शगुन' (1964) का पुन: साहिर द्वारा ही लिखित और ख़य्याम द्वारा स्वरबद्ध 'परबतों के पेड़ों पर शाम का बसेरा है, सुरमयी उजाला है चम्पयी अँधेरा है' (सुमन, रफ़ी) में राग पहाड़ी के सुरों के साथ शाम की रूमानियत अपनी पूरी नरमी से प्रकट होती है। वहीं शाम के साथ नशीले जाम को जोड़कर देखे जानेवाले उल्लेखनीय ऐन्द्रीय लालसा के गीतों में राजेश रोशन के संगीत से सजे 'आओ मनाएँ जश्ने मुहब्बत, जाम उठाएँ जाम के बाद, शाम से पहले कौन ये सोचे क्या होना है शाम के बाद' (लता, किशोर-फ़िल्म 'दूसरा आदमी') और मन्ना डे के गाए फ़िल्म 'लम्बू इन हांगकांग' के 'शाम है जाम है हुस्न खाम खाम है' को शामिल किया जा सकता है, पर जब शाम के गीतों की बात हो तो कल्याण पर आधारित (जिसे मूलत: कलकत्ते में 'मृच्छकटिकम्' नाटक के लिए रवीन्द्र जैन ने कम्पोज़ किया था) 'चितचोर' (1976) के 'जब दीप जले आना, जब शाम ढले आना' (येसुदास, हेमलता) का तो कोई जवाब ही नहीं है।

'शाम' को लेकर सृजित विविध गीतों में 'सपना' (1969) के राग कलावती पर आधारित कवितामय 'साँझ भई झाँझ भेद जियरा के

खोले' (उषा मंगेशकर), प्रेम के उल्लसित रूप को 'साँझ' की उपमा के साथ अभिव्यक्त करते 'साँझ ढली दिल की लगी थक चली पुकार के' (शैलेन्द्र-एस.डी. बर्मन-मन्ना डे, आशा-फ़िल्म 'काला बाज़ार') और 'साँझ भई सुन री सखी मन छीने किसकी बंसी' (शैलेन्द्र सलिल, लता, उषा, 'हनीमून'), अपने ज़माने के बेहद मशहूर गीत 'शाम ढले खिड़की तले तुम सीटी बजाना छोड़ दो' ('अलबेला', 1951-लता, चितलकर), 'शाम गई रात आई कि बलम आजा' (लता 'श्री 420'), राग खमाज आधारित 'शाम ढली जमुना किनारे' (लता, मन्ना डे 'पुष्पांजली'), पहाड़ी के सुरों को समेटे 'शाम देखो ढल रही है, पंछी देखो जा रहे हैं' (उषा खन्ना, रफ़ी 'अंजान है कोई'), मादकता भरे 'शाम भीगी-भीगी बदन जल रहा है' (आशा 'गहरी चाल'), 'शाम सुहानी आई ख़ुशियाँ बन के पहली बार (शैलेन्द्र सिंह, महेन्द्र, लता—'ज़िन्दादिल'), योगेश और सलिल की ऑफ़बीट ख़ूबसूरत रचना 'ओ शाम आई रंगों में रंगी हुई' (लता—'जीना यहाँ' 1979) और इन सबसे बढ़कर 'कटी पतंग' का 'ये शाम मस्तानी मदहोश किए जाए' (किशोर) तो सदाबहार रहनेवाले गीत हैं। इधर के गीतों में एम.एम. क्रीम के संगीत से सजे 'सुर' फ़िल्म (2003) के वायलिन और फ़्लूट की अद्‌भुत जुगलबन्दी वाले 'कभी शाम ढले तो मेरे दिल में आ जाना' (महालक्ष्मी अय्यर) और गिटार की संगत के साथ 'आयशा' के 'शाम भी कोई जैसे है नदी, लहर-लहर जैसे बह रही है' जैसे जावेद अख़्तर लिखित गीत इस तथ्य को रेखांकित करते हैं कि हिन्दी फ़िल्म-संगीत में शाम की उपमा विभिन्न भावों के सन्दर्भ के रूप में अभी भी क़ायम है।

यहाँ बदला वफ़ा का बेवफ़ाई के सिवा क्या है

हिन्दी फ़िल्मों की कहानियाँ बहुतायत में नायक-नायिका के प्रेम सम्बन्धों के इर्द-गिर्द ही घूमती हैं, इसलिए स्वाभाविक है कि बेवफ़ाई की स्थितियाँ भी भरपूर होती हैं। यह बेवफ़ाई कभी व्यक्तिगत कारणों से होती है तो कई बार पारिवारिक या सामाजिक रूढ़ियों और दबाव के कारण। चूँकि भारतीय समाज की भी स्थितियाँ अमूमन ऐसी ही होती हैं और प्रेम अकसर असफल ही रहता है, इसलिए बेवफ़ाई के गीत छोटे शहरों और मुहल्लों में रोज़मर्रा होनेवाले असफल या मूक प्रेम के मारों को अपने दिल के बहुत क़रीब लगें, यह आश्चर्य की बात नहीं है। परेशानी यह है कि बेवफ़ाई के बहुत सारे गीतों में किन गीतों को चुना जाए? मैंने कोशिश की तो है इन गीतों के चुनाव में इसकी सदाबहार लोकप्रियता, जनमानस पर असर और गुणवत्ता—सभी का ध्यान रखूँ, फिर भी चुनाव अन्ततः व्यक्तिगत है और इसे मैंने कुछ गीतों तक ही सीमित किया है। यह कोई 'टॉप टेन' जैसे चयन नहीं है बल्कि व्यक्तिगत याददाश्त का भी इनमें बड़ा हाथ है और साथ ही, थोड़ा-सा प्रयास है कि बेवफ़ाई की संवेदना के कुछ अलग-अलग रूप भी सामने आएँ।

बेवफ़ाई पर सर्वश्रेष्ठ गीतों में से एक तो निस्सन्देह शैलेन्द्र द्वारा लिखित 'दोस्त दोस्त ना रहा प्यार प्यार ना रहा, ज़िन्दगी हमें तेरा एतबार ना रहा' (संगम, 1964) को माना जाएगा। अमरीकी फ़िल्म 'पर्ल हार्बर' की तरह यहाँ भी नायक के मन में शंका और जलन है कि नायिका उसकी अनुपस्थिति में उसके दोस्त से प्यार करने लगी है, और यह सारी वेदना और कुंठा इस गीत में बख़ूबी उभरी है। पियानो के कॉड्र्स के आधार पर रची यह धुन शंकर की थी और शिवरंजनी और भैरवी के सुरों के साथ इसका विस्तार मुकेश के स्वर में एक ग़ज़ब-सी कशिश के साथ हुआ था। इस गीत की मुकेश की गायकी से शंकर इतने ओत-प्रोत हो गए थे कि रेकॉर्डिंग के बाद मुकेश के नेपियन सी रोड के रूँगटा हाउस के अपने घर पहुँचने के पहले ही उन्होंने मुकेश के घर फूल ही फूल भिजवा दिए थे और इसे देखकर न सिर्फ़ मुकेश बल्कि पास-पड़ोस रहनेवाले सभी लोग अचम्भित हो गए थे।

हालाँकि 'संगम' फ़िल्म की यह सर्वश्रेष्ठ कम्पोज़िशन थी, पर लोकप्रियता के हिसाब से वार्षिक बिनाका में इसे बारहवाँ स्थान ही नसीब हुआ। 'संगम' के ही दो अन्य गीत 'मेरे मन की गंगा' और 'ये मेरा प्रेमपत्र पढ़कर' क्रमश: पहले और दूसरे पायदान पर रहे। शंकर और जयकिशन के बीच बढ़ती दूरी के पीछे भी इस गीत का कुछ हाथ माना जा सकता है। हालाँकि लगभग आरम्भ से ही शंकर और जयकिशन अपनी धुनें अलग-अलग बनाते थे, पर उनमें एक समझौता था कि कोई भी सार्वजनिक रूप से यह प्रकट नहीं करेगा कि कौन-सी धुन किसकी थी, लेकिन जब जयकिशन ने एक साक्षात्कार में यह स्वीकार कर लिया कि 'ये मेरा प्रेमपत्र' उनकी कम्पोज़िशन थी तो 'दोस्त दोस्त ना रहा' को बेहतर रचना माननेवाले शंकर को यह बेहद नाग़वार गुज़रा और यहीं में दोनों के सम्बन्धों में एक दरार-सी आ गई।

बेवफ़ाई के गीतों की बात हो तो 'जुगनू' (1947) के 'यहाँ बदला वफ़ा का बेवफ़ाई के सिवा क्या है, मुहब्बत करके भी देखा मुहब्बत में भी धोखा है' को नज़रअन्दाज़ नहीं किया जा सकता। दिलीप कुमार और नूरजहाँ पर फ़िल्माए इस गीत को तनवीर नक़वी ने लिखा था और स्वर मुहम्मद रफ़ी और नूरजहाँ ने दिया था। संगीतकार फ़िरोज़ निज़ामी ने इस गीत की राग यमन कल्याण आधारित बहुत सुन्दर धुन बनाई थी और रफ़ी ने इसे अपने उन्मुक्त अन्दाज़ में गाया भी बख़ूबी था। संगीत रचना कोई जटिल नहीं थी, बल्कि एक ही पुनरावृत्त होती हुई संरचना पूरे गीत में है, फिर भी यह निज़ामी का कमाल था कि इसके बावजूद कहीं भी एकरसता नहीं आई है। रफ़ी को गायकों की अग्रिम पंक्ति में स्थान दिलाने में इस गीत का बड़ा हाथ था। अपने ज़माने में यह गली-गली में गुनगुनाए जानेवाला गीत रहा है। राजनैतिक आज़ादी भले ही मिल रही हो, पर पारस्परिक सामाजिक बन्धनों और रूढ़ियों का प्रभाव अभी इतना सशक्त था कि उन्मुक्त प्रेम के रास्ते बहुत मुश्किल थे और यही कारण है कि इस तरह के गीत देश के युवाओं को अपनी हालत के प्रतिनिधि गीत लगते थे और बेहद लोकप्रिय होते थे।

प्रेम धवन का लिखा रवि का स्वरबद्ध 'वफ़ा जिनसे की बेवफ़ा हो गए, वो वादे मुहब्बत के क्या हो गए' (फ़िल्म 'प्यार का सागर', 1961) बेवफ़ाई पर आधारित अच्छे और लोकप्रिय गीतों में शुमार होगा। इस गीत का फ़िल्मांकन भले ही साधारण हो, पर इस गीत में मुकेश की आवाज़ में दर्द के अतिरिक्त एक अजब-सी रूमानी कैफ़ियत उभारने में रवि सफल रहे। मुख्यतः राग पीलू आधारित यह गीत और लगभग इसी थीम पर 'प्यार का सागर' का ही तिलक कामोद आधारित 'सदा ख़ुश रहे तू वफ़ा करनेवाले, दुआ कर रहे हैं दुआ करनेवाले'

मेरे दुश्मन तू मेरी दोस्ती को तरसे...; फ़िल्म : आए दिन बहार के

(मुकेश) उस ज़माने के नायक की सहृदयी, कोमल, कलुषरहित छवि को ही रेखांकित करते हैं जो एक तरह से सातवें दशक की फ़िल्मों में स्टीरियोटाइप्ड हो गया था। यहाँ प्रतिकार कम था, स्वीकार्य न भी हो तो भी तीव्र प्रतिवाद द्वारा बदलाव की बातें भी कम ही थीं। दरअसल, आभासित बेवफ़ाई की संवेदना इस दशक में कभी-कभी ही कुछ ग़ुस्से की शक्ल में कुछ फ़िल्मी गीतों में आई। इस सन्दर्भ में सबसे सटीक उदाहरण 'आए दिन बहार के' (1966) का 'मेरे दुश्मन तू मेरी दोस्ती को तरसे, मुझे ग़म देनेवाले तू ख़ुशी को तरसे' माना जा सकता है। पूरा गीत, पर्दे पर धर्मेन्द्र की कुछ अतिरंजित भावाभिव्यक्ति के साथ कुछ लगभग एक शाप की शक्ल ले लेता है जहाँ ख़ुशी को और दोस्ती को तरसने की बददुआ दी जाती है। आनन्द बक्शी द्वारा लिखित और रफ़ी द्वारा गाया यह गीत अपने आप में अनूठा है और लक्ष्मीकान्त-प्यारेलाल ने इसे अपनी उसी ख़ास लय में ढाला है जिसे लेकर वे सातवें दशक के

अन्त तक लोकप्रियता के मामले में एक अलग स्थान बनाने में सफल हो चले थे। बेवफ़ाई को लेकर दोषारोपण और लांछन की भावना कुछ हद तक आठवें दशक से फ़िल्मी गीतों में दृष्टिगोचर होती है। इस सन्दर्भ में 'अमानुष' (1975) का किशोर कुमार का गाया, इन्दीवर का लिखा और श्यामल मित्रा का संगीतबद्ध 'दिल ऐसा किसी ने मेरा तोड़ा' बरबस याद आता है। यहाँ तो नायिका पर बेवफ़ाई के कारण 'एक भले मानुष को अमानुष' बना डालने का दोष भी डाला जाता है। बंगाल की गन्ध लेकर भी अपने रिद्म और ताल में नवीन मिश्र झिंझोटी पर आधारित इस ख़ूबसूरत गीत ने किशोर को सर्वश्रेष्ठ गायक का और इन्दीवर को सर्वश्रेष्ठ गीतकार का फ़िल्मफेयर पुरस्कार तक दिलाया था। यह प्रकृति इसके कुछ वर्ष पूर्व प्रदर्शित 'खिलौना' (1970) के आनन्द बक्शी द्वारा लिखित, लक्ष्मीकान्त-प्यारेलाल द्वारा संगीतबद्ध और रफ़ी के गाए, 'ख़ुश रहे तू सदा ये दुआ है मेरी' से भिन्न है जहाँ बेवफ़ाई के बावजूद नायक के मुँह से नायिका के लिए दुआ ही निकलती थी क्योंकि वह 'बेवफ़ा ही सही दिलरुबा है मेरी।'

यह भी रोचक है कि बेवफ़ाई के कई सारे गीतों का फ़िल्मांकन ड्राइंगरूम या पार्टी की पृष्ठभूमि में होता है। दूसरे शब्दों में बेवफ़ाई, चाहे वह सच्ची हो या आभासित, का उद्गार अकसर चुपके अकेले न होकर लोगों के बीच, कइयों को सुनाते हुए होता है। शायद इसलिए कि निर्देशक के अनुसार इसका असर दर्शकों पर अधिक होता है और 'बेवफ़ा' का लोगों के बीच भरी महफ़िल में उतरता चेहरा देख दर्शकों को एक सन्तुष्टि भी देता है। ऐसे गीतों में 'देवर' (1966) के आनन्द बक्शी लिखित 'बहारों ने मेरा चमन लूटकर ख़िज़ाँ को ये इल्ज़ाम क्यों दे दिया, किसी ने चलो दुश्मनी की मगर उसे दोस्ती नाम क्यों दे दिया'

और 'हम किसी से कम नहीं' (1977) के मजरूह लिखित 'क्या हुआ तेरा वादा, वो क़सम वो इरादा' बरबस याद आते हैं। रोशन द्वारा सृजित राग मिश्र पीलू आधारित 'बहारों ने मेरा चमन' तो अपनी बन्दिश और फ़िल्मांकन में फ़िल्म के कथानक का पूरा दर्द और पूरी व्यथा समेट लेता है, वहीं 'क्या हुआ तेरा वादा' (रफ़ी, सुषमा श्रेष्ठ) के कशिश भरे सुरों ने तो उस वक़्त तहलका ही मचा दिया था। भारतीय भावुक जनता ने भरे सिनेमा हॉल में शहर-शहर इस गीत के प्रदर्शन के समय आँसू भी बहाए, और तारिक़ और काजल किरण कुछ समय के लिए ही सही, कई दिलों की धड़कन भी बने। गिटार का इस गीत में राहुल देव बर्मन ने बेहतरीन उपयोग किया था और कॉर्ड आधारित इस कम्पोज़ीशन में गिटार भूपेन्द्र ने बजाया था। इस गीत ने फ़िल्मों में रोमांस और बेवफ़ाई की पुरानी अवधारणा को आधुनिक सन्दर्भ में प्रस्तुत किया और इसी गीत से रफ़ी की पुनः चोटी पर वापसी भी हुई। वहीं साहिर द्वारा लिखित 'गुमराह' (1963) का 'चलो इक बार फिर से अजनबी बन जाएँ हम दोनों' तो बेवफ़ाई का एक लाजवाब दार्शनिक रूप है जो फ़िल्म संगीत के सबसे ख़ूबसूरत गीतों में आज तक गिना जाता है। रवि द्वारा सम्भवतः शुद्ध कानड़ा और भीमपलासी पर आधारित और महेन्द्र कपूर द्वारा गाए इस गीत की न सिर्फ़ धुन बल्कि शाब्दिक सुन्दरता भी अप्रतिम है। 'वो अफ़साना जिसे अंजाम तक लाना न हो मुमकिन, उसे एक ख़ूबसूरत मोड़ देकर छोड़ना अच्छा'—यहाँ गिला-शिकवा नहीं है बल्कि कुछ अजीब तरह का दार्शनिक स्वीकारबोध है। इस गीत के लिए रवि ने 31 धुनें तैयार की थीं और अन्ततः जो धुन चुनी गई, वह इतनी संयत और माकूल है कि आज भी इसे सुनते ही सुनील दत्त, माला सिन्हा और अशोक कुमार के उस त्रिकोण की तस्वीर कौंध जाती है।

हालाँकि कथ्य और सन्दर्भ थोड़ा भिन्न और रहस्यात्मक पर है, पर बेवफ़ाई को केन्द्रीयता में रखकर एस.एच. बिहारी द्वारा लिखा और ओ.पी. नैयर द्वारा संगीतबद्ध 'ये रात फिर न आएगी' (1966) का 'यही वो जगह है यही वो फ़िज़ाएँ, यहीं पर कभी आप हमसे मिले थे' फ़िल्मांकन मुखड़े और अन्तरे, सभी में एक कोमल ही उलाहने को लेकर चलता है और पुराने वादों की याद दिलाता है। पहाड़ी की गूँजती शैली में nostalgic सी कशिश लेकर रचित यह बेमिसाल गीत आशा भोसले के सर्वश्रेष्ठ गीतों में स्थान रखता है। इसी प्रकार 'प्यासा' का 'जाने वो कैसे लोग थे जिनके प्यार को प्यार मिला' हेमंत कुमार के गाए श्रेष्ठ गीतों में अपनी जगह बनाए रखता है।

बेवफ़ाई पर कई ऐसे भी गीत हैं जो अधिक लोकप्रिय नहीं हुए। सज्जाद हुसैन के संगीत निर्देशन में फ़िल्म 'खेल' (1950) का लता का गाया 'जाते हो तो जाओ हम भी यहाँ वादों के सहारे जी लेंगे' मिश्र भैरवी पर आधारित एक अत्यन्त जटिल रचना थी, जिसमें सुरों के उतार-चढ़ाव का खेल मुखड़े से ही शुरू हो जाता है और लता से बड़े सुन्दर तान भी सज्जाद ने लिवाई हैं। इसी तरह एस.एन. त्रिपाठी के संगीत निर्देशन में लता का ही गाया फ़िल्म 'कुँआरी' (1964) का शिवरंजनी के उदास सुरों के साथ पियानो की तरंगों पर लहराता 'प्यार के पल छिन बीते हुए दिन हम तो न भूले तुम भूल गए' आज अधिकांश श्रोताओं को याद नहीं है। बेवफ़ाई पर आधारित ढेर सारे अन्य लोकप्रिय गीत भी हैं, जिनका उल्लेख मैंने नहीं किया है, पर एक अलग तरह की बेवफ़ाई, जो सत्ता द्वारा जनता के साथ की जाती है और जिसका समावेश हमारे फ़िल्म-संगीत से कम ही हुआ है, इसका भी एक बेहद सटीक उदाहरण देकर ही बात समाप्त करूँगा। 'प्यासा' (1957) का

साहिर लिखित, सचिन देव बर्मन द्वारा संगीतबद्ध और रफ़ी का गाया 'ये कूचे ये नीलाम घर दिलकशी के/ये लुटते हुए कारवाँ ज़िन्दगी के/कहाँ हैं कहाँ हैं मुहाफ़िज़ ख़ुशी के/जिन्हें नाज़ है हिन्द पर वो कहाँ हैं?' निस्सन्देह व्यक्तिगत धरातल पर स्त्री-पुरुष के टूटते प्रेम की पुकारों से कहीं अधिक महत्त्वपूर्ण पूरे सामाजिक और आर्थिक धरातल पर टूटी आशाओं का व्यंग्य भरा विषाद गीत बनकर शायद हिन्दी फ़िल्म-संगीत में बेवफ़ाई का (एक अलग तरह की पर अधिक सार्थक) सबसे ऐतिहासिक और यादगार गीत माना जाएगा।

हिन्दी फ़िल्मों के माँझी गीत

हिन्दी फ़िल्मों के एक ज़माने में कई माँझी गीत फ़िल्माए गए। दरअसल, बंगाल की पृष्ठभूमि पर बनी फ़िल्मों में कई बार कथ्य या संवेदना के धरातल पर माँझी गीतों के दृश्यों से प्रभाव को अधिक कारगर और तीव्र बनाने में इस्तेमाल किया गया। बंगाल और उत्तर-पूर्व भारत का भटियाली लोक संगीत एक तरह से माँझी गीतों से ही निकला है। सलिल चौधरी (जो अपनी वामपंथी विचारधारा के कारण अन्तरराष्ट्रीय संगीत को रेखांकित करते थे) ने कभी कहा था कि पूरे विश्व में नाविकों के संगीत में कई समानताएँ पाई जाती हैं—चाहे वह वोल्गा के नाविकों का संगीत हो या बंगाल के माँझियों का। सच भी है, नाविकों की जीवनशैली, नदी के साथ सम्बद्ध सुबह से शाम तक की उनकी दिनचर्या या संघर्ष से ही उनकी समान संस्कृति की उपज होती है। शरतचन्द्र के उपन्यास पर आधारित फ़िल्म 'बिराज बहू' में बंगाल के प्रसिद्ध लोकगायक निर्मलेन्दु चौधरी से सलिल ने भटियाली शैली में 'माँझी रे, ले चल नइया, राम करेगा पार' जैसा ख़ूबसूरत गीत गवाया था और फ़िल्म 'ज़माना' (1953) में रफ़ी और साथियों के स्वर में माँझी गीतों का

प्रयोगात्मक कोरस प्रभाव 'नैया का मेरी तू ही खेवैया' गीत में डाला था। पर भटियाली आधारित माँझी गीतों की कम्पोज़ीशन और गायकी में सबसे बड़ा नाम सचिन देव बर्मन का हमेशा रहेगा। 'सुजाता' (1959) के 'सुन मेरे बन्धु रे सुन मेरे मितवा' की माँझी शैली की विरह भरी पुकार आज भी सचिन दा की श्रेष्ठतम रचनाओं में शामिल है। इसी तरह क्या हम 'बन्दिनी' (1963) के ख़ास भटियाली में 'ओ रे माँझी मेरे साजन हैं उस पार' की आकुलता को कभी भूल सकते हैं? 'बन्दिनी' के ही मुकेश के गाए अविस्मरणीय 'ओ जानेवाले हो सके तो लौट के आना' में भी माँझी शैली का गायन और ऑर्केस्ट्रेशन, दोनों में स्पष्ट नज़र आता है।

बंगाल की पृष्ठभूमि पर ही निर्मित और टैगोर की रचना पर आधारित विमल रॉय की 'काबुलीवाला (1961) में सलिल द्वारा स्वरबद्ध और हेमन्त कुमार के गाए 'गंगा आए कहाँ से, गंगा ज़ाए कहाँ रे' में हिलकोरे युक्त ऑर्केस्ट्रेशन के साथ भूपाली और खमाज की छाया लिये यह माँझी गीत ग्रामीण दार्शनिकता के ऊँचे आयाम छू लेता है। इसी प्रकार शरतचन्द्र की कहानी पर आधारित 'मझली दीदी' (1967) में हेमन्त द्वारा संगीतबद्ध और गाए 'उमरिया बिन खेवक की नैया' में जैसे माँझियों की पूरी ज़िन्दगी का संघर्ष और दर्द साकार हो उठता है। ग्रामीण बंगाल के जीवन को उसके प्राकृतिक सौन्दर्य और सामाजिक विषमताओं के साथ परदे पर उद्भासित करने में माँझी गीतों का प्रतीकात्मक तौर पर बड़ा हाथ रहा है। 'मझली दीदी' के ही हेमन्त के गाए 'नदियों की हरी-भरी गोद जहाँ, पीपल की ठंडी-ठंडी छाँव जहाँ, वो मेरा गाँव है' के उठान भरे हिस्से के नोट्स माँझी गीत से ही प्रभावित लगते हैं। शरतचन्द्र के बांग्ला उपन्यास 'पंडित मोशाय' पर आधारित गुलज़ार की 'ख़ुशबू'

(1975) का बंगाली ग्राम परिवेश फिर हमें आर.डी. बर्मन के संगीतबद्ध और किशोर के गाए माँझी गीत 'ओ माँझी रे, अपना किनारा, नदिया की धारा है' के द्वारा अभिभूत करता है, वहीं रवीन्द्रनाथ टैगोर की रचना 'समाप्ति' पर आधारित फ़िल्म 'उपहार' (1971) में मुकेश के स्वर में और लक्ष्मीकान्त-प्यारेलाल द्वारा दीपचन्दी ताल में संगीतबद्ध 'माँझी नैया ढूँढ़े किनारा, किसी-न-किसी की खोज में है ये जग सारा' हमें माँझी गीतों में जीवन-दर्शन के उस पुट की याद दिलाता है जो कई पारम्परिक माँझी गीतों का अनिवार्य अंग रहा है। इसी सन्दर्भ में याद कीजिए 'सफ़र' (1970) का कल्याणजी-आनन्दजी द्वारा संगीतबद्ध और मन्ना डे के स्वर में वह लाजवाब माँझी गीत 'नदिया चले चले रे धारा, चन्दा चले चले रे तारा, तुझको चलना होगा'। 'आवारा' (1951) में राज कपूर रफ़ी के स्वर में 'नैया तेरी मँझधार, होशियार' जैसा माँझी गीत लेकर आए, तो 'अमानुष' (1975) में श्यामल मित्रा फिर उसी बंगाली ग्राम परिवेश का दर्शन 'नदिया में लहरें नाचें, लहरों में नाचे नैया किसके इशारे ये दुनिया नाचे, कोई न जाने भैया' के रूप में लाने में सफल रहे। संगीतकार सपन चक्रवर्ती भी फ़िल्म '36 घंटे' (1974) में मुकेश के स्वर में साहिर की रचना 'यहाँ बन्धु आते को है जाना' में पारम्परिक माँझी गीतों की शैली में आरोह के साथ जीवन के फ़लसफ़े को उद्भासित करने में अद्वितीय रूप से सफल रहे।

भटियाली की एक लाजवाब किन्तु अनसुनी रचना का उल्लेख तो अनिवार्य हो जाता है। फ़िल्म 'वास्ता' (1984) में संगीतकार अजीत बर्मन ने 'माँ बोलो कब तलक यूँ जलना है, और कितने दिन माटी बन मुझे छिन छिन गलना है' (आशा/अमित कुमार) को भटियाली में और ऐसे गीतों की लाक्षणिक नाव की चाल को रूपान्तरित करते ऑर्केस्ट्रेशन

मुमताज़; फ़िल्म : बँधे हाथ

के साथ इतना ख़ूबसूरत कम्पोज़ किया है कि यह आश्चर्य होता है कि यह गीत अधिक चर्चित क्यों न हुआ?

संगीतकार रवीन्द्र जैन ने 'दो जासूस' (1975) में कोली माँझी गीत का प्रभाव 'पुरवैया ले के चली मेरी नैया' (शैलेन्द्र सिंह, लता, साथी) और पुनः 'हम नहीं सुधरेंगे' (1985) के 'माँझी ओ माँझी...ओ मछुआ' में बड़े दिलकश तरीक़े से डाला था और यह बंगाल के माँझी गीतों से बिलकुल भिन्न था। इसी तरह वेनिस के नाविकों के गीत की लय और धुन का इस्तेमाल पहले राज कपूर के लिए शंकर-जयकिशन ने 'संगम' (1964) के विवियन लोबो के गाए गीत 'इश लिबेदिश, आई लव यू' में और फिर वर्षों बाद आर.डी. बर्मन ने 'द ग्रेट गैम्बलर' (1978) के 'दो लफ़्ज़ों की है दिल की कहानी' (आशा) में बड़ी ख़ूबसूरती से किया था।

हिन्दी फ़िल्मों में कई बार माँझी गीतों को पारम्परिक स्वर-रचना से

अलग हटकर दूसरे अन्दाज़ में भी पेश किया गया है। 'बाज़' (1953) के 'माँझी अलबेले चलो रे हौले-हौले' में गीता दत्त और ओ.पी. नैयर की शोख़ी, 'तुलसीदास' (1954) के 'नैया जल्दी ले चलो मुझे सैयाँ के अँगना' में चित्रगुप्त का भोजपुरी लोक रंग, 'सम्राट् पृथ्वीराज चौहान' (1959) के 'माँझी रे हिम्मत न हार' में वसन्त देसाई का देशभक्तिपूर्ण उत्प्रेरक अन्दाज़ जैसे उदाहरण दिए जा सकते हैं। फ़िल्म 'चार पैसे' (1955) में सरताज के लिखे और बी.डी. बर्मन के संगीतबद्ध 'माँझी मेरी नैया को जी चाहे जहाँ ले चल' के नोट्स छठे दशक के मेलोडी प्रधान गीतों के समान है, तो लगभग उसी मुखड़े को लेकर 'हम हिन्दुस्तानी' (1960) के उत्कृष्ट गीत 'माँझी मेरी क़िस्मत के जी चाहे जहाँ ले चल' (लता) में बीट्स के लुभावने प्रयोग, कोमल आलाप का प्रभावशाली इस्तेमाल, कोरस के साथ एकीकरण और बाँसुरी के साथ अद्भुत अन्त सम्भवत: काफ़ी थाट की इस रचना को संगीतकार उषा खन्ना की सर्वश्रेष्ठ रचनाओं में से एक बनाती है। इसी प्रकार फ़िल्म 'बँधे हाथ' (1973) का माँझी गीत 'ओ माँझी ओ माँझी, जाएँ कहाँ' (आशा, साथी) तो आर.डी. बर्मन की प्रयोगधर्मिता का विशिष्ट उदाहरण है जहाँ माँझी गीत के पारम्परिक शब्दों को पंचम ने प्रचलित लोकधुन में न डालकर नये बीट्स के साथ पुनरावृत्त और आरोपित बोलों के साथ अद्भुत उठान दी थी।

भारतीय चलचित्रों के बेहतरीन फ़िल्मांकित गीत

इतनी फ़िल्में, इतने ख़ूबसूरत गीत—30 के दशक से लेकर अब तक इनकी तो कोई सीमा ही नहीं है, लेकिन जब हम गीतों के फ़िल्मांकन पर आते हैं तो यह मानना पड़ता है कि बेहद ख़ूबसूरत गीतों में भी अधिकांश का फ़िल्मांकन इतना बुरा है कि जिन गीतों को सुनकर आप अभिभूत रह जाते थे उन्हें परदे पर देखकर उनका प्रभाव कम ही नहीं होता, बल्कि कई बार तो आपको निराश कर देता है। आज आपके लिए ऐसे दस ख़ूबसूरत गीतों को पेश कर रहा हूँ जो मेरे विचार से उत्कृष्ट रूप से फ़िल्मांकित गीत भी हैं—एक तरह से कहें तो मेरी पसन्द के दस सर्वश्रेष्ठ गीत और दृश्य की जुगलबन्दियाँ।

शुरुआत एक बांग्ला फ़िल्म से करूँगा—फ़िल्म 'इन्द्राणी' (1958) के हेमन्त और गीता के गाए 'नीड़ छोटो खोति नेई, आकाश तो बड़ो' (घर छोटा है, कोई बात नहीं, आकाश तो बड़ा है) से। एक स्वर्गिक-सी धुन के साथ एक छोटे-से घर के छोटे-से कमरे में उत्तम कुमार और सुचित्रा सेन, खिड़की के बाहर आकाश और उत्तम और सुचित्रा

मेरी जां, मुझे जां न कहो मेरी जां...; फ़िल्म : अनुभव

की स्निग्ध मुस्कुराहट और आत्मीय भावों के साथ यह दृश्य दाम्पत्य के प्रेम की लाजवाब Understated अभिव्यक्ति है। ऐसे दृश्यों ने ही उत्तम कुमार और सुचित्रा सेन की जोड़ी को भारतीय सिनेमा की सबसे लोकप्रिय और रूमानी जोड़ी बनाया। इस गीत में प्रेम न छलछलाता है, न लाउड होता है बल्कि एक संघर्षरत निम्न-मध्यवर्गीय परिवेश की मजबूरियों के बीच भी अपनी हल्की-सी थपकियों से ज़िन्दगी की जीवटता को रेखांकित करता है। वहीं दूसरी ओर अपने लाजवाब फ़िल्मांकन से प्रभावित करता 'अनुभव' (1971) का गुलज़ार लिखित और कनु रॉय द्वारा संगीतबद्ध 'मेरी जां, मुझे जां न कहो मेरी जां' में परिवेश उच्चवर्गीय है, खिड़कियों पर काँच है, उस पर गिरती और धुँधलाती बारिश की बूँदें हैं, बाहर पौधे हैं और उनके बीच संजीव कुमार और तनुजा की

प्यार की ऐसी परिष्कृत और बारीक भाव-भंगिमाएँ हैं जो सिर्फ़ बासु भट्टाचार्य ही फ़िल्मा सकते थे।

हिन्दी फ़िल्मों के सबसे ख़ूबसूरत फ़िल्मांकित गीत हमें राज कपूर और गुरुदत्त की निर्देशित फ़िल्मों में मिलते हैं। 'आवारा' (1951) के 'दम भर जो उधर मुँह फेरे ओ चन्दा' (मुकेश, लता) में भेड़ाघाट की सफ़ेद चट्टानों के बीच नाव पर राज कपूर और नरगिस की उन्मुक्त प्रेम की हरकतें अपने ज़माने से बहुत आगे का फ़िल्मांकन है। इस ज़माने के प्रेमगीतों के दृश्यों की पुरातनपंथी स्थूलता से अलग यहाँ प्रेम के अन्दर एक आधुनिक तेवर और मांसलता है जो इस गीत के फ़िल्मांकन को विशिष्ट बनाती है। वहीं दूसरी ओर गुरुदत्त की 'साहब बीवी और ग़ुलाम' (भले ही निर्देशक के रूप में अबरार अलवी का नाम हो) का 'पिया ऐसो जिया में समाए गयो रे' तो हिन्दी फ़िल्मों का सर्वश्रेष्ठ श्रृंगार गीत माना जा सकता है। श्रृंगार रूपी सज्जा का हर फ्रेम में अलग-अलग विस्तार, श्रृंगार के हर पहलू के साथ मीना कुमारी का अद्वितीय अभिनय और हेमन्त कुमार की बंगाल के ज़मींदार बाड़ी की परम्परागत गन्ध लिये लाजवाब धुन—सभी इस गीत को अविस्मरणीय बनाते हैं। हालाँकि 'बहारें फिर भी आएँगी' (1966) की शूटिंग के बीच ही निर्देशक गुरुदत्त की मौत हो चुकी थी, और 'आपके हसीन रुख़ पे आज नया नूर है' के फ़िल्मांकन के समय गुरुदत्त नहीं थे, पर हिन्दी फ़िल्मों के सर्वश्रेष्ठ फ़िल्माए गीत के स्थान रखनेवाले इस गीत में विभिन्न कोणों से तनुजा और माला सिन्हा के सौन्दर्य को तलाशते कैमरे के पीछे गुरुदत्त की दृष्टि या मृत्यु के पूर्व का मार्गदर्शन न रहा हो, इस पर विश्वास करने को जी नहीं चाहता। हिन्दी फ़िल्मों के बेहतरीन फ़िल्मांकित गीतों में 'वो कौन थी' (1964) के मदन मोहन द्वारा संगीतबद्ध 'लग जा गले

कई बार यूँ ही देखा है...; फ़िल्म : रजनीगन्धा

कि फिर ये हसीं रात हो न हो' को भी अक्सर शामिल किया जाता है। पहाड़ी के सुरों की रोमांचकता एक तरफ़ तो साधना की ख़ूबसूरत कशिश भरी अभिव्यक्ति दूसरी तरफ़। साधना इतनी अच्छी तो परदे पर शायद ही कभी लगी हों।

पूर्व प्रेमी-प्रेमिका का एक ही टैक्सी में मौन-सा सफ़र और पार्श्व में योगेश का लिखा और सलिल चौधरी का संगीतबद्ध 'कई बार यूँ ही देखा है ये जो मन की सीमा-रेखा है, मन तोड़ने लगता है'—'रजनीगन्धा' फ़िल्म के इस गीत के फ़िल्मांकन की जितनी तारीफ़ की जाए, कम है। बाहर गुज़रता बम्बई शहर, प्रेम के कुछ पलों के फ़्लैशबैक, दिनेश ठाकुर और विद्या सिन्हा की आधुनिक शहरी, किन्तु प्रबुद्ध संयत भंगिमाएँ—लगता है, बासु चटर्जी के निर्देशन में मन्नू भंडारी की कहानी 'यही सच है' (जिस पर फ़िल्म आधारित थी) के प्रेम का त्रिकोणीय

सच मानो इस गीत में साकार हो उठता है। इसी तरह आर.डी. बर्मन की वह लाजवाब रचना याद कीजिए—फ़िल्म 'ये वादा रहा' (1962) का शीर्षक गीत 'तू तू है वही दिल ने जिसे अपना कहा'। व्हिस्लिंग के साथ रेकॉर्ड लगाकर ऋषि कपूर और पूनम ढिल्लों का एक-दूसरे की बाँहों में और एक-दूसरे को ताली देते हुए सम्मोहक नृत्य, पार्श्व में उनके हँसने और ख़ुश होने के स्वर, आँखों के तल्लीन भाव—कुल मिलाकर प्यार की आत्मीयता का लाजवाब फ़िल्मांकन।

फ़िल्म 'गर्म हवा' (1974) की क़व्वाली 'मौला सलीम चिश्ती' भी अपने अद्वितीय फ़िल्मांकन के कारण अविस्मरणीय है। विभाजन की त्रासदी और उससे उपजी विडम्बनाओं के बीच एक युवती की दुविधा-भरी संवेदनाओं से निकलकर एक निर्णय पर पहुँचने के साथ ही, फ़तेहपुर सीकरी के सलीम चिश्ती की दरगाह से उठती क़व्वाली के सुर मानो विभाजन की विभीषिकाओं के बीच दिल की दुनिया को आबाद करने की कोशिश कर रहे हों। पूरा फ़िल्मांकन ही जैसे मन्नतों के धागे हों।

हाल की फ़िल्मों में से अगर एक बेहतरीन फ़िल्मांकन चुनना हो तो मैं 'तनु वेड्स मनु' के 'रंगरेज़ मेरे' का नाम लूँगा। रंगरेज़ों के कार्यक्षेत्र की पृष्ठभूमि में पार्श्व के बजते इस सूफ़ियाने गीत का विस्तार तनु और मनु की मनःस्थितियों के समानान्तर इतनी ख़ूबसूरती से किया गया है कि दोनों के बीच का प्यार अव्यक्त होते हुए भी मुखर हो उठता है।

हिन्दी फ़िल्मों के 'दीवाली' गीत

दीवाली के गीत हिन्दी फ़िल्मों में कम है—होली की अपेक्षा तो बहुत ही कम। और जहाँ होली के गीतों के परिदृश्य में अक्सर उत्सवधर्मिता रहती है और उल्लसित वातावरण रहता है, वहीं दीवाली के दृश्य की उज्ज्वल पृष्ठभूमि में कई गीत Contrast की तरह वैयक्तिक दुःख और विषाद के गीत बनकर उभरते हैं। वैसे दीवाली के आरम्भिक गीतों में फ़िल्म 'दीवाली' (1940) में खेमचन्द प्रकाश के द्वारा संगीतबद्ध दो भागों में 'घर-घर दीप जले, घर-घर पर शोभा छाई' (समूह गान) और 'जले दीपक दीवाली आई' (जिसमें कोल्हापुर में जन्मी और प्रभात तथा फिर रणजीत स्टूडियोज़ के लिए गानेवाली वासन्ती घोरपड़े का स्वर था) में सामूहिक उल्लास की ही प्रबलता थी। दूसरी तरफ़ अनिल विश्वास के संगीत निर्देशन में 'क़िस्मत' (1943) के झिंझोटी और खमाज के स्वरों के उतार-चढ़ाव वाले 'घर-घर में दीवाली है मेरे घर में अँधेरा' (अमीरबाई) और नौशाद के संगीत निर्देशन में 'रतन' (1944) के सामूहिक नृत्य के समानान्तर चलते 'आई दीवाली दीपक संग नाचे पतंगा' (ज़ोहराबाई) में दीवाली के लाक्षणिक भाव के बैकड्रॉप में एक उदासी भरे विरह

भाव की सृष्टि की गई है। 'क़िस्मत' के उपरोक्त गीत के लिए तो कवि प्रदीप ने अलग-अलग भावों के 52 अन्तरे लिख डाले थे, जिन्हें बड़ी मुश्किल से अनिल विश्वास ने तीन हिस्सों में तीन प्रकार के भावों के लिए शास्त्रीय ढंग से स्थायी, अन्तरा, संचारी और आभोग के अनुसार ढालने में सफलता प्राप्त की। वहीं नौशाद ने 'रतन' के उपरोक्त गीत में भैरवी में ऋषभ का शुद्ध उपयोग करके निराली बात ही पैदा कर दी थी। 'खजांची' (1941) के 'दीवाली फिर जा गई सजनी' (शमशाद, साथी) में जहाँ संगीतकार ग़ुलाम हैदर ने पंजाबी उल्लसित टप्पे का पृष्ठभूमि में बड़ा आकर्षक प्रयोग किया है, वहीं 'शीश महल' (1950) के 'आई है दीवाली सखी आई रे' (शमशाद, गीता, साथी) को वसन्त देसाई ने पारम्परिक ढंग से ही स्वरबद्ध किया।

जहाँ फ़िल्म 'कंचन' (1955) के हुस्नलाल-भगतराम के कम्पोज़ किए और सुरैया के गाए 'दीवाली की रात पिया घर आनेवाले हैं' में दीवाली की प्रतीकात्मकता मिलन की ओर उन्मुख है, वहीं पृथ्वीराज कपूर की 'पृथ्वी थियेटर्स' के मशहूर नाटक 'पैसा' को लेकर इसी नाम से बनाई 1957 की फ़िल्म में 'पृथ्वी थियेटर्स' के ही पुराने संगीतकार राम गांगुली ने गीता दत्त के स्वर में 'दीप जलेंगे दीप दीवाली आई हो' को माधुर्य और बंगाली मिठास के स्पर्श से बहुत आत्मीय बना डाला है। यह गीत राम गांगुली के ही संगीत निर्देशन में 'महाराणा प्रताप' (1946) में 'आई दीवाली दीपों वाली गाएँ सखियाँ' (खुर्शीद , साथी) की पारम्परिक धुन से बहुत बेहतर है। फ़िल्म 'ताज' (1956) में हेमन्त कुमार के संगीत निर्देशन और लता के स्वर में 'जहाँ में आई दीवाली बड़े चराग़ जले/हमारे दिल में मगर तेरे ग़म के दाग़ जले' में सितार के अप्रतिम प्रयोग और सुन्दर दर्द भरी धुन ने राजेन्द्र कृष्ण के शब्दों को

चार चाँद लगा दिए हैं। 'पैग़ाम' (1959) का सी. रामचन्द्र द्वारा स्वरबद्ध और जॉनी वाकर पर फ़िल्माया 'कैसे दीवाली मनाएँ हम लाला, अपना तो बारह महीने दीवाला' (रफ़ी) यूँ दीवाली गीत तो नहीं था, पर यहाँ दीवाली को धन और ऐश्वर्य के प्रतीक के रूप में पैसे की कमी में जूझते आम आदमी की तस्वीर उभारने के लिए बख़ूबी किया गया है। 'ख़ज़ांची' (1958) में मदन मोहन द्वारा संगीतबद्ध 'आई दीवाली आई कैसे उजाले आई' (आशा, साथी) और 'घर-घर में दीवाली' (1955) में रोशन के संगीत निर्देशन में 'दीप जले घर-घर में आई दीवाली' (लता, शमिन्दर, साथी) दीवाली के लीक के ही गीत कहे जा सकते हैं और 'हक़ीक़त' (1964) के 'आई अब के साल दीवाली मुँह पर अपने ख़ून मले' (लता) युद्ध की विभीषिका के द्वारा एक स्वाभाविक उल्लसित पर्व को शोकमय बनाने का मदन मोहन द्वारा संगीतबद्ध एक साधारण ही गीत है जो मदन मोहन के 'हक़ीक़त' के अन्य गीतों की अपेक्षा कमज़ोर ही ठहरता है, पर दीवाली के अवसर पर न्याय शर्मा के प्रतीकात्मक शब्दों और जयदेव की लाजवाब धुन के साथ जो गीत बरबस याद आता है वह है दीपचन्दी ताल में 'अंजलि' (1957) का 'दीपक से दीपक जल गए, तो आज अँधेरे ढल गए' (आशा, साथी)। इसी प्रकार शहनाई और बाँसुरी के अप्रतिम प्रयोग के साथ प्रारम्भ 'लीडर' (1964) के मशहूर नृत्य गीत 'दैया रे दैया लाज मोहे लागे' (आशा) का सन्दर्भ दीवाली का है और नौशाद द्वारा स्वरबद्ध इस गीत का आरम्भ भी 'दीवाली आई घर-घर दीप जले' जैसे शब्दों से ही होता है। 'हरियाली और रास्ता' (1962) के 'लाखों तारे आसमान में एक मगर ढूँढ़े न मिला, देख के दुनिया की दीवाली दिल मेरा चुपचाप जला' (मुकेश, लता) में शंकर-जयकिशन की लोकप्रिय धुन दीवाली की आतिशबाज़ी की पृष्ठभूमि के

एक वो भी दीवाली थी एक ये भी दीवाली है...; फ़िल्म : नजराना

साथ मनोज कुमार और माला सिन्हा के ऊपर एक विपरीत दर्दीले भाव की रचना की सृष्टि करती है। जहाँ 'नज़राना' (1961) का रवि द्वारा संगीतबद्ध 'मेले हैं चिराग़ों के रंगीन दीवाली है' (लता) उत्फुल्लता की सृष्टि करता है, वहीं दीवाली को लेकर एक बहुत मशहूर दर्द भरा गीत भी मुकेश के स्वर में है—'एक वो भी दीवाली थी एक ये भी दीवाली है, उजड़ा हुआ गुलशन है, रोता हुआ माली है'। इस गीत के बारे में एक बड़ा रोचक प्रसंग मॉरीशस के साहित्यकार अभिमन्यु अनत ने मुकेश की मृत्यु पर प्रकाशित पत्रिका 'माधुरी' में लिखा था, जिसकी चर्चा मैंने एक अन्य आलेख में भी की है। नवम्बर 1975 की दीवाली के समय मुकेश मॉरीशस में थे और मुकेश नितिन, अभिमन्यु अनत सभी कार में कहीं जा रहे थे। कार में रेडियो चालू था और किसी गीत की बड़ी लम्बी-चौड़ी फ़रमाइश की लिस्ट के नाम सुनाए जा रहे थे। मुकेश ने

आश्चर्य व्यक्त करते हुए कहा कि पता नहीं कौन-सा गीत है जिसके लिए इतनी सारी फ़रमाइश आ रही हैं। थोड़ी देर बाद जब गीत बजा तो यह कार में बैठे सभी लोगों के लिए सुखद आश्चर्य रहा क्योंकि गीत था मुकेश का ही गाया 'नज़राना' का 'एक वो भी दीवाली थी'।

धर्मेन्द्र अभिनीत और एस.डी. बर्मन द्वारा संगीतबद्ध 'जुगनू' (1973) में भी दीवाली को लेकर राग पहाड़ी पर आधारित एक लोकप्रिय गाना था—'छोटे नन्हे-मुन्ने प्यारे-प्यारे रे...दीप दीवाली के झूठे, रात जले सुबह टूटे'। इसी तरह 'शिरडी के साईं बाबा' (1977) में आशा भोसले के स्वर में एक सुन्दर गीत था—'दीपावली मनाई सुहानी, मेरे साईं के हाथों में जादू का पानी'। इस गीत को लिखा और संगीतबद्ध किया था पाडुरंग दीक्षित ने। फ़िल्म 'बेगुनाह' में भी किशोर कुमार के स्वर में 'तेरे मेरे प्यार का ऐसा नाता है, देख के सूरत तेरी दिल को चैन आता है' गीत का फ़िल्मांकन दीपावली के माहौल में ही किया गया है।

इधर की फ़िल्मों के कुछ गीतों में भी दीवाली का सन्दर्भ आया है। फ़िल्म 'आमदनी अठन्नी ख़र्चा रुपया' (2001) में कई गायक-गायिकाओं के स्वर में 'आई है दीवाली सुनो जी घरवाली' अपने क़िस्म का एक अलग गीत है, वहीं दीवाली की पृष्ठभूमि में ही 'कभी ख़ुशी कभी ग़म' का शीर्षक गीत अपने सुन्दर फ़िल्मांकन, जतिन-ललित की सुन्दर धुन और जया बच्चन के सुन्दर अभिनय के कारण हमेशा अच्छा लगता रहेगा।

मुबारक बेगम : मेरे आँसुओं पे न मुस्कुरा

मुबारक बेगम कुछ वर्षों पहले गुज़र गईं, पर हिन्दी फ़िल्मों में 50 और 60 के दशकों में लता और आशा के वर्चस्व के दौर के बावजूद जो कुछ-एक गायिकाएँ उभरीं और कुछ हद तक क़ायम रहीं, उनमें से एक मुबारक बेगम भी थीं। उनकी मृत्यु पर कई अख़बारों और ब्लॉग वग़ैरह में उन्हें और उनके कुछ गीतों को याद किया गया, पर उनके सबसे ख़ूबसूरत गीत का शायद ही कभी ज़िक्र हुआ। 1965 में एक मगधी फ़िल्म आई थी—'मोरे मन मितवा'। दत्ताराम का संगीत था और उसमें मुबारक बेगम के स्वर में एक अद्‌भुत कर्णप्रिय रचना थी—'मेरे आँसुओं पे न मुस्कुरा, कई ख़्वाब थे जो मचल गए; मेरे दिल के शीशमहल में फिर, लो चराग़ यादों के जल गए'। मुबारक बेगम की आवाज़ बड़ी मौलिक और विशिष्ट थी—न तो मर्दानापन था और न ही मिठास की अतिरंजिता; और उनकी इस आवाज़ में दर्द का पुट लिये इस गाने की अभिव्यक्ति तो कमाल की है। मैं निस्सन्देह इस गीत को उनका सर्वश्रेष्ठ गीत मानता हूँ।

मुबारक बेगम का जन्म झुंझुनु, राजस्थान में हुआ था पर बचपन अहमदाबाद और वडोदरा में गुज़रा और फिर उनकी प्रतिभा को देखते हुए

मुबारक बेगम

उनके पिता मुम्बई आ गए और कम उम्र में ही वे रेडियो के लिए गाने लगी थीं। मुम्बई में 1949 में फ़िल्म 'आइए' के लिए संगीतकार नोशाद के संगीत-निर्देशन में उन्होंने अपना पहला फ़िल्मी गीत गाया—'मोहे आने लगी अँगड़ाई'। इसी फ़िल्म में लता मंगेशकर के साथ उनका एक-दो गाना भी था—'आइए आहाहा आओ चलें चले वहाँ'।

50 के दशक में लता तो कहाँ से कहाँ पहुँच गईं पर मुबारक बेगम के हिस्से में अधिकांशतः 'बी' और 'सी' ग्रेड फ़िल्में ही आईं। पर उन फ़िल्मों में भी उनके कुछ गीत मक़बूल साबित हुए, जैसे के. दत्ता के संगीत निर्देशन में 'रिश्ता' (1954) का बेहद कर्णप्रिय 'क्या ख़बर थी यूँ तमन्ना ख़ाक में मिल जाएगी', 'बेरहम डाकू' (1959) का 'तेरे सितम की दास्तां हम ना ज़ुबाँ पे लाएँगे', 'ज़ालिम जादूगर' (1960) का 'कैसे बीन बजाई तूने साँवरिया', 'सर्कस क्वीन' (1959) का क्लब सांग 'ओ

दिलवाले निगाहें मिला ले' आदि। कुछ बड़े बैनर की फ़िल्में भी ज़रूर मिलीं—जैसे कमाल अमरोही की फ़िल्म 'दायरा', जिसमें रफ़ी के साथ उनका गीत 'देवता तुम हो मेरा सहारा' तो आज भी अपनी निर्मलता, पावनता और गायकी से अभिभूत करता है। वहीं लेखराज भाखरी की निर्देशित और धनीराम द्वारा संगीतबद्ध फ़िल्म 'डाक बाबू' (1954) में भी तलत महमूद और मुबारक बेगम के स्वर में सम्भवतः राग गौड़ मल्हार का पुट लिये तीन ताल सोलह मात्रा में 'घिर-घिर आए बदरवा कारे' तो अविस्मरणीय रचना है। इसी तरह सलिल चौधरी ने 'मधुमती' में 'हम हाल-ए-दिल सुनाएँगे सुनिए कि न सुनिए' और सचिन देव बर्मन ने 'देवदास' में 'वो न आएँगे पलटकर उन्हें लाख हम बुलाएँ', जैसे लाजवाब मुजरानुमा गीतों के लिए मुबारक बेगम की ही आवाज़ ली। इन गीतों की सफलता ने मुबारक बेगम को हिन्दी फ़िल्म संगीत के परिदृश्य पर क़ायम तो रखा, पर साथ ही, उनकी माँग मुजरानुमा गीतों के लिए अधिक होने लगी। आगे के वर्षों में भी देखें तो 'मुहब्बत इसको कहते हैं' (1965) के 'महफ़िल में आप आए जैसे कि चाँद आया' (सुमन कल्याणपुर के साथ), 'सरस्वतीचन्द्र' (1968) के 'वादा हमसे किया, दिल किसी को दिया', 'सुनहरी नागिन' के 'मैं तो हो गई बदनाम' (कमल बारोट के साथ), सी. अर्जुन के संगीत निर्देशन में 'मर्डर इन हाइवे' (1970) के 'वो जो आँखों से पिला दो तो मज़ा आ जाए', कोब्रा गर्ल (1963) के एस.एन. त्रिपाठी के द्वारा स्वरबद्ध 'निगाहों से दिल का सलाम आ रहा है' (सुमन के साथ) और इन सब से बेहतरीन मदन मोहन की ग़ज़लनुमा मुजरा शैली का 'नींद हमारे ख़्वाब तुम्हारे' के 'साक़िया एक जाम वो भी तो दे' (आशा के साथ) जैसे कई मुजरानुमा गीत मुबारक बेगम के हिस्से में आए। सलिल चौधरी ने बांग्ला फ़िल्म

'लाल पाथोर' (1964) में एक हिन्दी गीत 'रुके-रुके-से क़दम रुक के बार-बार चले' (वही गीत जिसे बाद में 'मौसम' में मदन मोहन ने लता से अपनी ग़ज़लनुमा शैली में गवाया) के लिए मुबारक बेगम की आवाज़ ली। यह तेज़ रिद्म में मुजरा शैली की ही रचना थी। मुबारक बेगम की आवाज़ में आसानी से पहचानी जानेवाली ख़नक या धमक तो नहीं थी, न ही गीता दत्त की मादकता या आशा का नशीलापन था, पर एक ऐसी विविधता ज़रूर थी जो कई तरह के गीतों पर सटीक बैठती थी।

मुबारक बेगम का यह पक्ष 60 के दशक के फ़िल्मी गीतों में स्पष्ट झलकता है। 'क़व्वाली की रात' (1964) के 'ऐ जाने चमन चिलमन से अगर हल्का-सा इशारा हो जाए' (रफ़ी के साथ) और 'देखकर मेरी तरफ़ ख़ामोश हो जाना' (रफ़ी के साथ) में जहाँ मुशायरा की शैली झलकती है, वहीं 'गोगोला' (1966) के क्रमश: तलत और महेन्द्र कपूर के साथ गाए दो गानों 'ज़रा कह दो फ़िज़ाओं से' और 'आज आ जा प्यार करें' के उस ज़माने के लोकप्रिय गीतों में मुबारक के स्वर में बड़ी सुन्दर-सी शोख़ी उभरती है। 'शगुन' (1964) में ख़य्याम द्वारा संगीतबद्ध और साहिर द्वारा लिखे 'इतने क़रीब आ के भी क्या जाने किसलिए' में मुबारक बेगम के स्वर में एक शालीन-सी रूमानियत प्रकट होती है; कल्याणजी-आनन्दजी के संगीत निर्देशन में 'जुआरी' (1968) के 'नींद उड़ जाए तेरी चैन से सोनेवाले' (सुमन और कृष्णा बोस के साथ) में आवाज़ में मोहक-सी कशिश झलकती है; तो 'आरज़ू' (1965) के राग अडाना पर कम्पोज़ किए गए क़व्वालीनुमा 'जब इश्क़ कहीं हो जाता है' (आशा के साथ) और 'ये दिल किसको दूँ' (1963) के 'हमें दम दइके सौतन घर' (आशा के ही साथ) में मुबारक बेगम का स्वर नवयुवतियों की अल्हड़ता के साथ खुलता है।

60 के दशक में मुबारक बेगम के कई ख़ूबसूरत गीत-सी ग्रेड स्टंट और फैंटेसी फ़िल्मों से हैं। 'अरब का सितारा' (1961) के सादत के संगीत निर्देशन में 'शमाँ गुल करके न जा यूँ कि जला भी न सकूँ' अपनी कर्णप्रिय धुन और कशिश भरी ग़ज़लनुमा गायकी के कारण मुबारक बेगम के यादगार गीतों में गिना जाएगा। इसी वर्ष की फ़िल्म 'डाकू मंसूर' में कृष्ण कमल के संगीत निर्देशन में 'ऐ जी ऐ जी याद रखना सनम प्यार की दास्तां' में मुबारक की आवाज़ में एक आकर्षक मासूम-सी शोख़ी है तो 'ख़ूनी ख़ज़ाना' (1965) के एस. किशन द्वारा संगीतबद्ध 'ऐ दिल बता हम कहाँ आ गए' और सन्मुख उपाध्याय द्वारा संगीतबद्ध 'हमीर हठ' (1964) के 'निगाहों से दिल में चले आइएगा' में ग़ज़ब-सी खुली अभिव्यक्ति। इस कड़ी में शायद सर्वश्रेष्ठ है फ़िल्म 'मार्वेल मैन' का योगेश का लिखा और रॉबिन बनर्जी का संगीतबद्ध ग़ज़लनुमा 'आँखों-आँखों में हर एक रात गुज़र जाती है' जो मुबारक बेगम की ग़ज़ल गायकी के कौशल को रेखांकित करता है। शायद यही कारण है कि सी. अर्जुन जैसे उत्कृष्ट ग़ज़ल कम्पोज़र ने भी 'सुशीला' (1966) की राग शंकरा आधारित मशहूर ग़ज़ल 'बेमुरव्वत बेवफ़ा बेगाना-ए-दिल आप हैं' की भाव व्यंजना के लिए मुबारक बेगम की आवाज़ ली। सी. अर्जुन ने मुबारक बेगम से 'दिल सरापा आरज़ू है इन दिनों' जैसी कुछ ग़ैर फ़िल्मी कर्णप्रिय ग़ज़लें भी रिकॉर्ड करवाई, जो एक ज़माने में रेडियो पर ख़ूब बजती थीं। यह तथ्य भी कम विदित है कि 'तीसरी क़सम' (1966) के साउंडट्रैक पर ग्रामीण नौटंकी शैली के फ़िल्माए कई टुकड़ों में से 'मैं सुनाती हूँ एक माजरा-ए-अजब' में शंकर-शम्भु के साथ मुबारक बेगम की पुरज़ोर आवाज़ है। दरअसल, शंकर-जयकिशन के हिस्से ही मुबारक बेगम का सबसे मशहूर गीत

है—मिश्र खमाज आधारित 'हमराही' (1963) का 'मुझको अपने गले लगा लो ऐ मेरे हमराही' (रफ़ी के साथ)। कहा जाता है कि इस गीत को लता गानेवाली थीं, पर किसी कारण से लता इसे गाने कभी न आ पाईं और यह गीत मुबारक बेगम की आवाज़ में ही क़ायम रह गया। वैसे यह भी ग़ौरतलब है कि केदार शर्मा ने अपनी कुछ फ़िल्मों में मुबारक बेगम की आवाज़ को प्रमुखता से स्थान दिया। स्नेहल भाटकर के संगीत निर्देशन में 'हमारी याद आएगी' (1961) के 'फ़रिश्तों की नगरी में मैं आ गया हूँ' (मुकेश के साथ) और इससे बढ़कर राग भीमपलासी की छाप लिये स्वरों के उतार-चढ़ाव के साथ 'कभी तनहाइयों में यूँ हमारी याद आएगी' तो मुबारक बेगम के सदाबहार गीत हैं। इसी प्रकार 'फ़रियाद' (1964) में कल्याण थाट में रफ़ी और मुबारक के स्वरों में 'तूने तेरी नज़र ने तो काफ़िर बना दिया' भी श्रवणीय रचना है जिसमें पार्श्व में बाँसुरी के साथ संगीत के नोट्स एक-दूसरे में ख़ूबसूरती से समाहित हुए हैं।

सत्तर के दशक से मुबारक बेगम की माँग संगीत के उस बदलते दौर में कम होती गई। 'नारद लीला' (1972) के लावणी शैली के 'पहन के नौ गज की मैं साड़ी', 'रामू तो दीवाना है' (अप्रदर्शित) के लाजवाब दर्द भरे 'साँवरिया तेरी याद में' और 'आओ तुझे मैं प्यार करूँ' और 'बदले की आग' (1982) के 'सूझे ना समझे ना' जैसे कुछ गीतों में उनकी आवाज़ यदा-कदा आती रही। ग़ैर फ़िल्मी नात और इबादती गीतों के उनके कई रिकॉर्ड ज़रूर समय-समय पर बनते रहे, पर कुल मिलाकर उनकी माली हालत लचर हो गई और एक बीमार बेटी तथा टैक्सी चलाकर गुज़ारा चलानेवाले बेटे के साथ ग्रांट रोड के पुराने मकान में वर्षों उन्होंने कष्ट के साथ ज़िन्दगी जी। बाद में महाराष्ट्र सरकार

से उन्हें जोगेश्वरी में एक मकान आवंटित हुआ। सलमान ख़ान, लता मंगेशकर आदि कुछ लोगों ने उनकी आर्थिक मदद भी की पर अपनी बेटी की कुछ महीने पहले मृत्यु के बाद उनकी शारीरिक हालत बिगड़ती गई और अन्ततः 18 जुलाई, 2010 को अस्सी वर्ष की उम्र में उन्होंने दुनिया को अलविदा कहा।

मुकेश के विरल हिन्दी गीत

मुकेश को दूसरे पार्श्व-गायकों से अलग और विशिष्ट बनाता है यह निर्विवाद तथ्य कि मुकेश के जो गाने हिट नहीं हुए, वे भी उनके हिट गानों के समान ही ख़ूबसूरत रहे—यहाँ तक कि कभी-कभी तो उनके लोकप्रिय गीतों के मुक़ाबले उनके अनजाने गीत अधिक सुन्दर और आकर्षक लगते थे। जहाँ रफ़ी और किशोर के कम लोकप्रिय गीतों में से निकाले सुन्दर गीतों को उँगलियों पर गिना जा सकता है, वहाँ मुकेश के अनजाने गीत ख़ूबसूरती के अथाह सागर के समान हैं।

सम्भवत: मुकेश के सबसे सुन्दर विरल गीतों में अप्रदर्शित फ़िल्म 'मिट्टी का देव' का गुलज़ार का लिखा और सलिल चौधरी द्वारा संगीतबद्ध गीत 'शाम से आँख में नमी-नमी सी है / आज फिर आपकी कमी-कमी सी है' को शामिल किया जा सकता है। हालाँकि इस गीत को वर्षों बाद आर.डी. बर्मन ने आशा भोसले से भी एलबम (दिल पड़ोसी है) में गवाया और फिर इसे जगजीत सिंह ने भी गाया, पर जो बात सलिल के तरंगित संगीत और मुकेश की तल्लीन गायकी से उभरी है, वह कितनी बेमिसाल है, यह इस गीत को सुनकर ही जाना जा सकता है। ऐसा ही एक अन्य अनुपम गीत है फ़िल्म 'वीर घटोत्कच'

(1970) में भागवत मिश्रा का लिखा और दिलीप रॉय का संगीतबद्ध किया रूमानी स्पर्श से भरा 'उस प्रथम-प्रथम परिचय में ही मैंने खोया था अपनापन'। मुकेश के गाए दो अन्य दुर्लभ गीत हमें फ़िल्म 'चन्द्रग्रहण' (1997) में मिलते हैं। निर्माता रमेश खोसला के पुत्र रॉबिन खोसला ने अपने पिता की 24 वर्ष पूर्व प्रस्तावित फ़िल्म को 'चन्द्रग्रहण' नाम से 1997 में रिलीज किया जिसके गाने 1973 में ही रेकॉर्ड हो गए थे। जाँनिसार अख़्तर के लिखे और जयदेव के संगीतबद्ध 'तुझको यूँ देखा है यूँ चाहा है यूँ पूजा है / तू जो पत्थर की भी होती तो ख़ुदा हो जाती' और 'तुम्हीं ने दिल को दिल समझा नहीं है' को जिस फ़लसफ़े युक्त अन्दाज़ में डूबकर मुकेश ने गाया है वह इन दोनों गीतों को मुकेश के गाए सर्वश्रेष्ठ शुमार करने लायक बनाता है। इसी प्रकार रवीन्द्र जैन की संगीतबद्ध प्रथम फ़िल्म 'लोरी' (जो दुर्भाग्य से कभी प्रदर्शित न हो पाई) के 'पल भर जो बहला दे कोई ऐसी ख़ुशियाँ दे' और 'दु:ख तेरा हो कि दु:ख मेरा हो दु:ख की परिभाषा एक है / आँसू तेरे हों कि आँसू मेरे हों, आँसुओं की भाषा एक है' की उदास धुनों के साथ अप्रतिम अभिव्यक्ति इन्हें भी मुकेश के गाए सुन्दरतम गीतों में स्थान देती है। यह वाक़ई अफ़सोसजनक है कि ऐसे लाजवाब गीत सुने नहीं जा सके। यह तथ्य भी कम विदित है कि 90 के दशक की हिट फ़िल्म 'मोहरा' का 'ना कजरे की धार' जैसा मशहूर गीत मूलतः कल्याणजी-आनन्दजी ने मुकेश से किसी फ़िल्म के लिए रेकॉर्ड कराया था, पर फ़िल्म न बन सकी और बाद में कल्याणजी के पुत्र विजू शाह ने 'मोहरा' के लिए इस धुन को हू-ब-हू उतारकर पंकज उधास से गवा लिया। विजू शाह ने मुकेश की इस मूल रचना को ही फ़िल्म में क्यों नहीं शामिल किया, यह आश्चर्य का विषय है क्योंकि मुकेश का गाया मूल गीत (जो अब

यू ट्यूब पर आसानी से मिल जाता है) पंकज उधास के गाए गीत से इक्कीस ही ठहरता है।

ऐसे ही विरल गीतों में एक गीत है एक गुमनाम-सी फ़िल्म 'रोड टू सिक्किम' (1969) का 'तुम जहाँ हो वहाँ क्या ये मौसम नहीं' एक राजघराने के राजकुमार विजय सिंह जी द्वारा इंजीनियरिंग छोड़कर संगीत के क्षेत्र में रखे इस पहले क़दम की ख़ूबसूरती का आधार है इस गीत का गुंजित दर्दीला प्रभाव—एक ऐसे आयाम का सृजन, जिसे मुकेश से बेहतर शायद ही कोई प्रकट कर सकता था। सम्भवतः पहाड़ी के सुरों को लेकर रूपक ताल सात मात्रा में रचित यह गीत मन के बहुत अन्दर तक असर करता है। इसी प्रकार ख़य्याम और मुकेश के लोकप्रिय गीत तो अनेक रहे, पर जिन दो कम सुने गीतों की चर्चा की जानी चाहिए वे उन लोकप्रिय गीतों से एक क़दम बढ़कर ही रहे थे। फ़िल्म 'मुट्ठी भर चावल' (1974) का उदास लोकधुन की छाया लिये 'काहे पगली बरखा छाई तेरे इन दो नैनन में' ग्रामीण सामाजिक त्रासदी का जो सजीव चित्र खींचता है, वह जाँनिसार अख़्तर की भावपरक अर्थव्यंजकता के साथ-साथ मुकेश की तल्लीन करनेवाली गायकी का भी कमाल है। वहीं 'प्यासे दिल' (1973) का 'तुम महकती जवाँ चाँदनी हो' की तो मुकेश की रूमानी गायकी का एक अनुपम उदाहरण ही मानना चाहिए। जाँनिसार अख़्तर की नाजुक शायरी और ख़य्याम की गुनगुनाहट जैसी धुन इस गीत को माधुर्य की एक ख़ुशबूदार जगमगाती कृति बनाती है।

मुकेश का एक ऐसा ही अनसुना, पर अतीव सौन्दर्य से भरा गीत फ़िल्म 'पसन्द अपनी-अपनी' (1972) के लिए एक अनजान संगीतकार विष्णु खन्ना ने कम्पोज़ किया था। पियानो और वॉयलिन के हल्के

ऑर्केस्ट्रेशन से सँवारा यह गीत 'बड़ी ख़ूबसूरत ज़िन्दगी तू इसे सँवार दे प्यार से' अपनी सहलाती स्वर लहरियों के साथ हमें यह सोचने पर मजबूर कर देता है कि आख़िर क्या कारण है जो ऐसे गीत चल नहीं पाते और उछल-कूद भरे कितने ही वाहियात गीत लोकप्रियता के नये आयाम तय कर लेते हैं। पाँचवें दशक में मुकेश के गाए दो लाजवाब गीतों की यहाँ चर्चा करना अनिवार्य हो जाता है। इन दोनों के संगीतकार थे बुलो सी. रानी, जिनका इस दौर में ग़ज़लों को कम्पोज़ करने का अपना अलग ढंग था, हालाँकि इस तथ्य की और हमारे संगीत समीक्षकों का अधिक ध्यान नहीं गया है। पहला गीत फ़िल्म 'नज़ारे' (1949) से है—'उनकी गली में आए हम, कह दे कोई हुज़ूर से।' दरबारी पर आधारित और पारम्परिक ग़ज़ल की तुलना में तीव्र लय में सृजित यह कृति कहरवा ताल का सुन्दर उदाहरण है। इसी प्रकार 'अंजुमन' (1948) का 'वो तीर क़लेजे पर किस शोख ने मारा है' एक बार पुनः इस तथ्य को रेखांकित करता है कि दर्दीले नगमों के अलावा नर्म, रूमानी भावनाओं को भी अभिव्यक्त करने में मुकेश का कोई सानी नहीं था।

ऐसा अक्सर कहा जाता है कि मुकेश की 'रेंज' सीमित थी। कहते हैं कि मुकेश स्वयं संगीतकार सरदार मलिक से गुज़ारिश करते थे कि उनके लिए ऐसे गीत बनाएँ जिनमें स्वरों का उतार-चढ़ाव अधिक न हो, लेकिन उन्हीं सरदार मलिक की कम्पोज़ की हुई फ़िल्म 'नाग ज्योति' का 'सुन चाँद मेरी दास्तां' को सुनिए और यह यक़ीन करना ही पड़ेगा कि हालाँकि राग कलावती में सरदार मलिक ने यह एक बेहद जटिल धुन बनाई थी, पर मुकेश ने बदलते स्वरग्राम वाले इस गीत को बिना सुरों से भटके इतनी सहजता से गाया है कि अन्तिम प्रभाव अविस्मरणीय बन गया है।

दरअसल, अपने अन्तिम वर्षों में मुकेश ऊँची पट्टी के भी कई गीतों को बड़ी कुशलता और सहजता से गाने लगे थे। 'दरिन्दा' का कल्याणजी-आनन्दजी द्वारा संगीतबद्ध 'चाहे आज मुझे नापसन्द करो' तो इसका एक जाना-पहचाना उदाहरण है, पर उतना ही प्रभाव है अप्रदर्शित फ़िल्म 'पैसा और ज़िन्दगी' का एक गौण संगीतकार प्रेम कुमार के संगीत निर्देशन में गाया 'लगा के दिल को किसी से ये क्या किया मैंने'। भावनाओं की तीव्रता को मुकेश कितना डूबकर अभिव्यक्त करते थे, यह इस गीत को सुनकर ही जाना जा सकता है।

मुकेश की एक ख़ासियत रही कि वे अक्सर नये संगीतकारों के लिए भी सहर्ष गाते थे। शायद एक कारण यह भी रहा हो कि रफ़ी और फिर किशोर कुमार की तरह उनके पास निर्माताओं की भीड़ नहीं लगा करती थी—उनके लिए विशिष्ट गाने तैयार किए जाते थे जिनकी संख्या, ज़ाहिर है, रफ़ी और किशोर से गवाए जानेवाले हर प्रकार के गीतों की अपेक्षा कम थी। नये संगीतकारों की ऐसी फ़िल्में कई बार प्रदर्शित न हो सकीं, कई बार प्रदर्शित होने पर भी चली नहीं और इस कारण मुकेश के ऐसे कई गीत गुमनाम ही रहे, भले ही बेहद सुन्दर रहे हों। 70 के दशक में अप्रदर्शित रह गई फ़िल्म 'सोसायटी' का नारायण नायडू का संगीतबद्ध 'दिल मेरे रे—तू अकेला था तू अकेला है' ऐसा ही एक गीत था, जिसे बचपन में मैंने रेडियो सीलोन पर पहली बार सुना था और सुनकर अभिभूत रह गया था। इसी प्रकार मुकेश की मृत्यु के छह वर्ष बाद प्रदर्शित फ़िल्म 'शुभचिन्तक' में ड्रम बीट्स के साथ जगदीश जे. की संगीतबद्ध रचना 'माना कि तेरे प्यार में रुस्वाइयाँ तो हैं' मुकेश के स्वर में अद्‌भुत गुंजायमान प्रभाव छोड़ती है। अप्रदर्शित फ़िल्म 'कल सुबह' के संगीतकार विनय भूषण

ने भी उषा टिमोथी के साथ मुकेश से 'आज तो हैं साथ में कल की क्यों फ़िकर करें' और 'कभी रोती कभी हँसती कभी बनती-बिगड़ती है' जैसे दुर्लभ गीत गवाए तो संगीतकार आनन्द सागर किरण ने मुकेश से फ़िल्म 'आरोही' (1981) में 'तेरा प्यार से जीवन भर जाए तेरे मन का मधुबन खिल जाए' जैसा भावप्रवण रूमानी गीत गवाया। संगीतकार श्याम सागर के लिए फ़िल्म 'पल दो पल का साथ' में मुकेश के गाए 'अनुरागी मन सब कुछ सह ले' की धीर-गम्भीर धुन को तो फिर भी कुछ शौक़ीन लोगों में सुना और सराहा पर गायिका शारदा की संगीतबद्ध 'मैला आँचल' (1981) के 'तूने ग़म दिए मैंने सह लिये, ये तो अपना-अपना ख़याल है/ वो तेरे सितम का कमाल था, ये मेरी वफ़ा का कमाल है' की बेहद कशिश भरी गायकी तो लगभग अनसुनी ही रह गई। आज अवश्य यूट्यूब पर यह मौजूद है। इसी प्रकार अप्रदर्शित मैथिली फ़िल्म में मुकेश के गाए 'हो बाबा कौना से होएब उऋण' तो वेदना से भरपूर एक अद्‌भुत कृति है जो शिव की अभ्यर्थना के साथ-साथ सांसारिकता की विषमताओं को भी बड़ी ख़ूबसूरती से उद्‌भासित करती है।

यह यक़ीनन हिन्दी फ़िल्म संगीत की विडम्बना और त्रासदी है कि 'एक तू कि सर उठा के चला' (मोनिका—पाँचवें दशक की अप्रदर्शित फ़िल्म) की तल्लीनता, 'गोकुल की एक नार छबीली जमुना तट पर आई रे' (वीणा, 1948) की लयकारी, 'हे प्रिय तुम्हारे स्वागत को हैं प्राण मेरे तैयार' (रामदर्शन, 1950) की अतिरंजना से बचती हल्के स्पर्श-सी भावुकता, 'बीत चली बरखा रुत सीते' (श्री रामभक्त हनुमान, 1980) का भावना, धुन और गेय तत्त्वों का एकीकरण, सोनिक के संगीत निर्देशन में (वहीं सोनिक, जिन्होंने कई वर्षों बाद ओमी के

साथ मिलकर आसावरी थाट में 'दिल ने फिर याद किया' में मुकेश के लिए 'ये दिल है मुहब्बत का प्यासा' जैसी बहुमूल्य रचना बनाई थी) 'भोर भई एक परी गगन में उतरी' (ममता, 1952) की सपनीली अभिव्यक्ति और 'ये जवानी ये हसीं रात ख़ुदा ख़ैर करे' (ख़ूबसूरत धोखा, 1959) की एस. मोहिन्दर की क़ाबिले-तारीफ़ सितार के टुकड़ों के साथ अनुगूँज़ भरी मुकेश की जुगलबन्दी को हिन्दी फ़िल्म संगीत के सुननेवालों ने विस्मृत कर दिया, वरना ये सभी गीत मुकेश के हिट गीतों से कम्पोज़ीशन और गायकी के मामले में कहीं भी कम नहीं थे।

मुकेश के इन दुर्लभ गीतों के बारे में तो अनवरत लिखा जा सकता है पर इस पर भी विचार करने की ज़रूरत है कि आख़िर हमारे देश की प्रतिष्ठित संगीत कम्पनियाँ ऐसे गीतों को श्रोताओं के सामने क्यों नहीं ला पाईं? सौभाग्य है कि मुकेश के लगभग सभी विरल गीत यूट्यूब पर मौजूद हैं जो मुकेश के चाहनेवालों ने ख़ुद ही बिना किसी व्यावसायिक आग्रह के अपलोड किए हैं। मृत्यु के 46 वर्षों बाद ऐसी लोकप्रियता विरलों को ही नसीब होती है। कुछ बिलकुल खोए गीत भी अब यूट्यूब पर मिल जाते हैं। 'हम भूल गए राहें इन चाँदनी रातों में' (ग़ैर फ़िल्मी गीत), गुजराती फ़िल्म 'जनमटीप' का 'ऐ दिल यूँ ही तू देखे जा सपने', ग़ैर फ़िल्मी जैन भजन 'नैतिकता की सुर सरिता में', मधुकर राजस्थानी द्वारा लिखित 'गाऊँ कहाँ तक गुण मैं तेरे बृज के कृष्ण कन्हाई' आदि। मेरे प्रिय मित्र भोपाल के अतुल वर्मा ने अभी हाल में मुझे मुकेश का सम्भवत: ऑल इंडिया रेडियो के लिए गाया एक गीत उपलब्ध कराया है—'मैया मोरी मैं नहीं माखन खायो'। यह मुकेश के गाए फ़िल्म 'चरणदास' के 'मैया मोरी मैं नहीं माखन खायो'

से बिलकुल अलग है। संगीतकार कौन है ज्ञात नहीं, पर उस ज़माने में ऑल इंडिया रेडियो के लिए सतीश भाटिया और अनिल विश्वास जैसे संगीतकार कम्पोज़ करते थे—सम्भव है, इन्हीं में से किसी ने इसे कम्पोज़ किया हो।

हिन्दी फ़िल्मों में बरसात के गीत

हिन्दी फ़िल्मों के गीत अधिकांशतः रूमानी होते हैं, और इस रूमानियत को पर्दे पर अधिक प्रभावी और आकर्षक बनाने के लिए कई बार इसके फ़िल्मांकन में बारिश के सन्दर्भ या पृष्ठभूमि का उपयोग कई फ़िल्मकारों ने किया है। हालाँकि राज कपूर ने फ़िल्म 'बरसात' के 'बरसात में हमसे मिले तुम सजन तुमसे मिले हम' और आर.के. फ़िल्म्स के ही बैनर तले निर्मित 'बूट-पॉलिश' के राग मल्हार और अडाना पर आधारित 'लपक झपक तू आ रे बदरवा' के फ़िल्मांकन में बारिश की बूँदों को स्थान नहीं दिया, लेकिन 'श्री 420' (1955) के 'प्यार हुआ इक़रार हुआ है, प्यार से फिर क्यों डरता है दिल' (लता, मन्ना डे) में घनघोर बरसात के शॉट के बीच छतरी के नीचे खड़े राज कपूर और नरगिस की जोड़ी और सामने से आते भविष्य के अभिनेता कपूर बच्चों का वह दृश्य तो अमर ही हो गया है। शंकर-जयकिशन की शानदार धुन और ऑर्केस्ट्रेशन ने बारिश की पृष्ठभूमि में रोमांस की इस नई शैली की तस्वीर को युवाओं के नस-नस की धड़कन बना दिया था।

चौथे दशक में 'अधिकार' (1938) फ़िल्म में लगभग नगण्य ऑर्केस्ट्रा के साथ तिमिर बरन द्वारा संगीतबद्ध और पंकज मल्लिक द्वारा गाए गीत 'बरखा की रात आई मनवा' को सुनना अविस्मरणीय अनुभूति प्रदान करता है। वैसे पाँचवें दशक की बात करें तो 'मूर्ति' (1945) के खुर्शीद, हमीदा और मुकेश के गाए और बुलो सी. रानी द्वारा राग तिलक कामोद पर संगीतबद्ध (अन्य रागों का भी मिश्रण) 'बदरिया बरस गई उस पार' को भी ज़बरदस्त लोकप्रियता मिली थी। बरसात, बदरिया और घटाओं को लेकर उन दिनों ख़ूब गीत लिखे जाते थे जो ज़्यादातर लीक के ही रूमानी गीत होते थे, पर 1947 की एक फ़िल्म 'रॉयल मेल' में आज़ाद फ़िकरी का लिखा एक ऐसा गीत भी था, जिसके शब्द थे—'बरसात की बिजलियो, दुश्मन पे जा गिरो'।

छठे दशक में 'चलती का नाम गाड़ी' (1958) का भींगी भागी मधुबाला और किशोर कुमार पर फ़िल्माए हेनेसी अर्नी फोर्ड के 'Sixteen tons' से कुछ प्रेरित दादा बर्मन द्वारा संगीतबद्ध नट भैरवी का स्पर्श लिये 'एक लड़की भींगी-भागी सी' तो सदाबहार गीत है ही। छठे दशक में बरसात पर आधारित कुछ मशहूर गीतों में 'सरदार' (1955) का जगमोहन के संगीत से सजा 'बरखा की रात में हे हो' (गीता दत्त, साथी), 'बरखा' फ़िल्म (1959) के 'बरखा बहार आई बूँदों के हार लाई' (लता), 'फागुन' (1958) के सोज़ भरे 'बरसो रे हाय बैरी बदरवा बरसो रे' (आशा), चित्रगुप्त द्वारा संगीतबद्ध 'भाभी' (1951) के मेघ मल्हार आधारित 'कारे-कारे बादरा जा रे जा कारे बादरा, मेरी अटरिया न शोर मचा' (लता), लहराती घटाओं के बैकड्रॉप में 'काली घटा' (1951) के 'काली घटा घिर आई रे...ओ मधुर मिलन है सजना' (लता, रफ़ी) जैसे कई गीत याद आते हैं। पर यह तथ्य कम ज्ञात है कि इसी दशक

में एक अप्रदर्शित फ़िल्म 'ऋतु विहार' के नाम से निर्मित हुई थी, जिसमें जमाल सेन ने विभिन्न मौसमों को आधारित करके कई गीत कम्पोज़ किए थे और इन्हीं में आशा भोसले के स्वर में वर्षा आधारित गीत 'अ रे रे रे चले बूँदन के तीर, भींजे भींजे रे शरीर' जैसा सुन्दर गीत भी था। फ़िल्म 'बरसात की रात' (1960) के साहिर के लिखे, रोशन द्वारा यमन कल्याण की छाया लेकर संगीतबद्ध और रफ़ी के गाए 'ज़िन्दगी-भर नहीं भूलेगी वो बरसात क़ी रात' जैसे गीत को भला कौन भूल सकता है। यहाँ फ़िल्मांकन भले ही रेडियो स्टेशन से गाते नायक का है, लेकिन याददाश्त में पूरी तरह बरसात की एक रूमानी रात है जहाँ नायिका का अपनी ज़ुल्फों से पानी का झटकना और आँचल को निचोड़ने जैसी भंगिमाओं को साहिर ने लफ़्ज़ों की बेमिसाल अभिव्यक्ति दी है। इसी फ़िल्म में मल्हार पर आधारित सन्तूर और जलतरंग के साथ 'गरजत-बरसत सावन आयो रे' (सुमन, कमल बारोट) भी एक यादगार गीत है। दरअसल, यही धुन रोशन की ही संगीतबद्ध फ़िल्म 'मल्हार' (1951) में लता के स्वर में 'गरजत बरसत भीजत आइलो' में प्रयुक्त हुई थी। बरसात के गीतों में सलिल चौधरी द्वारा 'परख' के लिए संगीतबद्ध 'ओ सजना बरखा बहार आई' का अपना अलग स्थान है, जिसके धुन की प्रेरणा सलिल को गाड़ी के वाइपर्स की ध्वनि से मिली थी और जिसे 1967 में लता ने अपने सर्वश्रेष्ठ 10 गीतों में स्थान दिया था। बिमल रॉय के 'प्रेमपत्र' (1962) में घनघोर घटाओं और हवाओं की पृष्ठभूमि में शशि कपूर और साधना पर फ़िल्माए गुलज़ार लिखित और सलिल चौधरी द्वारा संगीतबद्ध 'सावन की रातों' एक अलग ही शैली का गीत था जिसमें बिम्बात्मक शब्दों को मल्हार में सितार के बेहद दिलकश टुकड़ों के साथ सलिल ने लाजवाब तरीक़े से कम्पोज़ किया था। यह

ओ सजना बरखा बहार आई...; फ़िल्म : परख

सलिल के लिए लिखा गुलज़ार का पहला गीत था। सितार के ऐसे ही हसीन टुकड़े 'दिल दिया दर्द लिया' (1966) के राग सारंग पर आधारित नौशाद द्वारा कम्पोज़ 'सावन आए या न आए, जिया जब झूमे सावन है' में भी मिलते हैं हालाँकि यहाँ सावन भौतिक रूप में मौजूद न होकर भावनाओं के उल्लास का प्रतीक बनकर आया है। ऐसा ही कुछ 'मिलन' (1967) के मशहूर गीत 'सावन का महीना पवन करे सोर' (मुकेश, लता), 'बन्धन' (1969) के 'बिना बदरा के बिजुरिया कइसे चमके' (मुकेश, साथी) की लोक धुन और 'आया सावन झूम के' (1969) के शीर्षक गीत आदि में भी द्रष्टव्य है। 'बरसात' के हिट गीतों में 'काला बाज़ार'

के 'रिमझिम के तराने ले के आई बरसात', 'अनजाना' के 'रिमझिम के गीत सावन गाए', 'हँसते ज़ख़्म' के ऑफ़ बीट सी धुन लिये 'तुम जो मिल गए हो', 'प्यासा सावन' के 'मेघा रे मेघा' और 'फ़रार' के 'मैं प्यासा तुम सावन' हमेशा याद रहेंगे।

यह भी रेखांकित करने योग्य है कि फ़िल्मी गीतों में सावन, बदरा, बरसात कई बार कुछ ख़ास अनुभूतियों और भावनाओं के मेटाफ़र के तौर पर ही आते हैं। यही बात राग मालकौंस पर आधारित 'मेहरबान' (1967) के आशा के गाए, राजेन्द्र कृष्ण के लिखे और रवि द्वारा संगीतबद्ध 'सावन की रात कारी-कारी, जियरा सताए मोरा पियरा न आए', राजेन्द्र कृष्ण के ही लिखे और मदन मोहन द्वारा संगीतबद्ध 'शराबी' (1963) के देव आनन्द पर फ़िल्माए 'सावन के महीने में, एक आग-सी सीने में, गुलज़ार के लिखे और हेमन्त के गाए और संगीतबद्ध 'बीवी और मकान' (1966) के 'सावन में बरखा सताए, पल-पल छिन-छिन बरसे', 'साँझ और सवेरा' (1964) के सिन्धु भैरवी आधारित 'अजहुँ न आए बालमा सावन बीता जाए' (रफ़ी, सुमन) के बारे में कही जा सकती है।

वहीं दूसरी ओर बादलों या वर्षा का प्रत्यक्ष फ़िल्मांकन और इसके द्वारा भावना को तीव्र करने का प्रयास हमें फ़िल्म 'सम्पूर्ण रामायण' (1961) के लता के स्वर में वसन्त देसाई की कर्णप्रिय भैरवी निबद्ध रचना 'बादलो बरसो नयन की कोर से', 'आशीर्वाद' (1968) के वसन्त देसाई की ही संगीतबद्ध राग गौड़ मल्हार पर आधारित 'घिर-घिर बरसे सावन अँखियाँ, साँवरिया घर आ' (लता) और पुनः वसन्त देसाई की ही सूरदासी मल्हार में 'राम राज्य' (1967) की कम्पोज़ीशन 'डर लागे गरजे बिजुरिया' जैसे गीतों में नज़र आता है। दरअसल, वसन्त देसाई जितना राग मल्हार के विविध रंगों का विपुल प्रयोग कम ही संगीतकारों

ने किया है। फॉरेस्ट जड के प्रसिद्ध वृत्तचित्र 'मॉनसून' में भी संगीत देने के लिए शायद इसीलिए वसन्त देसाई को ही चुना गया था। वसन्त देसाई की संगीतबद्ध मियाँ की मल्हार आधारित फ़िल्म 'गुड्डी' (1971) का गीत 'बोले रे पपीहरा' तो नवोदित गायिका वाणी जयराम की आवाज़ में घर-घर में गूँजा। मल्हार आधारित वसन्त देसाई का सबसे सुन्दर गीत वैसे मैं मानूँगा उनकी दर्दनाक मृत्यु के बाद प्रदर्शित 'शक' (1976) के जयन्ती मल्हार आधारित और गुलज़ार लिखित 'मेहा बरसने लगा है आज की रात, आज की रात मेहा बरसने दो' (आशा भोसले) को जो पारम्परिक छन्द विधान से अलग से जाकर एक बहुत ही ख़ूबसूरत कवितामय रचना है।

इसी सन्दर्भ में याद आता है फ़िल्म 'सबक' (1973) का उषा खन्ना का राग पहाड़ी में संगीतबद्ध और अपने ज़माने का मुकेश का लोकप्रिय गीत 'बरखा रानी ज़रा जम के बरसो, मेरा दिलबर जा न पाए, झूम कर बरसो'। लता के स्वर में राहुल देव बर्मन द्वारा संगीतबद्ध 'मंज़िल' (1979) के 'रिमझिम गिरे सावन, सुलग-सुलग जाए मन' का हल्का-सा रवीन्द्र और शास्त्रीय संगीत का पुट, अमिताभ बच्चन और मौसमी चटर्जी का तेज़ बारिश के बीच मरीन ड्राइव और ओवल मैदान के बीच एक मध्यवर्गीय रूमानियत के साथ हाथ पकड़कर चलना तो आज तक आकर्षित करता है। इसी गीत को किशोर कुमार ने भी गाया है (पर इसका फ़िल्मांकन घर की एक महफ़िल के अन्दर है, बारिश की पृष्ठभूमि में नहीं) और अपनी विशेष भाव-प्रवणता के कारण यह गीत लता के गाए गीत की अपेक्षा कहीं अधिक मशहूर रहा। 'मंज़िल का यह गीत तो सब को याद है, लेकिन हम भूल गए हैं 'मान जाइए' (1972) का जयदेव द्वारा संगीतबद्ध और रेहाना सुल्तान और राकेश

पांडे पर बादलों के लांग शॉट के साथ लता के उस बेजोड़ गीत 'बदरा छाए रे कारे कारे कजरारे, ओ मितवा अंग लगा जा रे' को। शास्त्रीय संगीत की छाया लिये ऐसी अद्‌भुत ऑफ़ बीट धुन का सृजन जयदेव ही कर सकते थे। बादलों के ऐसे ही शॉट के साथ 'शर्मीली' (1971) के दादा बर्मन द्वारा स्वरबद्ध और लता के गाए तथा राखी पर फ़िल्माए राग पटदीप आधारित 'मेघा छाए आधी रात बैरन बन गई निंदिया' की धुन आज भी रोमांचित करती है। वहीं राहुल देव बर्मन द्वारा संगीतबद्ध 'अजनबी' (1974) के राजेश खन्ना और ज़ीनत अमान पर बारिश की फुहारों के बीच फ़िल्माए 'भींगी-भींगी रातों में मीठी-मीठी बातों में, ऐसी बरसातों में कैसा लगता है' और 'जैसे को तैसा' (1973) के जीतेन्द्र, रीना रॉय पर फ़िल्माए 'अब के सावन में जी डरे, रिमझिम तन पे पानी गिरे' आधुनिक ऑर्केस्ट्रेशन के साथ बेहद कर्णप्रिय गीत हैं। अपनी अन्तिम फ़िल्म '1942-ए लव स्टोरी' के 'रिमझिम रिमझिम रुमझुम रुमझुम' में बारिश की हल्की थपक के साथ आर.डी. अपने आठवें दशक के मोहक दौर की याद ताज़ा करते हैं। दूसरी तरफ़ लक्ष्मीकान्त-प्यारेलाल की रिद्म आधारित लाक्षणिक शैली के साथ आए राग कलावती का सुर लिये 'ओ घटा साँवरी' ('अभिनेत्री', 1970), 'पानी रे पानी तेरा रंग कैसा' ('शोर', 1972) और उत्तेजक फ़िल्मांकन के साथ 'हाय-हाय ये मजबूरी, ये मौसम और ये दूरी' ('रोटी, कपड़ा और मकान', 1974) जैसे बरसात के गीत भी सदाबहार बन गए हैं।

आठवें दशक की फ़िल्म में जहाँ एक तरफ़ 'पहेली' (1977) में रवीन्द्र संगीत का सुर लिये और वायलिन से जल का प्रभाव उत्पन्न करते 'सोना करे झिलमिल झिलमिल' और मधुर धुन के साथ इस बार सितार से पानी का प्रभाव लेकर आए 'तन भीजे मन भीजे' जैसे रवीन्द्र जैन के

द्वारा संगीतबद्ध सुन्दर गीत याद आते हैं और दिलराज कौर के स्वर में जय कुमार पार्टे की संगीतबद्ध 'जान हाज़िर है' (1975) की बिलावल आधारित गहन उदासी की सृष्टि करता 'सावन आया बादल आए मेरे पिया नाहीं आए' आज भी रोमांचित करता है। वहीं दूसरी ओर उत्तर प्रदेश की पारम्परिक कजरी को लेकर वनराज भाटिया द्वारा सृजित 'जुनून' (1978) का 'घिर आई कारी घटा मतवारी' तो अपनी पीलू आधारित सुन्दर धुन और झूला झूलती युवतियों के ऊपर सटीक फ़िल्मांकन के कारण हिन्दी फ़िल्मों में कजरी के बेमिसाल प्रयोग के रूप में स्थापित हैं।

पिछले तीन दशकों के फ़िल्म संगीत में भी बरसात को लेकर गीतों का फ़िल्म चलता ही रहा है और भूमंडलीकरण के इस दौर में भी प्रेमी-प्रेमिका के रोमांस का वह पुराना बरसाती मुहावरा लगातार हिट भी होता रहा है। पर्दे पर अभिनीत भंगिमाएँ अवश्य अधिक बोल्ड और खुली होती गई हैं। फ़िल्म 'मिस्टर इंडिया' के 'काटे नहीं कटते ये दिन ये रात', 'बेताब' का 'बादल यूँ गरजता है', 'नमक हलाल' के 'आज रपट जाएँ तो हमें न उठइयो', 'मोहरा' के 'टिप-टिप बरसा पानी', 'दिल तो पागल है' का 'कोई लड़का है', 'हम तुम' के 'साँसों को साँसों में ढलने दो ज़रा', 'सत्या' के 'गीला-गीला पानी', 'सरफ़रोश' के 'जो हाल दिल का इधर हो रहा है', 'फ़ना' का 'ये साज़िश है बूँदों की', 'गुरु' का 'बरसो रे मेघा', 'आस्था' का 'तन पे लगती काँच की बूँदें', 'दृष्टि' का सूर मल्हार आधारित 'मेहा झर-झर बरसत रे' जैसे कई गीत ज़ेहन में आते हैं, जिनमें क्रमशः शारंग देव और किशोरी अमोनकर द्वारा संगीतबद्ध अन्तिम दोनों तो बड़ी स्तरीय रचनाएँ हैं, पर अगर फ़िल्मांकन और गीत, दोनों को कसौटी पर रखकर एक गीत चुनना हो तो मैं 1971 के 'अनुभव' फ़िल्म का 'मेरी जाँ मुझे जाँ न कहो मेरी

जाँ' को चुनूँगा। कमरे की खिड़कियों के काँच पर आती बारिश की बूँदों का श्वेत-श्याम खेल, कमरे के अन्दर तनुजा और संजीव कुमार की रूमानी किन्तु संयत अभिव्यक्ति, गीता दत्त की विशिष्ट आवाज़ और कनु रॉय का सूक्ष्म अनुभूतियों को व्यक्त करता खमाज आधारित संगीत—सभी एक ऐसा गीत बनाते हैं जहाँ बारिश भी मानो एक उच्च मध्यवर्गीय प्रबुद्ध घर में पति-पत्नी के रिश्ते की बारीकियों के परिवेश में बड़े व्यक्तिगत ढंग से दस्तक दे रही हो।

राजेन्द्र कृष्ण : मुझे तुमसे बहुत है प्यार, नहीं जी ज़रा-ज़रा

राजेन्द्र कृष्ण की गिनती हिन्दी फ़िल्मों के प्रमुख गीतकारों में होती है। गुजरात जिले (अब पाकिस्तान में) के जलालपुर जट्टन में 6 जून, 1919 को जन्मे राजेन्द्र कृष्ण को कविता-कहानी का शौक़ बचपन से ही था और हालाँकि शुरुआत की उनकी नौकरी तो शिमला के नगर पालिका ऑफ़िस में क्लर्क की थी, पर अपना पढ़ने-लिखने का शौक़ उन्होंने जारी रखा। पंत, निराला, फ़िराक़ जैसों से प्रभावित भी रहे और कुछेक पत्र-पत्रिकाओं में छपते भी रहे। पाँचवें दशक के मध्य में हिन्दी फ़िल्म जगत् में स्क्रीन राइटर बनने बम्बई चले आए और सबसे पहले जनक पिक्चर्स की 'जनता' (1947) नामक फ़िल्म में उन्होंने स्क्रीनप्ले लिखा। यह इतना विदित नहीं है कि गीतकार के अलावा उन्होंने ढेर सारी फ़िल्मों के संवाद लिखे, जैसे 'बड़ी बहन' (1949), 'आज की रात' (1949), 'नागिन' (1954), 'बरखा' (1959), 'नज़राना' (1961), 'छाया' (1961), 'शादी' (1962), 'प्रेमपत्र' (1962), 'ख़ानदान' (1965), 'प्यार किए जा' (1966), 'पड़ोसन' (1986), 'वारिस' (1969), 'मन

मन्दिर' (1971), 'बॉम्बे टू गोवा' (1972), 'धर्माधिकारी' (1986) आदि। पर इस आलेख में हम सिर्फ़ उनके गीतकार रूप की ही चर्चा करेंगे, विशेष तौर पर विभिन्न संगीतकारों की अलग-अलग शैली के अनुरूप उनके गीत लिखने के कौशल की।

गीतकार के रूप में उनकी आरम्भिक फ़िल्मों में प्रमुख थीं 'ज़ंजीर' (1947), 'पगड़ी' (1948), हुस्नलाल-भगतराम के संगीत वाली 'आज की रात' (1948), 'बड़ी बहन' (1949-जिसके 'चुप-चुप खड़े हो ज़रूर कोई बात है', 'चले जाना नहीं नैन मिला के', 'जो दिल में ख़ुशी बनकर आए' जैसे गीत बेहद मशहूर हुए), और 'अमर कहानी' (1949)। 'मधुबाला' (1950), 'कमल के फूल' (1950—जिसका एक गीत 'इधर ग़रीब का दिल है उधर ज़माना है, ये देखना है कि किसने किसे मिटाना है...मिटा सके तो मिटा ले दुनिया, बनानेवाला बना ही देगा' राजेन्द्र कृष्ण की एक अलग ही भंगिमा दिखाता है) तथा डी.डी. कश्यप निर्देशित 'आराम' (1951—जिसके तलत के गाए 'शुक्रिया ऐ प्यार तेरा शुक्रिया' और मुकेश के गाए 'ऐ जाने ज़िगर दिल में समाने आ जा' काफ़ी मक़बूल रहे थे) उनकी अन्य उल्लेखनीय फ़िल्में थीं। इसी दौर में उनका एक ग़ैर फ़िल्मी गीत गली-गली में गूँजा था और वह गीत था महात्मा गांधी की मृत्यु पर लिखा, हुस्नलाल-भगतराम का संगीतबद्ध और रफ़ी का गाया 'सुनो-सुनो ऐ दुनियावालो बापू की ये अमर कहानी'।

छठे दशक के आरम्भ के उनके उल्लेखनीय गीतों में दादा बर्मन के संगीतबद्ध 'बहार' (1951) के 'सैंया दिल में आना रे', 'दुनिया का मज़ा ले लो दुनिया तुम्हारी है', 'कुसूर आपका हुज़ूर आपका', 'मेरा नाम लीजिए न मेरे बाप का', 'सज़ा' (1951) के संध्या मुखर्जी के

गाए 'ये बात कोई समझाए रे', सज्जाद हुसैन के अपनी ऑफ़बीट शैली में स्वरबद्ध 'वो तो चले गए ऐ दिल याद से उनकी प्यार कर' (जिसमें सज्जाद के दादरा ताल में निबद्ध भावों की तल्लीनता को राजेन्द्र कृष्ण ने अपने शब्दों में बख़ूबी उतारा है), वाल्ट्ज़ शैली पर आधारित लहराता हुआ 'दिल में समा गए सजन, फूल खिले चमन-चमन, प्यार भी मुस्कुरा दिया' और वह मशहूर हमेशा जवाँ 'ये हवा ये रात ये चाँदनी, तेरी इक अदा पे निसार है', एस. मोहिन्दर का स्वरबद्ध 'पापी' (1953) का 'तेरा काम है जलना परवाने, चाहे शमा जले या न जले', अनिल विश्वास द्वारा संगीतबद्ध 'दो सितारे' के 'दे दे कन्हैया मोरी धानी चुनरिया' और एवं भिन्न-सा भाव लिये 'सो जा रे सो जा बेटे ग़रीब के / दुनिया के सुख नहीं तेरे नसीब के' जैसी लोरी, 'धुआँ' (1953) का 'मैं सागर की मस्त लहर' आदि शामिल हैं।

जैसा हम आगे देखेंगे, राजेन्द्र कृष्ण के गीतों की विशेषता रही उनकी सहजता। जहाँ शैलेन्द्र के गीतों के पीछे अक्सर एक मूल्य बोध, फ़लसफ़ा या सामाजिकता का पुट मिलता है, वही राजेन्द्र कृष्ण की सहजता सीधे-सादे लावण्य के साथ उभरती है। कृत्रिम अलंकार के प्रति भी उनका आग्रह कम ही रहा। साहिर लुधियानवी या मजरूह सुल्तानपुरी के कई गीतों में जहाँ एक मुखर राजनैतिक और साम्यवादी सामाजिक स्वर है, वहीं राजेन्द्र कृष्ण के गीतों में प्यार है। यह प्यार कभी संयत है तो कहीं चुलबुला, कहीं बेबाक़ तो कहीं कम बयानी करता हुआ।

राजेन्द्र कृष्ण की आरम्भिक फ़िल्मों में से कई सी. रामचन्द्र जैसे संगीतकार के साथ थीं और इन फ़िल्मों के गीतों में ये सभी प्रवृत्तियाँ बख़ूबी दृष्टिगोचर होती हैं। 'पतंगा' (1949) के अलमस्त और हास्य गीतों में 'मेरे पिया गए रंगून वहाँ से किया है टेलीफ़ून तुम्हारी याद सताती

मेरे पिया गए रंगून...; फ़िल्म : पतंगा

है', 'प्यार के जहान की निराली सरकार है', 'नमस्ते पहले तो हो गई नमस्ते' और 'ख़ज़ाना' (1951) के लैटिन अमेरिकी और कैरेबियन बीट्स पर सृजित 'बाबड़ी बूबड़ी बम' जैसे गीत इस दौर के भी रामचन्द्र और राजेन्द्र कृष्ण की जोड़ी के प्रतिनिधि गीत है। पर ऐसे गीतों में सदाबहार गीत बना 'समाधि' (1950) का 'गोरे-गोरे ओ बाँके छोरे कभी मेरी गली आया करो'। भारतीय समाज के मुहल्ले के प्रेम-सम्बन्धों को मज़ाक़िया ढंग से अभिव्यक्त करता यह गीत आज भी उतना ही लोकप्रिय है। 'सगाई'

(1951) के 'डैडी जी मेरी मम्मी को सताना नहीं अच्छा', 'हसीनों की गाड़ी में आशिक़ का घोड़ा', 'घुँघरू' (1952) के 'मेरे पीछे-पीछे आ के ओ छोरे गोरे-गोरे मत खाँस रे', 'हंगामा' (1952) के 'अजी कहाँ चले सरकार आओ खाना है तैयार', 'लुटेरे' (1953) के 'लो खिली खेत में सरसों, ये सुन-सुन गुज़रे बरसों', 'आशा' (1957) के स्कैट सिंगिंग पर आधारित बेहद मक़बूल गीत 'ईना मीना डीका, डाइ डामा नीका', 'बारिश' (1957) के 'दाने-दाने पे लिखा है खानेवाले का नाम' जैसे गीत इस प्रवृत्ति के अन्य उदाहरण हैं।

'अलबेला' (1951) के मशहूर गीत 'शोला जो भड़के दिल मेरा धड़के' के अन्तरे पर अगर हम ग़ौर करें तो लगता है जैसे भाव अठखेलियाँ ले रहा हो—

महकी हवाएँ बहके क़दम मेरे
ऐसे में थाम लो आ के बलम मेरे
पत्ता भी खड़के तो बिजली-सी कड़के
दर्द जवानी का सताए बढ़-बढ़ के

यह मात्र बहके, खड़के, कड़के, बढ़के की तुकबन्दी नहीं है, बल्कि ये सभी शब्द बड़ी ख़ूबसूरती से इठलाते हुए प्यार की नई भंगिमाएँ रचते हैं। इसी तरह 'अलबेला' के 'शाम ढले खिड़की तले तुम सीटी बजाना छोड़ दो' उस ज़माने के शहरों के मुहल्लों और गलियों के प्रेम-प्रसंगों की बहुत रोचक और सहज अभिव्यक्ति है। शब्दों और भावों की यही सहजता हमें 'अलबेला' के 'भोली सूरत दिल के खोटे, नाम बड़े और दर्शन छोटे', 'क़िस्मत की हवा कभी नरम कभी गरम, मेरे दिल की घड़ी करे टिक टिक टिक ओ बजे रात के बारह', 'दिल धड़के नज़र

शरमाए' जैसे गीतों में दृष्टिगोचर होती है। इसी फ़िल्म का 'धीरे-से आ जा री अँखियन में' हिन्दी फ़िल्मों के सर्वश्रेष्ठ लोरीनुमा गीतों में माना जाता है। इस गीत के फ़िल्मांकन के लिए सेट तैयार था, पर राजेन्द्र कृष्ण गीत लिखने के लिए बैठ ही नहीं पा रहे थे। सी. रामचन्द्र ने अन्ततः एक तरीक़ा खोजा कि किसी तरह उन्हें एक जगह बैठा लिया जाए ताकि ध्यान केन्द्रित करके गीत लिख सकें। उन्होंने फ़ोन करके राजेन्द्र कृष्ण को अपने घर बुलाया और अपनी पत्नी से कहा कि उनके आने के बाद तुम बाहर से ताला लगाकर अपनी बहन के यहाँ जाकर बैठ जाओ और जब तक मैं फ़ोन न करूँ, तब तक मत लौटना। यही हुआ और मरते क्या न करते राजेन्द्र कृष्ण को अन्ततः गीत लिखना पड़ा। इस गीत के धुन की कड़ी दरअसल, सी. रामचन्द्र को रात के समय बरामदे पर बैठे-बैठे एक चमकते तारे को आकाश में गुज़रते हुए देखकर सूझी थी। राजेन्द्र कृष्ण के लिखे गीत को धुन के साथ सेट करते-करते रात के ग्यारह बज गए, पर फ़िल्मांकन की आपात स्थिति को देखते हुए सी. रामचन्द्र ने 'फेमस स्टूडियो' में एडिटिंग कर रहे भगवान को फ़ोन करके बुलाया और गीत सुनाया। गीत इतना ख़ूबसूरत था कि पसन्द तो आना ही था, और इस तरह जन्म हुआ राग पीलू और खेमटा नौ मात्रा ताल पर सृजित इस सदाबहार कोमल गीत का।

राजेन्द्र कृष्ण और सी. रामचन्द्र के यादगार सफ़र में फ़िल्म 'साक़ी' (1952) का 'किसे मालूम था एक दिन मोहब्बत बेज़ुबाँ होगी', फ़िल्म 'लड़की' (1953) का 'सजना आ जा दरस दिखा जा, तुझे फिर याद किया मेरे पिया', फ़िल्म 'पहली झलक' (1954) के 'ज़मीं चल रही आसमां चल रहा है', 'न मारो नज़रिया के बाण' और 'चरणदास को पीने की जो आदत न होती', 'ख़ज़ाना' (1951) का बेहद लावण्यमय

'मुझे तुमसे बहुत है प्यार नहीं जी ज़रा-ज़रा', 'पतंगा' (1950) का कशिश भरा 'दिल से भुला दो तुम हमें हम न तुम्हें भुलाएँगे', (इसी से थोड़ी मिलती-जुलती धुन क़रीब 40 वर्ष बाद शबाना आज़मी के स्वर में और ख़य्याम के संगीत निर्देशन में हमें फ़िल्म 'अंजुमन' में मिलती है) 'समाधि', (1950) के भैरवी आधारित ग़ज़लनुमा 'वह पास आ रहे हैं हम दूर जा रहे हैं' और गूँजती वेदना का अहसास कराती 'अभी शाम आएगी निकलेंगे तारे मगर तुम न होगे', 'सगाई' (1951) का 'मुहब्बत में ऐसे ज़माने भी आए, कभी रो दिए हम कभी मुस्कराए', 'झाँझर' (1953) के अद्‌भुत तेज़ रिदम वालों 'मोहे लागा सारा जग फीका-फीका', और 'छेड़ गयो मोहे सपने में श्याम', 'अकेला' (1953) का 'यही है तेरी दुनिया तो फिर तू भी नहीं भगवान', 'शगूफ़ा' (1953) का 'तुम मेरी ज़िन्दगी में तूफ़ान बन के', 'कवि' (1954) के 'मैं पी के नहीं आया' और 'तेरे रास्ते पे हमने एक घर बना लिया है', 'दुनिया गोल है' (1955) का 'लागी-लागी करेजवा में चोट', 'देवता' (1956) का 'कैसे आऊँ जमुना के तीर' (अब्दुल करीम ख़ान की भैरवी में मूल रचना), 'शतरंज' (1956) का 'बदली में छुपे चाँद ने कुछ मुझसे कहा है', 'बारिश' (1957) का क्लब सांग शैली में लिखा 'मिस्टर जॉन या बाबा ख़ान या लाला रोशनदान', 'शारदा' (1957) का 'ओ चाँद जहाँ वो जाएँ', 'अमरदीप' (1953) के 'देख हमें आवाज़ न देना', 'मेरे मन का बावरा पंछी' और 'दिल की दुनिया बसा के साँवरिया', 'पायल की झंकार' (1968) के 'मुखड़े पे गेमू छा गए आधे इधर आधे उधर', और 'ऐ मेरे सोए हुए प्यार ज़रा होश में आ / हो चुकी नींद बहुत जाग ज़रा' जैसे गीत शामिल किए जा सकते हैं। इन गीतों में लावण्य भरी रूमानियत हैं जो सी. रामचन्द्र के साथ के चुलबुले

गीतों से बिलकुल अलग है। पर इन सब में सबसे उल्लेखनीय रहा फ़िल्म 'अनारकली' (1953) का गीत-संगीत। 'ये ज़िन्दगी उसी की है जो किसी का हो गया, प्यार ही में खो गया' का जादू तो आज भी सर चढ़कर बोलता है। बचपन में सी. रामचन्द्र के पिता द्वारा बाथरूम में उनके द्वारा गुनगुनाती धुन 'मूर्तिमन्त भीति उत्रि' पर आधारित थी काफ़ी, किरवानी और भीमपलासी के बदलते सुरों के साथ दादरा ताल, छह मात्रा की यह धुन जिसे राजेन्द्र कृष्ण ने बहुत ही संवेदनशील शब्द दिए। बागेश्वरी पर आधारित 'जाग दर्दे इश्क़ जाग', 'मुहब्बत में ऐसे क़दम डगमगाए, ज़माना ने समझा कि हम पी के आए', 'ज़िन्दगी प्यार की दो-चार घड़ी होती है', 'मुझसे मत पूछ मेरे इश्क़ में क्या रखा है' जैसे सभी गीत सदाबहार बने हुए हैं। 'आज़ाद' (1955) के 'कितना हँसी है मौसम कितना हँसी सफ़र है', भैरवी आधारित 'देखो जी बहार आई बाग़ों में खिली कलियाँ', बागेश्वरी आधारित 'राधा ना बोले ना बोले ना बोले रे', 'अपलम चपलम चपलाई रे' आदि गीत और 'मरना भी मुहब्बत में किसी काम न आया' जैसी क़व्वाली' भी राजेन्द्र कृष्ण और सी. रामचन्द्र की संगीतमय उपलब्धि रहे। दरअसल, 'आज़ाद' के निर्माता ने शर्त रखी थी कि सभी गीत एक महीने में तैयार हो जाएँ (इसीलिए उन्होंने नौशाद को नहीं लिया था क्योंकि नौशाद तो एक-एक गीत पर महीनों मेहनत करते थे) और सी. रामचन्द्र ने एक लाख रुपये पारिश्रमिक लेकर हामी भर दी। राजेन्द्र कृष्ण और सी. रामचन्द्र को मद्रास बुलवाया गया। आठ दिन बीत जाने पर भी न तो एक गीत लिखा गया और न एक धुन तैयार हुई। निर्माता घबराए क्योंकि नवें दिन फ़्लाइट से सी. रामचन्द्र को बम्बई वापस लौटना था। पर सी. रामचन्द्र ने निर्माता को कहा कि अभी तो एक रात और आधा दिन बाक़ी है।

निर्माता तो चिन्तित ही रहे, पर एक ही रात में राजेन्द्र कृष्ण और सी. रामचन्द्र ने मिलकर पाँच गीत तैयार कर दिए और सभी एक से एक। टालने की यह आदत राजेन्द्र कृष्ण और सी. रामचन्द्र, दोनों में थी, पर प्रतिभा ऐसी थी कि जब बिलकुल थोड़ा समय रह जाता था तो वे मात्र घंटों में ही लाजवाब गीत-संगीत तैयार कर देते थे।

संगीतकार मदन मोहन के साथ भी राजेन्द्र कृष्ण की कई फ़िल्में हैं। ऐसी कई फ़िल्मों में मदन मोहन के ग़ज़लों को कम्पोज़ करने के कौशल के अनुरूप राजेन्द्र कृष्ण ने कुछ अच्छी ग़ज़लें भी अपने उसी सहज अन्दाज़ में लिख डालीं। 'अदालत' (1958) के राग मालगूँजी पर आधारित 'उनको ये शिकायत है कि हम कुछ नहीं कहते / अपनी तो ये आदत है कि हम कुछ नहीं कहते / कहने को बहुत कुछ था अगर कहने पे आते / दुनिया की इनायत है कि हम कुछ नहीं कहते', 'यूँ हसरतों के दाग़ मुहब्बत में धो लिये / ख़ुद दिल से दिल की बात कही और रो लिये', 'जाना था हमसे दूर बहाने बना लिये / अब तुमने कितनी दूर ठिकाने बिना लिये' जैसी ग़ज़लें तो लाजवाब ही कही जा सकती हैं। और इन सबके साथ वह शोख़-सा गीत 'ज़मीं से हमें आसमां पर बिठा के गिरा तो न दोगे / अगर हम ये पूछें कि दिल में बसाके भुला तो न दोगे' (रफ़ी, लता) राजेन्द्र कृष्ण की विविधता को ही रेखांकित करता है। 'आशियाना' (1952) के 'तुम चाँद के साथ चले आओ ये रात सुहानी हो जाए' और 'मैं' पागल मेरा मनवा पागल', 'मिनिस्टर' (1959) का कशिश भरा 'उन आँखों में नींद कहाँ जिन आँखों से प्रीतम दूर बसे', भैरवी आधारित 'चन्दन' (1958) का 'लोग कहें मेरे नैन बावरे', 'पॉकेटमार' का रूमानी 'ये नई-नई प्रीत है', 'बाप-बेटे' (1958) का 'दिल उनको उठा के दे दिया, कुछ घबरा के', 'समुन्दर'

(1957) का 'चैन नहीं आए कहाँ दिल जाए', 'चाचा ज़िन्दाबाद' (1958) के 'ऐ हसीनो नाज़नीनो मैं दिल हथेली पे ले के आ गया हूँ' और 'बैरन नींद न आए' (जिसे लता ने 1967 में अपने दस सर्वश्रेष्ठ गीतों में शामिल किया था), 'दुनिया न माने' (1958) का 'तुम चल रहे हो हम चल रहे हैं', 'मोहर' (1959), का 'तुम हो साथ रात भी हसीन है', 'संजोग' (1961) के 'भूली हुई यादो मुझे इतना न सताओ', 'वो भूली दास्तां लो फिर याद आ गई', 'बदली से निकला है चाँद' और 'एक मंज़िल राही दो फिर प्यार न कैसे हो', 'सेनापति' (1961) का शास्त्रीय प्रधान 'मदिरा छलके मेरे नैनों से', 'पूजा के फूल' (1964) का अद्भुत गीत 'मेरी आँखों से कोई नींद लिये जाता है', 'नींद हमारी ख़्वाब तुम्हारे' (1966) की लाजवाब ग़ज़ल 'कोई शिकवा भी नहीं कोई शिकायत भी नहीं, और तुम्हें हमसे वो पहली-सी मुहब्बत भी नहीं', 'साहिब बहादुर' (1977) का 'मुश्किल है जीना बेदर्दों की दुनिया में', 'एक कली मुस्काई' (1968) का 'न तुम बेवफ़ा हो न हम बेवफ़ा हैं' जैसे गीत मदन मोहन और राजेन्द्र कृष्ण की साथ-साथ चलती बेहद मोहक यात्रा को ही रेखांकित करते हैं। इसी प्रकार जहाँ 'जेलर' (1958) में मदन मोहन के लिए सदाबहार ग़ज़ल 'हम प्यार में जलनेवालों को चैन कहाँ आराम कहाँ' में राजेन्द्र कृष्ण का संजीदा स्वर उभरता है, वहीं 'भाई-भाई' (1956) के बेहद लोकप्रिय 'ऐ दिल मुझे बता दे तू किस पे आ गया है' (गीता दत्त) और 'शराबी जा जा जा' (जिसकी नकल में वर्षों बाद 'मैंने प्यार किया' के 'कबूतर जा जा जा' गीत की रचना की गई) जैसे गीतों में एक नटखट-सा स्वर मुखर होता है। 'चन्दन' (1958) के 'बड़ा ही सी.आई.डी. है वह नीली छतरी वाला, हर ताले की चाबी रखे हर चाबी का ताला' के हल्केपन के पीछे एक अर्थव्यंजना छुपी है

जो अपने ज़माने में बहुत लोकप्रिय रही थी। 'मेमसाहब' (1956) का 'दिल दिल से मिलाकर देखो, नज़रों में समाकर देखो' गीत से अधिक अपनी धुन से आकर्षित करता है। वहीं 'नया आदमी' (1956) का गीत 'ग़रीबों का पसीना बह रहा है, ये पानी बहते-बहते कह रहा है' अपने शब्दों से प्रभावित करता है। 'भाई-भाई' के गीत 'कदर जाने ना मेरा बालम बेदर्दी' की धुन मदन मोहन को पेडर रोड के अपने 'मकानी मैनर' एपार्टमेंट्स की लिफ़्ट में जाते हुए सूझी थी और उसे परिपक्व करने के लिए उन्होंने तत्काल सड़क के उस पार रहनेवाली लता को बुलवाया। ऐसी ख़ूबसूरत धुन को ठुमरीनुमा बोल दिए राजेन्द्र कृष्ण ने और भैरवी आधारित इस गीत पर बेगम अख़्तर तो इतनी मोहित थीं कि बेगम अख़्तर ने दिल्ली से बम्बई ट्रंक कॉल करके इस गीत को मदन मोहन की आवाज़ में सुनने की फ़रमाइश की और मदन मोहन ने फ़ोन पर ही बार-बार गाकर फ़रमाइश को पूरा किया।

वहीं 'देख कबीरा रोया' (1957) में राजेन्द्र कृष्ण के बोल मदन मोहन की शास्त्रीय बन्दिशों के साथ एक अलग भंगिमा लेकर आए। 'तू प्यार करे या ठुकराए हम तो हैं तेरे दीवानों में / चाहे तो हमें अपना न बना लेकिन न समझ बेगानों में' की भैरवी से एक क़दम आगे ही चला अहीर भैरव में 'मेरी वीणा तुम बिन रोए'। जयजयवन्ती की सुकोमल छाया लिये 'बैरन हो गई रैना' की पारम्परिक बन्दिश और बागेश्री में वह अविस्मरणीय रचना 'कौन आया मेरे मन के द्वारे पायल की झंकार लिये' तो मन्ना डे के सर्वश्रेष्ठ गीतों में शुमार है। राग बागेश्वरी में तलत महमूद स्वर में 'हमसे आया न गया, तुमसे बुलाया न गया' सरल शब्दों में ही ग़ज़ल को अपनी पूरी कशिश से प्रस्तुत करता है। 'बहाना' (1960) में शिवरंजनी आधारित धुन को कितने शालीन शब्दों

का आधार देकर 'गुज़रे हैं इस तरह से दुनिया में दिन हमारे / भींगे रहे हमेशा आँखों के दो किनारे' जैसा गीत लेकर आए थे राजेन्द्र कृष्ण। इसी फ़िल्म में 'बेरहम आसमां मेरी मंज़िल बता है कहाँ' और 'तेरी निगाहों में तेरी ही बाँहों में रहने को जी चाहता है' में दर्द और प्यार क्रमश: बहुत सहज तरीक़े से उभरे हैं। 'बहाना' का राग यमन आधारित 'जा रे बदरा बैरी रे जा रे जा रे / पिया का सन्देशवा ला रे' तो राजेन्द्र कृष्ण और मदन मोहन की सर्वश्रेष्ठ जुगलबन्दियों में शामिल है। 'शराबी' (1964) में पुन: राजेन्द्र कृष्ण और मदन मोहन की जोड़ी ख़ूब जमी थी। देव आनन्द पर फ़िल्माए 'कभी न कभी कहीं न कहीं कोई न कोई तो आएगा', 'मुझे ले चलो आज फिर उस गली में' और 'सावन के महीने में, एक आग-सी सीने में, लगती है तो पी लेता हूँ, दो-चार घड़ी जी लेता हूँ' के खुमार भरे शब्द और धुन, 'तुम हो हसीन कहाँ के' की अठखेलियाँ भरी शब्द रचना और बन्दिशें सभी आज तक याद आती है। इसी फ़िल्म का एक सामूहिक श्रम को रेखांकित करता गीत भी है जो राजेन्द्र कृष्ण की आम शैली से अलग इस थीम पर लिखा हुआ शायद अकेला ही गीत होगा—'दो दो हाथ-दो दो पाँव, काम जो लेगा इन चारों से, उसे मिलेगी ठंडी छाँव'।

मदन मोहन के साथ राजेन्द्र कृष्ण के गीतों में बहुतायत ग़ज़लों की ही है। इनमें श्रेष्ठतम फ़िल्म चरित्र अभिनेता ओमप्रकाश की 'जहाँआरा' (1964) को ही माना जाएगा। ओमप्रकाश का अपनी फ़िल्मों के लिए राजेन्द्र कृष्ण और मदन मोहन का चयन फ़िल्म संगीत को कुछ अविस्मरणीय कृतियाँ दे गया है। 'जहाँआरा' में दादरा ताल पर बागेश्वरी में 'फिर वही शाम वही ग़म वही तन्हाई है' के साथ तलत के स्वर में और हरिप्रसाद चौरसिया की बजाई बाँसुरी की संगत को लेकर एक

धुँधली शाम के अकेलेपन की छवि बेमिसाल रूप से उभरती है, वहीं शिवकुमार शर्मा के सन्तूर और रईस ख़ान के सितार के साथ 'मैं तेरी नज़र का सुरूर हूँ तुम्हें याद हो कि न याद हो' और 'तेरी आँख के आँसू पी जाऊँ ऐसी मेरी तक़दीर कहाँ' में भावनाओं की लज़्ज़त, मियाँ की मल्हार आधारित 'हाले दिल यूँ उन्हें सुनाया गया' और मुग़लिया वैभव को अन्तर्निहित किए हुए राग बसन्त बहार पर आधारित 'वो चुप रहें तो मेरे दिल के दाग़ जलते हैं/जो बात कर लें तो बुझते चिराग़ जलते हैं...बुझे तो ऐसे कि जैसे किसी ग़रीब का दिल/जलें तो ऐसे कि जैसे चिराग़ जलते हैं', राग गारा आधारित 'जब-जब तुम्हें भुलाया तुम और याद आए', 'किसी की याद में दुनिया को हैं भुलाए हुए', राग छायानट आधारित 'बाद मुद्दत के ये घड़ी आई' और 'ऐ सनम आज से क़सम खाएँ' सभी गीत एक से बढ़कर एक और राजेन्द्र कृष्ण तथा मदन मोहन के कौशल के ज्वलन्त उदाहरण हैं। वहीं 'मनमौजी' (1962) के सुमधुर 'मैं तो तुम संग नैन मिला के हार गई सजना' एक तरफ़, तो 'ज़रूरत है ज़रूरत है ज़रूरत है, एक श्रीमती की कलावती की', 'एक था अब्दुल रहमान', 'मुर्गी ने झूठ बोला' जैसे हल्के-फुल्के गीत दूसरी तरफ़ राजेन्द्र कृष्ण की विविधता को ही रेखांकित करते हैं। 'गेटवे ऑफ़ इंडिया' के बेहद दिलकश गीत 'दो घड़ी वो जो पास आ बैठे, हम ज़माने से दूर जा बैठे' में एक फ़लसफ़ा युक्त रूमानियत, 'सपने में सजन से दो बातें' की प्यार भरी मिठास और 'न हँसो हम पे ज़माने के हैं ठुकराए हुए' की दर्द भरी भावनाएँ राजेन्द्र कृष्ण और मदन मोहन की जुगलबन्दी के बेमिसाल उदाहरण गिने जाएँगे। मदन मोहन की कई फ़िल्मों में उनके संगीत सहायक रहे घनश्याम को जब 'कुँआरा बदन' नाम की एक स्वतंत्र फ़िल्म मिली तो उसमें भी ग़ज़लनुमा धुनों के लिए

उन्होंने राजेन्द्र कृष्ण को ही चुना और 'कुछ भूली हुई यादें' और 'अपनी ख़ुशी से अपना ही दिल तोड़ना पड़ा' जैसे गीत लोकप्रिय भी रहे।

राजेन्द्र कृष्ण की विशेषता थी कि हर संगीतकार की विशिष्ट शैली को ध्यान में रखते हुए सीधे-सादे शब्दों में ही उसके उपयुक्त भावों का सृजन। यदि हेमन्त कुमार के साथ 'नागिन' के क्लेवॉयलिन, दिलरुबा, सारंगी की संगत के साथ सुपरहिट 'मन डोले मेरा तन डोले', राग किरवानी आधारित 'मेरा दिल ये पुकारे आ जा', 'जादूगर सैंया', बैरागी शैली का 'तेरे द्वारा खड़ा एक जोगी', पहाड़ी आधारित 'सुन री सखी मोहे सजना बुलाए' आदि गीत और 'ताज' के सम्भवतः राग सारंग आधारित 'गोरी बुलाए तेरा साँवरिया मनाए', 'भैरवी आधारित तुम संग लागे पिया मोरे नैना', 'झूम-झूमकर चली अकेली' और 'एक बात बता दे जोगी' जैसे गीतों में राजेन्द्र कृष्ण के शब्दों में भी एक रवानी भरी नृत्यात्मकता थी और 'मिस मेरी' (1957) के 'वृन्दावन का कृष्ण कन्हैया, सबकी आँखों का तारा' में एक वात्सल्यभरा माधुर्य, 'सखी री सुन बोले पपीहा उस पार' में प्रकृति और श्रृंगार का मिला-जुला सम्मोहन, 'ओ रात के मुसाफ़िर चन्दा ज़रा बता दे' में प्रणय वेदना की छाया और 'ये मर्द बड़े दिलदर्द बड़े बेदर्द न धोखा खाना' में हास्य का पुट था, तो 'लगन' (1955) के 'बहाए चाँद ने आँसू ज़माना चाँदनी समझा' और गूँजते प्रभाव वाले 'मुहब्बत की ज़ुबां चुप है सितारो तुम भी चुप रहना' तथा 'चम्पाकली' (1957) के 'छुप गया कोई रे दूर से पुकार के', 'पायल' (1957) के 'ऐ मेरी मौत ठहर, होश में आ लूँ', 'दुर्गेशनंदिनी' (1956) के भैरवी आधारित राजेन्द्र कृष्ण के दार्शनिक बोलों वाले 'कहाँ ले चले हो बता दो मुसाफ़िर सितारों से आगे ये कैसा जहाँ है' और 'बन्दी' (1957) के 'चुप हो जा अमीरों की ये सोने की

घड़ी है' में हेमन्त की दूसरी गम्भीर शैली के साथ बिलकुल सटीक बैठते हैं राजेन्द्र कृष्ण के गीत।

वहीं चित्रगुप्त द्वारा संगीतबद्ध माधुर्य और लोक रंग के सम्मिश्रण को राजेन्द्र कृष्ण के लफ़्ज़ों ने 'पतंग' फ़िल्म के 'रंग दिल की धड़कन भी लाती तो होगी' और 'तेरी शोख नज़र का इशारा' में और 'शादी' फ़िल्म के 'आज की रात नया चाँद ले के आई है' में रिद्म के साथ शब्दों का अद्भुत तादात्म्य स्थापित किया। 'मैं भी लड़की हूँ' (1964) के 'चन्दा से होगा बड़ा प्यारा, फूलों में होगा वो न्यारा, नाचेगा आँगन में छम-छम नन्हा-सा मुन्ना हमारा' में राजेन्द्र कृष्ण ने प्रेम और वात्सल्य का इतना सुन्दर सृजन किया है कि यह गीत हिन्दी फ़िल्मों के वात्सल्य रस के गीतों में ऊँचा स्थान रखता है। इसी फ़िल्म के 'मैं कौन हूँ मैं कहाँ हूँ मुझे ये होश नहीं' में परदे की नशीली अभिव्यक्ति के पीछे शब्दों में भी उतना ही ख़ुमार है। फ़िल्म 'घर बसाकर देखो' (1963) के 'तुमने हँसी ही हँसी में दिल क्यों चुराया जवाब दो', 'सुहाग सिन्दूर' (1961) के 'बाग़ों में खिलते हैं फूल क़सम तेरी आँखों की खा के' और 'कंगन' (1959) के 'मुस्कुराओ कि जी नहीं लगता' में राजेन्द्र कृष्ण ने रूमानी धुनों के साथ बख़ूबी न्याय किया है। चित्रगुप्त के साथ राजेन्द्र कृष्ण की सबसे मशहूर फ़िल्म रही 'भाभी' जिसमें चित्रगुप्त के घरेलू मध्यवर्गीय संगीत के साथ सामंजस्य बिठाते हुए राजेन्द्र कृष्ण ने 'चल उड़ जा रे पंछी कि अब ये देस हुआ बेगाना' जैसा सदाबहार अमर गीत रच डाला। वहीं भैरवी आधारित 'चली-चली रे पतंग मेरी चली रे', मेघ मल्हार आधारित 'कारे-कारे बादरा जा रे जा रे बादरा मेरी अटरिया शोर न मचा', 'टाई लगा के बन गए माना जनाब हीरो', 'जा रे जादूगर देखी तेरी जादूगरी' भी ख़ूब लोकप्रिय रहे। 'बरखा' के 'बरखा बहार

आई' तथा 'इक रात में दो-दो चाँद खिले, इक घूँघट में इक बदली में', 'नया संसार' (1959) के 'दिन-रात बदलते हैं, हालात बदलते हैं' और 'चन्दा लोरियाँ सुनाए' इस जोड़ी के अन्य उल्लेखनीय उदाहरण हैं।

इसी प्रकार सलिल चौधरी की मोत्सार्ट की 40वीं सिम्फ़नी पर आधारित 'इतना न मुझसे तू प्यार बढ़ा कि मैं एक बादल आवारा', तलत के गाए यमन कल्याण आधारित 'आँसू समझ के क्यों मुझे आँख से तुमने गिरा दिया', राग बसन्त बहार आधारित 'छम-छम नाचत आई बहार', 'दिल से दिल की डोर बाँधे', 'आँखों में मस्ती शराब की' जैसे 'छाया' (1961) के गीत या विमल रॉय निर्देशित 'प्रेमपत्र' (1962) के 'ख़ुश हो रहे थे पहले ठुकरा के ज़िन्दगी को, अब ढूँढ़ते हैं देखो घबरा के ज़िन्दगी को', 'ये मेरे अँधेरे उजाले न होते अगर तुम न आते मेरी ज़िन्दगी में' और 'अब और न कुछ भी याद रहा, न अपनी जफ़ा न तेरी वफ़ा' और 'झूला' (1962) के 'एक समय पर दो बरसातें, बादल के संग आँख भी बरसे', स्केल परिवर्तन वाला 'उनसे बिछड़ के जब हम रोए तो ऐसे रोए, आँसू ने जैसे कोई अश्कों के बीज बोए', 'आग पानी में लगी ओए-ओए कैसे' ऐसे उदाहरण हैं जहाँ सलिल की जटिल कम्पोज़ीशंस पर भी राजेन्द्र कृष्ण ने इतने ख़ूबसूरत गीत रच डाले।

उषा खन्ना के संगीत निर्देशन में 'आओ प्यार करें' (1964) के 'एक सुनहरी शाम की, बहकी-बहकी ज़िन्दगी, राह में हम तुम मिले, मेरी पलकों के तले, आशियां तेरा बन गया', 'जहाँ तू है वहाँ चाँदनी को फिर कौन पूछेगा', 'तुम अकेले तो कभी बाग़ में जाया न करो', जयजयवन्ती की छाया लिये और प्यारी-सी तर्ज़ लिये 'तमन्नाओं को खिलने दे इरादों को जवाँ कर लें, मुहब्बत का ये मौसम है चलो गुस्ताख़ियाँ कर लें' और कलावती की छाया लिये शब्दों का पारिवर्तित

रूप लिये वह पारम्परिक बेहतरीन रचना 'मेरी दास्तां मुझे ही मेरा दिल सुना के रोए, कभी रो के मुस्कुराए कभी मुस्कुरा के रोए'—इन सभी गीतों में धुन की ख़ूबसूरती के साथ राजेन्द्र कृष्ण के शब्दों और अर्थ, दोनों का परिष्कार लाजवाब है। 'मेरी दास्तां' से मिलते-जुलते मुखड़े को लेकर वर्षों बाद तलत अज़ीज़ की ग़ज़ल 'मेरी दास्ताने हसरत वो सुना-सुना के रोए / मुझे आज़मानेवाले मुझे आज़मा के रोए' बहुत मशहूर हुई थी, लेकिन बिडम्बना यह कि राजेन्द्र कृष्ण और उषा खन्ना का यह गीत गुमनाम ही रह गया। उषा खन्ना द्वारा संगीतबद्ध 'हम हिन्दुस्तानी' (1960) में भी राजेन्द्र कृष्ण का एक लाजवाब गीत था 'माँझी मेरी क़िस्मत को जी चाहे जहाँ ले चल'। इस गीत में दर्द और प्रेम का सन्तुलन क़ाबिले-तारीफ़ है। फ़िल्म 'सिकन्दरे-आज़म' (1965) में हंसराज बहल के संगीत निर्देशित में राजेन्द्र कृष्ण का गीत 'जहाँ डाल-डाल पर सोने की चिड़िया करती है बसेरा, वो भारत देश है मेरा' तो आज तक लोकप्रिय बना हुआ है और हर 15 अगस्त या 26 जनवरी के दिन लाउड स्पीकर पर गूँजता रहता है। वैसे तो रोशन के साथ भी 'मालकिन', 'जश्न' और एन. दत्ता के साथ 'अकेला' जैसी कुछ फ़िल्मों में राजेन्द्र कृष्ण ने गीत लिखे, पर वे आए-गए ही रह गए। नौशाद के लिए राजेन्द्र कृष्ण ने मात्र एक ही फ़िल्म 'गँवार' (1970) के 'मैं हूँ गँवार', 'महका-महका रूप तुम्हारा बहकी-बहकी चाल' और 'हमसे तो अच्छी तेरी पायल गोरी' जैसे गीत लिखे, पर वे स्तरीय नहीं कहे जा सकते। 'बिंदिया' (1960) में इक़बाल कुरैशी की ग़ज़लों को कम्पोज़ करने के कौशल के अनुरूप राजेन्द्र कृष्ण 'मैं अपने आप से घबरा गया हूँ, मुझे ऐ ज़िन्दगी दीवाना कर दे' जैसा प्रभावशाली गीत लेकर आए। इस प्रकार 'लव इन शिमला' (1960) के 'यूँ ज़िन्दगी

के रास्ते सँवारते चले गए, में धुन की रवानी के साथ सटीक बैठते थे राजेन्द्र कृष्ण के शब्द।

परन्तु मदन मोहन के बाद यदि राजेन्द्र कृष्ण की किसी अन्य के साथ जुगलबन्दी चमकी तो वे रवि थे। यूँ तो रवि के लोकप्रिय गीत अधिकांशतः बी.आर. चोपड़ा की फ़िल्मों में साहिर लुधियानवी के साथ रहे, पर राजेन्द्र कृष्ण के साथ भी उनकी धुनों को कुछ सहज और लावण्य भरे शब्द मिले। 'नज़राना' (1961) में राज कपूर के लिए 'मेरे पीछे एक दीवाना, कुछ अलबेला मस्ताना' और 'बिखरा के जुल्फ़ें चमन में न जाना' जैसे रोमांटिक गीतों के अलावा था उदास तर्ज़ पर आधारित मुकेश का सदाबहार दीवाली गीत 'एक वो भी दीवाली थी एक ये भी दीवाली है। इस गीत के बारे में एक बड़ा रोचक प्रसंग अभिमन्यु अनत ने मुकेश की मृत्यु पर प्रकाशित 'माधुरी' में लिखा था। हुआ यूँ कि नवम्बर 1975 की दीवाली के समय मुकेश मॉरीशस में थे और मुकेश, नितिन, अभिमन्यु अनत सभी कार में कहीं जा रहे थे। कार में रेडियो चालू था और किसी गीत की बड़ी लम्बी-चौड़ी फ़रमाइश की लिस्ट के नाम सुनाए जा रहे थे। मुकेश ने आश्चर्य व्यक्त करते हुए कहा कि पता नहीं यह कौन-सा गीत है जिसके लिए इतनी सारी फ़रमाइशें आ रही हैं। थोड़ी देर बाद जब गीत बजा तो यह कार में बैठे सभी लोगों के लिए सुखद आश्चर्य रहा क्योंकि यह गीत था राजेन्द्र कृष्ण का लिखा और मुकेश का गाया 'एक वो भी दीवाली थी'।

रवि के संगीत निर्देशन में राजेन्द्र कृष्ण द्वारा लिखित फ़िल्म 'राखी' (1962) के 'सैंया छोड़ दो बइयाँ मेरी पतली कलइया मुड़ जाएगी' (लता, मुकेश) और 'या मेरी मंज़िल बता या ज़िन्दगी को छीन ले, जिसके पीछे ग़म लगे हैं इस ख़ुशी को छीन ले' (रफ़ी), 'नई रोशनी'

(1967) के ख़ूबसूरत कशिश भरे 'किस तरह जीते हैं ये लोग बता दो यारो' (रफ़ी), 'जितनी लिखी थी मुक़द्दर में हम उतनी जी चुके' (रफ़ी), पहाड़ी शैली की छाया लिये 'मैं गुनहगार हूँ जो चाहे सज़ा दो मुझको' (महेन्द्र, आशा) और 'सपने हैं सपने कब हुए अपने' (लता), 'बॉम्बे का चोर' (1962) का 'हसरत ही रही हमसे भी कभी कोई प्यार करता', 'शहनाई' (1964) के 'क्या अजब साज़ है ये शहनाई, दो सुरों का ही खेल सारा है', और 'न झटको ज़ुल्फ़ से पानी, ये मोती टूट जाएँगे', 'गौरी' (1968) का 'लोग तो मर कर ही जीते होंगे', 'अनमोल मोती' (1968) का 'ऐ जाने चमन तेरा गोरा बदन जैसे खिलता हुआ गुलाब', 'डोली' के 'डोली चढ़ के दुल्हन ससुराल चली' तथा 'सजना साथ निभाना', 'बाबुल की गलियाँ' (1971) का 'एक चीज़ माँगते हैं हम तुमसे पहली बार', 'मेहरबान' (1967) का 'सावन की रात कारी कारी', 'सोने के हाथ' फ़िल्म का अपने ज़माने में मशहूर 'ले लो चम्पा चमेली गुलाब ले लो' आदि पुनः राजेन्द्र कृष्ण और रवि दोनों के हुनर का एक दिलकश संसार बनाते हैं। 'भरोसा' (1963) के भैरवी में रचित 'इस भरी दुनिया में कोई हमारा न हुआ' (रफ़ी) और पहाड़ी के स्वरों को लेकर सृजित 'वो दिल कहाँ से लाऊँ तेरी याद जो भुला दे' (लता) तथा महेन्द्र-लता का गाया युगल गीत 'आज की मुलाक़ात बस इतनी' अपने ज़माने में ख़ूब मशहूर रहे थे।

रवि और राजेन्द्र कृष्ण की जोड़ी का सर्वश्रेष्ण उदाहरण बनकर आए फ़िल्म 'ख़ानदान' (1965) के गीत जिसके लिए रवि को सर्वश्रेष्ठ संगीतकार का फ़िल्मफ़ेयर पुरस्कार मिला और फ़िल्म के गीत 'तुम्हीं मेरे मन्दिर तुम्हीं मेरी पूजा तुम्हीं देवता हो' के लिए राजेन्द्र कृष्ण को पहली बार सर्वश्रेष्ठ गीतकार का फ़िल्मफ़ेयर पुरस्कार मिला। यह गीत

तो लता के स्वर के मिठास की पराकाष्ठा थी और इसके पीछे राजेन्द्र कृष्ण के सौम्य, सुन्दर शब्दों की बुनावट थी। इस गीत को सुनना ऐसा लगता है जैसे प्यार की अनुभूति को पवित्र फूल चढ़ाए जा रहे हों। इतनी स्वच्छ, आत्मिक अनुभूति लाना राजेन्द्र कृष्ण की उपलब्धि ही कही जाएगी। 'ख़ानदान' के कुछ अन्य गीत भी बेहद चर्चित रहे थे। कलावती और खमाज का पुट लिये दर्द को सजीव करते 'कल चमन था आज ये सहरा हुआ' के शब्द और स्वर, 'बड़ी देर भई नन्दलाला' (रफ़ी, साथी) की पारम्परिक उल्लास भरी रचना और 'नील गगन पर उड़ते बादल आ आ आ' को भी ख़ूब सराहा गया था।

राजेन्द्र कृष्ण को फ़िल्में तो बहुत अधिक नहीं मिलीं, पर आगे के वर्षों में भी उनके गीत बेहद मक़बूल होते रहे। इस दौर के बड़े संगीतकारों—जैसे आर.डी. बर्मन, लक्ष्मी-प्यारे और कल्याणजी-आनन्दजी के साथ उनकी फ़िल्में तो कम आईं, पर उनके साथ राजेन्द्र कृष्ण के कुछ गीत आज तक यादगार बने हुए हैं। 'पड़ोसन' (1968) में तो राजेन्द्र कृष्ण और आर.डी. बर्मन के गीतों ने धूम मचा दी। 'शर्म आती है मगर आज ये कहना होगा' (लता) की मीठी संरचना यदि पारम्परिक छन्द को लेकर चलती है तो 'भाई बत्तूर भाई बत्तूर' में अभिव्यक्ति की नई पथिका को इतनी ख़ूबसूरती से बनाया गया कि लता स्वयं भी इसे अपने पसन्दीदा गीतों में गिनती हैं। 'कहना है कहना है आज तुमसे ये पहली बार / तुम ही तो लाई हो जीवन में मेरे प्यार-प्यार-प्यार' (किशोर) तो ख़ूबसूरती की इन्तहा ही है। गीत ऐसा कि अनवरत चल रही गुनगुनाहट की अनुभूति हो और लय इतनी परिष्कृत जैसे रूमानियत की शहरी सुरुचिपूर्ण नई तस्वीर ही बन गई हो। 'मेरे सामनेवाली खिड़की में एक चाँद का टुकड़ा रहता है' (किशोर) सातवें दशक के शहरी मध्यवर्गीय

मुहल्लों के लाखों रूमानी दिलों के अव्यक्त प्रेम को अभिव्यक्ति देकर गली-गली में गूँजा तो 'एक चतुर नार' (किशोर, मन्ना डे) के द्वारा शास्त्रीय संगीत जुगलबन्दी एक नये विनोदी रूप में प्रकट हुई। राहुल देव बर्मन के संगीत निर्देशन में 'वारिस' (1969) के 'कभी-कभी ऐसा भी तो होता है ज़िन्दगी में, राह में चलते-चलते राही, खो गए बेख़ुदी में' और 'लहरा के आया है झोंका बहार का', 'बॉम्बे टू गोवा' के बेहद नाजुक गीत 'तुम मेरी ज़िन्दगी में कुछ इस तरह से आए, भूला-सा ख़्वाब जैसे सच हो के मुस्कुराए', और उत्फुल्ल गीत 'देखा ना हाय रे सोचा ना', और 'छलिया' (1972) का रूमानी और दुर्लभ गीत 'ज़िन्दगी में आप आए हो गई दुनिया हसीं, भर गया फूलों से दामन अब कमी कोई नहीं' (मुकेश, वाणी जयराम) जैसे गीतों में राजेन्द्र कृष्ण नये दौर के अनुरूप आधुनिकता का पुट लेकर आए जो बहुत आकर्षक था। कल्याणजी-आनन्दजी के साथ फ़िल्म 'ब्लफ़ मास्टर' (1962) के आज तक लोकप्रिय 'गोविन्दा आला रे आला, ज़रा मटकी सँभाल बृजबाला', बागेश्वरी आधारित 'जा तू नहीं बालम मोरा', भैरवी आधारित 'ऐ दिल अब कहीं ले जा', मुकेश के स्वर में 'सोचा था प्यार हम ना करेंगे', 'एक श्रीमान एक श्रीमती' (1969) का जीवन पथ पर प्यार ने छेड़ी मधुर सरगम', 'जॉनी मेरा नाम' (1970) का मशहूर गीत 'ओ मेरे राजा' और 'फ़रार' के 'मैं प्यासा तू सावन' और बेहद संजीदा गीत 'ज़िन्दगी है क्या, यादों की बारात, ज़ख़्मों की बारात', फ़िल्म 'गोपी' (1970) के 'रामचन्द्र कह गए सिया से' और 'सुख के सब साथी दुःख में न कोई', फ़िल्म 'कहानी क़िस्मत की' (1973) का हल्का-फुल्का 'रफ़्ता-रफ़्ता देखो आँख मेरी लड़ी है' (किशोर) एवं मुकेश के स्वर में फ़िल्म का गम्भीर शीर्षक गीत, 'रखवाला' (1971) के 'ये कैसे

मैंने मधुर-मधुर-सी अजब-अजब-सी आज सुनी सरगम', और 'रहने दो गिले शिकवे', 'बनारसी बाबू' (1973) के 'आप यहाँ से जाने का क्या लोगे', 'बुरे भी हम भले भी हम', 'मेरे पीछे एक लड़की', और 'कोई-कोई रात ऐसी होती है', जैसे राजेन्द्र कृष्ण के गीत हिट तो रहे, पर इस युग्म का सबसे लोकप्रिय, स्तरीय और सदाबहार बना फ़िल्म 'ब्लैकमेल' का 'पल-पल दिल के पास तुम रहती हो' (किशोर)। शाम की हल्की बयार को जीवन्त करता यह गीत फ़िल्म संगीत का एक स्वर्णिम गीत है, जिसके शब्दों को इसकी धुन, आवाज़ और ऑर्केस्ट्रेशन मानो पूर्णतः मग्न कर देते हैं। आँख बन्द करके सुनिए 'हर शाम आँखों पर तेरा आँचल लहराए, हर रात यादों की बारात से आए, मैं साँस लेता हूँ तेरी ख़ुशबू आती है, एक महका-महका-सा पैग़ाम लाती है, मेरे दिल की धड़कन भी तेरे गीत गाती है, पल पल दिल के पास तुम रहती हो' और क्या ऐसा नहीं लगता जैसे शाम के लम्बे साये हवा के साथ-साथ बढ़ रहे हैं और वैसा सब कुछ महसूस हो रहा है, जिनका वर्णन इन पंक्तियों में है। 'खेल खिलाड़ी का' (1977) का 'प्यार का बन्धन ख़ून का रिश्ता छूटे से ना छूटे, दिल से दिल की डोर बँधी जो टूटे से न टूटे', 'खेल क़िस्मत का' (1977) का क्रियात्मक भावना को अलग ढंग से अभिव्यक्त करता 'चन्दा छोड़े चाँदनी चाहे सूरज छोड़े रोशनी, पर हम तुम सारी ज़िन्दगी साथ न छोड़ेंगे', 'मालिक' (1972) के 'खाना मिलेगा पानी मिलेगा' और 'कन्हैया-कन्हैया तुझे आना पड़ेगा', 'नसबन्दी' (1978) का व्यंग्य प्रधान 'हमें तो मार दिया कश्ती टोपी वालों ने' कल्याणजी-आनन्दजी के साथ राजेन्द्र कृष्ण के अन्य उल्लेखनीय गीत रहे। इसी दौर में राजेश रोशन के साथ राजेन्द्र कृष्ण की फ़िल्म 'चरणदास' (1977) का 'मैया मोरी मैं नहीं माखन खायो'

भी लोकप्रिय हुआ था। राजेन्द्र कृष्ण ने सूरदास के पारम्परिक पदों की जगह अपने मौलिकता भरे शब्दों को ही प्रचलित छन्द विधान के बीच पिरोया था। इस दौर के राजेन्द्र कृष्ण के दो गीत सुनील दत्त निर्मित 'रेशमा और शेरा' (1971) में जयदेव की धुनों के साथ आए। हालाँकि ये गीत फ़िल्म के उद्धत कुमार, बालकवि वैरागी और नीरज के गीतों के सामने कमतर ही रहे, पर मन्ना डे की गाई क़व्वाली 'ज़ालिम मेरी शराब में ये क्या मिला दिया' कुछ लोकप्रिय रही थी।

लक्ष्मीकान्त-प्यारेलाल के साथ राजेन्द्र कृष्ण की सबसे बड़ी उपलब्धि रही फ़िल्म 'इन्तकाम' (1969) के गीत। 'कैसे रहूँ चुप कि मैंने पी ही क्या है, होश अभी तक है बाक़ी, और ज़रा-सी दे दे साक़ी और ज़रा-सी और' में आधुनिकता का ख़ुमार है और आश्चर्य की बात नहीं है कि यह गीत सालाना बिनाका गीतमाला के पहले पायदान का गीत बना। इसी प्रकार 'आ जाने जाँ आ मेरा ये हुस्न जवाँ' का कैबरे गीत तो आधुनिकता की इन्तहा है और स्वतंत्रता के पश्चात् पैदा हुई नई पीढ़ी का प्रतिनिधि गीत बना, जिसने पुरानी मान्यताओं और प्रेम की पारस्परिक परिभाषा को ठुकराकर राजेन्द्र कृष्ण के इन लफ़्ज़ों को आत्मसात् किया। आधुनिकता की जो पोशाक सी. रामचन्द्र के कई गीतों के साथ फ़बती थी, उसे राजेन्द्र कृष्ण ने इस नये दौर में नई भंगिमाओं और नये तेवर के साथ प्रस्तुत किया। 'गीत तेरे साज़ का तेरी ही आवाज़ है', 'जो उनकी तमन्ना है बर्बाद हो जा', 'हम तुम्हारे लिए तुम हमारे लिए, फिर ज़माने का क्या है हमारा न हो', जैसे गीत 'इन्तकाम' (1969) को राजेन्द्र कृष्ण के गीतों का एक दुर्लभ साउंडट्रैक बनाते हैं। लक्ष्मीकान्त-प्यारेलाल के साथ राजेन्द्र कृष्ण के 'लाडला' (1966) के गीत सफल नहीं रहे और 'प्यार किए जा' के 'दिन जवानी के चार यार प्यार किए

जा', ग़ज़लनुमा 'फूल बन जाऊँगा शर्त ये है मगर अपनी जुल्फ़ों में मुझको सजा लीजिए', 'जवाब' का 'किस कारण जोगन जोग लिया', 'ज्वारभाटा' (1973) के 'दाल रोटी खाओ प्रभु के गुण गाओ', 'रूठा है तो मना लेंगे', 'तुरू तुरू तुरू तुरू तेरा मेरा प्यार शुरू' जैसे गीत जहाँ साधारण ही कहे जाएँगे, 'वहीं मनमन्दिर' (1971) की लोरी 'ऐ मेरी आँखों के पहले सपने' (मुकेश, लता) तो अपने स्निग्ध शब्द, दादरा ताल छह मात्रा की मध्यम लय और बेमिसाल गायकी से फ़िल्म संगीत की एक बेमिसाल उपलब्धि कही जाएगी। इसी फ़िल्म का 'जादूगर तेरे नैना' भी ख़ूब लोकप्रिय रहा था।

यूँ तो शंकर-किशन के साथ पहली बार राजेन्द्र कृष्ण के गीत फ़िल्म 'कॉलेज गर्ल' (1959) में आए पर वे गीत चले नहीं। फ़िल्म 'ब्रह्मचारी' (1968) का 'मुहब्बत के ख़ुदा है हम' शैलेन्द्र और हसरत के अन्य गीतों के सामने फीका ही रहा। 'भाई-बहन' (1969) के 'चाँद निकला भी नहीं और चाँदनी है सामने' का भी यही हश्र रहा। पर 'सच्चाई' (1969) के 'ऐ दोस्त मेरे मैंने दुनिया देखी है' और 'सौ बरस की ज़िन्दगी से अच्छे हैं प्यार के दो चार दिन' उन दिनों कुछ लोकप्रिय रहे। 'तुमसे अच्छा कौन है' (1969) के 'गंगा मेरी माँ का नाम बाप का नाम हिमाला', 'जनम जनम का साथ है निभाने को, सौ-सौ बार हमने जन्म लिये' जैसे गीत, 'धरती' (1970) का 'ख़ुदा भी आसमां में जब ज़मीं पर देखता होगा, मेरे महबूब को किसने बनाया सोचता होगा', 'ज्वाला' (1970) का मुकेश के स्वर में 'थाम लो कलेजा अब अपना-अपना, राही आया है झूमता-झामता', 'तुम हसीं मैं जवाँ' (1970) का 'मुन्ने की अम्मा ये तो बता तेरे मुन्ने के अब्बा का क्या नाम है', 'दुनिया क्या जाने' (1971) का 'साँझ सवेरे नैन तेरे मेरे मिलते रहे हैं

मिलते रहेंगे', 'प्रीतम' (1971) का 'हाय दिल लगा तो ऐसा लगा चर्चा गली-गली' कुछ हद तक चले पर इन गीतों के शब्दों और धुनों में कुछ ख़ास विशेषता नहीं थी।

वैसे तो राजेन्द्र कृष्ण रेस में लगभग 47 लाख का जैकपॉट जीतकर (जो 70 के दशक में बहुत बड़ी रकम थी) गीतकारों में सम्भवतः सबसे धनाढ्य हो गए, परन्तु 70 के दशक के अन्त तक उनको मिलनेवाली फ़िल्मों की संख्या बहुत कम हो गई। हालाँकि 'सिलसिला' (1981) के गीत 'लड़की है या शोला' और 'प्रोफ़ेसर प्यारेलाल' (1981) के 'गा गा गा गाए जा और मुस्कराए जा' को कुछ लोकप्रियता मिली पर 80 के दशक की 'अल्लारखा', 'आग का दरिया' जैसी उनकी फ़िल्मों का संगीत आया-गया ही रहा। वैसे भी इस दौर तक मुख्यधारा की हिन्दी फ़िल्मों का अधिकांश संगीत अपने ढलान पर ही था। 23 सितम्बर, 1987 को राजेन्द्र कृष्ण की मृत्यु के बाद एच.एम.व्ही. ने उनके 12 गानों की एक एल.पी. अवश्य यादगार स्वरूप निकाली थी।

हिन्दी फ़िल्मी गीतों में मध्य प्रदेश

अपनी सुरम्य वादियों, जंगलों, चट्टानों, नदियों और ऐतिहासिक स्थलों के कारण मध्य प्रदेश फ़िल्मांकन की दृष्टि से कई निर्माता-निर्देशकों की पसन्दीदा जगह रही है। राज कपूर की तो ससुराल ही रीवा थी और उनके लिए शुरू से ही भेड़ाघाट, जबलपुर की सफ़ेद शिलाओं का आकर्षण रहा। चाँदनी रात की पृष्ठभूमि में भेड़ाघाट में नाव पर राज कपूर और नरगिस पर फ़िल्माए 'आवारा' (1951) के 'दम-भर जो उधर मुँह फेरे ओ चन्दा' (मुकेश, लता) का बोल्ड, बेबाक फ़िल्मांकन तो अपने समय से बहुत आगे की अभिव्यक्ति के रूप में आया था, और आज भी प्रेमगीतों के सर्वश्रेष्ठ फ़िल्मांकनों में स्थान रखता है। राज कपूर की ही 'श्री 420' (1955) के 'मेरा जूता है जापानी' (मुकेश) का फ़िल्मांकन भी, जो उस समय भोपाल-इन्दौर मार्ग था, उसी पर हुआ था। फ़िल्मांकन में आप पीछे सड़क के किनारे लगा मील स्तम्भ भी देख सकते हैं जहाँ आष्टा और सीहोर के मीलों की दूरी भी नज़र आती है। पुन: 'जिस देश में गंगा बहती है' (1960) के पद्मिनी पर फ़िल्माए राग बसन्त मुखारी पर शंकर-जयकिशन द्वारा कम्पोज़ किए

गए 'ओ बसन्ती पवन पागल' (लता) का लोकेशन भी भेड़ाघाट की वही श्वेत चट्टानें और मशहूर चौंसठ योगिनी मन्दिर ही है। इसी फ़िल्म के रोमांचक गीत 'आ अब लौट चलें' (मुकेश, लता, साथी—जिसकी रेकॉर्डिंग 36 घंटों की रिहर्सल के बाद सम्पन्न हुई थी) का फ़िल्मांकन भी जबलपुर के पास ही हुआ था। फ़िल्म 'आह' (1953) के अन्तिम दृश्यों के पहले जब मौत की कगार पर खड़े राज कपूर ताँगे वाले (जो गायक मुकेश का पर्दे पर अन्तिम रोल था) से रीवा चलने को करते हैं और जब ताँगा 'छोटी सी ये ज़िन्दगानी रे, चार दिन की जवानी तेरी' के मुकेश के गाए गीत के साथ सरपट भागता है, तो वह सड़क और दृश्य मध्य प्रदेश का ही लगता है। उसी तरह चम्बल के बीहड़ों में फ़िल्माए 'मुझे जीने दो' (1963) के कई गीतों का फ़िल्मांकन भिंड-मुरैना के लोकहर्षक प्राकृतिक रूप को जीवन्त करता है, चाहे वह गुलाब बाई के प्रसिद्ध नौटंकी गीत से प्रेरित 'नदी नारे न जाओ श्याम' (आशा) का चम्बल नदी के पास का फ़िल्मांकन हो या साहिर के लाजवाब गीत और जयदेव की बेहतरीन कम्पोज़ीशन 'तेरे बचपन को जवानी की दुआ देती हूँ और दुआ दे के परेशान-सी हो जाती हूँ' (लता) का अटेर के क़िले की पृष्ठभूमि से उत्पन्न झकझोर देनेवाला प्रभाव हो।

बी.आर. चोपड़ा की फ़िल्म 'नया दौर' (1957) की लगभग पूरी आउटडोर शूटिंग भोपाल, बुदनी और होशंगाबाद के ग्रामीण इलाक़ों में हुई थी। बुदनी के पास ही ओ.पी. नैयर के लाक्षणिक टप्पा रिद्म के साथ कम्पोज़ प्रसिद्ध गीत 'माँग के साथ तुम्हारा मैंने माँग लिया संसार' (रफ़ी, आशा) का दिलीप कुमार और वैजयन्ती माला के ऊपर फ़िल्मांकन हुआ था और उसे देखने आसपास की तमाम भीड़ इकट्ठा हुई थी।

लाली लाली डोलिया में लाली रे दुल्हनिया...; फ़िल्म : तीसरी कसम

शैलेन्द्र के 'तीसरी क़सम' की कहानी तो वैसे बिहार की है, पर इसकी शूटिंग बिहार में न होकर मध्य प्रदेश के सागर के ग्रामीण इलाक़ों की है। जिन पगडंडियों पर बैलगाड़ी चलाते राज कपूर को 'सजन रे झूठ मत बोलो', 'सजनवा बैरी हो गए हमार' और 'दुनिया बनानेवाले क्या तेरे मन में समाई' गाते हुए दिखाया गया है, वे सभी सागर के ग्रामीण अंचलों की ख़ुशबू समेटे हैं। 'फ़िल्म के 'लाली लाली डोलिया में लाली रे दुल्हनिया' यूँ तो उत्तर बिहार का लोकगीत है (जहाँ के निवासी इस कहानी के लेखक फणीश्वर नाथ 'रेणु' थे) पर इसका फ़िल्मांकन कच्चे मकानों वाले सागर के किसी गाँव की गली का है।

गुलज़ार की 'किनारा' (1977) के 'नाम गुम जाएगा चेहरा ये बदल जाएगा' (भूपेन्द्र, लता) का मांडू के खिलजी सुल्तानों के जहाज़ महल जैसी मशहूर इमारतों के बीच का फ़िल्मांकन आज भी अभिभूत कर देता है। जय प्रकाश चौकसे की फ़िल्म 'शायद' (1979) की लगभग पूरी शूटिंग इन्दौर में ही हुई थी। हालाँकि इस फ़िल्म के मशहूर गीत 'मौसम आएगा जाएगा' का एक बड़ा हिस्सा राज कपूर के पुणे के नजदीक स्थित लोनी फ़ार्म में फ़िल्मांकित हुआ था, पर इस फ़िल्म का मन्ना डे का गाया लाजवाब गीत 'दिन भर धूप का पर्वत काटा, शाम को पीने निकले हम' महाराज यशवन्तराव हॉस्पिटल, इन्दौर के प्रांगण में ही फ़िल्मांकित हुआ था।

कई हिन्दी फ़िल्मों का फ़िल्मांकन मध्य प्रदेश के हिल स्टेशन पचमढ़ी में हुआ है। 'थोड़ा-सा रूमानी हो जाएँ' का छाया गांगुली, विनोद राठौड़ द्वारा गाया शीर्षक गीत पचमढ़ी की वादियों के बीच बहुत आकर्षित करता है। 'चाँदनी रात भर जगाएगी' भी पचमढ़ी के अंग्रेज़ों के ज़माने के बँगलों के प्रांगण की पृष्ठभूमि में भास्कर चन्दावरकर की लाजवाब रचना को चार चाँद लगाती है। फ़िल्म 'तरकीब' (2000) के मशहूर गीत 'किसका चेहरा' (जगजीत सिंह, अलका याग्निक) में भी पचमढ़ी की वादियाँ नज़र आती हैं। फ़िल्म 'अशोक' (2001) में जहाँ गीत 'रात का नशा' भेड़ाघाट की पृष्ठभूमि में फ़िल्माया गया है, वहीं 'सन सननन' में पचमढ़ी का अप्सरा जल प्रपात नज़र आता है। फ़िल्म 'मुहाफ़िज़' (जिसकी शूटिंग भोपाल में हुई) की सभी ग़ज़लों की पृष्ठभूमि में भोपाल की पुरानी हवेलियों और सड़कों को फ़िल्माया गया है, जिसमें वह पुरानी मशहूर ग़ज़ल 'ऐ जज़्बा-ए-दिल ग़र मैं चाहूँ' भी शामिल है। इसी प्रकार चर्चित

फ़िल्म 'पीपली लाइव' के कई गीत भोपाल, रायसेन, खुरई आदि स्थानों पर फ़िल्मांकित हैं।

विशाल भारद्वाज की 'मक़बूल' (2004) की लाजवाब रचना 'तू मेरे रूबरू है' में भोपाल के पास स्थित भोपाल नवाबों की सैरगाह इस्लामनगर का लाजवाब चित्रण है। प्रकाश झा ने तो अपनी कई फ़िल्मों की शूटिंग भोपाल या उसके आसपास की है। 'राजनीति' के 'भीगी सी भागी सी' में भोपाल का बड़ा तालाब पृष्ठभूमि में कहीं-कहीं झलकता है। 'आरक्षण' के 'अच्छा लगता है' में भोपाल के मशहूर रेस्तरां 'विंड एंड वेव्स' और भोपाल तालाब की पृष्ठभूमि को बड़े सुन्दर तरीक़े से फ़िल्माया गया है। इसी फ़िल्म के गीत 'रोशनी' में भोपाल शहर के कई दृश्य आए हैं। प्रकाश झा की 'चक्रव्यूह' का जनचेतना गीत 'महँगाई' पचमढ़ी और होशंगाबाद के लोकेशंस पर बहुत सटीक बैठता है। इधर की फ़िल्मों में भी फ़िल्म 'तेवर' का भूमिका गीत महेश्वर में फ़िल्माया गया। 'पान सिंह तोमर' के कई गीतों में भी पृष्ठभूमि के चम्बल के दृश्य उभरते हैं। इधर के कई वर्षों में मध्य प्रदेश में फ़िल्मांकन की प्रवृत्ति बढ़ती गई है। 'यमला पगला दीवाना 2', 'लुका छुपी लुका छुपी', 'सिंह साहब द ग्रेट', 'यारा' आदि कई फ़िल्मों की शूटिंग मध्य प्रदेश में ही हुई है, पर इन फ़िल्मों के गीत साधारण ही रहे।

राहुल देव बर्मन और लोक संगीत

आम तौर पर माना जाता है कि राहुल देव बर्मन उर्फ़ पंचम की रचनाएँ अक्सर पाश्चात्य संगीत के रिद्म, ध्वनि संयोजन एवं अन्य अवयवों से परिपूर्ण रहती हैं, लेकिन अगर हम ग़ौर करें तो अपने पिता सचिन देव बर्मन की तरह उतने व्यापक रूप से तो नहीं, पर पंचम ने भी कई फ़िल्मों में लोक संगीत का इस्तेमाल किया, और जब भी किया तो बहुत ख़ूबसूरती से और प्रयोगात्मक रूप में भी किया। कई बार तो यह इस्तेमाल आधुनिकता के ढाँचे में ढालकर किया गया।

'बहारों के सपने' (1967) का बहुलोकप्रिय 'चुनरी सँभाल गोरी उड़ी चली जाए रे' (मन्ना डे, लता—जिसमें बोलों के बीच की यति को 'आहा' से भरने की सलाह पिता सचिन देव बर्मन ने पंचम को दी थी) की रवानी भरी लोकधुन, 'पड़ोसन' (1968) में किशोर के संगीत मस्तिष्क से शूटिंग के दौरान पैदा हुई उपज के रूप में बंगाल की बाउल शैली का 'मेरी प्यारी बिन्दु' (किशोर), 'प्यार का मौसम' (1969) में पहाड़ी सुरों का स्पर्श लिये 'ओ निसुल्ताना रे प्यार का मौसम आया' (लता, रफ़ी), 'तीसरी मंज़िल' (1966) का नेपाली लोकधुन 'ए कांछा

राहुल देव बर्मन

मलाई सुन' से प्रेरित 'दीवाना मुझ-सा नहीं इस अम्बर के नीचे' (रफ़ी), 'हरे रामा हरे कृष्णा' (1971) के लोकशैली के 'घुँघरू का बोले' (लता) और नेपाली लोकधुन पर केन्द्रित पहाड़ी के सुरों को लेकर सृजित 'कांची रे कांची रे' (लता, किशोर), लोक संगीत की छाया लिये 'परछाइयाँ' (1972) का 'हँस के पुकार ले दो बोल प्यार के' (किशोर, लता), 'नमकहराम' (1973) के लोक प्रभाव वाले 'सूनी रे सेजरिया' (आशा, लता मंगेशकर) और 'होली के अँगना में' जैसे लोक संगीत के इस्तेमाल वाले उदाहरण तो बरबस ध्यान में आते हैं।

लोक संगीत बर्मन के साथ कई बार एक आधुनिक ढाँचे में अलग भंगिमाओं की छाप दे ही जाता था—चाहे 'अजनबी' के 'हम दोनों दो

प्रेमी दुनिया छोड़ चले' (किशोर, लता) या 'ज़माने को दिखाना है' के 'ओ कुंचम' (शैलेन्द्र सिंह) के पार्श्व में ट्रेन की ताल का आधुनिक समां हो या 'कटी पतंग' के होली गीत 'आज न छोड़ेंगे हम हमजोली' (किशोर, लता, साथी) में शुद्ध 'ग' और कोमल 'न' के प्रयोग के साथ मांड के पारम्परिक दर्दीले सुरों को उल्लास का कलेवर देना हो या फिर 'काला सोना' के 'सुन-सुन क़सम से' (आशा, डैनी) की पहाड़ी लोकधुन को आधुनिक सन्दर्भ में प्रस्तुत करना हो। आर.डी. बर्मन की आधुनिकता का विशिष्ट उदाहरण था 'बँधे हाथ' (1973) का माँझी गीत 'ओ माँझी' (आशा, साथी)। माँझी गीत के पारम्परिक शब्दों को पंचम ने प्रचलित माँझी लोकधुन में न ढालकर नये बीट्स के साथ पुनरावृत्त बोलों के साथ अद्‌भुत उठान दी थी जो अत्यन्त आकर्षक बनी थी।

गुलज़ार के साथ पंचम की जोड़ी ने हमें कई उत्कृष्ट गीत दिए जिनमें से कई गुलज़ार के नये मुहावरों और नये प्रतीकों के साथ तदात्म्य बैठाते हुए बेहद आधुनिक रंग के पारम्परिक छन्द विधान को तोड़ते हुए गीत हैं। लोक संगीत का इस्तेमाल गुलज़ार के साथ पंचम ने कम किया पर जब किया तो लाजवाब ही किया। 'ख़ुशबू' (1975) का माँझी गीत 'ओ माँझी रे अपना किनारा नदिया की धारा है' (किशोर) की भटियाली लोकधुन हो या 'नमकीन' (1982) का तिलक कामोद आधारित पूरबी चैती का 'बड़ी देर से मेघा बरसे हो रामा' (आशा) जैसा रूप हो या 'फिर से आइयो बदरा बिदेसी' (आशा) का प्यारा-सा पहाड़ी युक्त ग्रामीण इसरार हो, या फिर बृज और बुन्देलखंड की लोक छटा लेकर 'रत्नदीप' (1979) के 'हो साजन आए हो सजनी के सजनवा साजन आए हो' (भूपेन्द्र, सपन चक्रवर्ती) या 'सितारा' (1980) के 'सजना का कंगना, कंगना में हीरा, हीरा मैं खाई के मरूँ' (भूपेन्द्र, आशा) की

चंचलता हो, राहुल देव बर्मन इन गीतों में भी उतने ही सहज लगते हैं जितने अपने परिचित शहरी मध्यवर्गीय परिवेश के साथ।

बंगाल के लोक संगीत पर पंचम की पकड़ अपने पिता से कम नहीं थी, भले ही इसकी अभिव्यक्ति उनकी रचनाओं में सचिन दा के मुक़ाबले कम थी। तरुण मजूमदार निर्देशित सुरुचिपूर्ण फ़िल्म 'बालिका वधू' (1976) के 'डोली में सवार सजनी का प्यार चलो रे कहार' को उन्होंने अपने पिता से कम ख़ूबसूरती से नहीं गाया है, और कहारों की चाल की लय को 'हुम हुमना' की बड़ी सुन्दर कोरस अभिव्यक्ति दी है। फ़िल्म की 'आओ रे आओ खेलो होली बिरज में' (सपन चक्रवर्ती, साथी), जोगिया आधारित 'जगत मुसाफ़िरख़ाना लगा है आना-जाना' (आनन्द बक्शी) और देवगिरि बिलावल पर आधारित फ़िल्म के सुन्दर मशहूर गीत 'बड़े अच्छे लगते हैं ये धरती ये नदिया ये रैना और तुम' (अमित कुमार, रजनी शर्मा) जैसी रचनाएँ कहीं ब्रज तो कहीं बंगाल के लोक संगीत साथ प्रभावित करती हैं। फ़िल्म 'किताब' में बंगाल के लोकभजन की धुन को पुराने ज़माने की विस्मृत गायिका राजकुमारी से बेहद मीठे स्वर में गुलज़ार के अद्भुत शब्दों के साथ गवाकर राहुल देव बर्मन ने 'हरि दिन तो बीता शाम हुई रात पार करा दे / बीता मेरा काल तो बीता, कूल पार करा दे' जैसा अविस्मरणीय गीत सृजित किया।

आर.डी. के लोक संगीत आधारित कई गीतों में हमें पूर्वांचल या नेपाल की पहाड़ियों के गूँजते लोकसुरों की छाया मिलती है। 'प्यार का मौसम' के कई गीतों में नेपाली लोकधुनों का दिलकश प्रयोग था। 'तीसरी मंज़िल' के भी 'दीवाना मुझ-सा नही' के पीछे नेपाली धुन के आधार का ज़िक्र भी हम पहले कर चुके हैं। 'महबूबा' (1976) का पहाड़ियों की गूँजती शैली में 'चलो री चलो री' (लता, साथी), 'राही बदल गए'

(1985) के पहाड़ी लोकधुन लिये 'हिल्लोरी' (किशोर, साथी) जैसे उनके अनेक गीतों में हमें पहाड़ों की ठंडी हवा और प्राकृतिक ध्वनियों की छटा का भरपूर आभास मिलता है। 'टक्कर' (1980) के 'माखनचोर नन्दकिशोर' (रफ़ी, लता) में परम्परागत गीत को सुन्दर नया अन्दाज़ यदि आर.डी. ने दिया, तो 'हमारे-तुम्हारे' के 'जादू डार गयो रे मोपे बाँके बिहारी' (किशोर) तो पूरबी लोकशैली का एक अद्भुत अलमस्त रूप ही था। 'नौकर' (1979) के प्रसिद्ध गीत 'पल्लो लटके रे म्हारो पल्लो लटके' (आशा) राजस्थान का लोकरंजित रूप था। 'शौक़ीन' (1981) का 'जब भी कोई कंगना बोले' (किशोर) तो बंगाल की लोकशैली की ही एक सुन्दर विलक्षण कृति थी। 'तड़प ऐसी भी होती है' के 'ऐ भूल जा दुनिया को' (आशा, शैलेन्द्र सिंह) में पंचम कोंकणी लोक संगीत लेकर आए। 'सागर' (1985) में राहुल देव बर्मन गोवा के संगीत के साथ रिद्म के अपने विविध प्रयोगों को लेकर आए थे। 'ओ मारिया' (आशा, एस.पी. बालासुब्रमण्यम) इसका एक प्रतिनिधि उदाहरण है, जहाँ इंटरल्यूड्स में गोवा का पारम्परिक संगीत मोह लेता है। फणीश्वर नाथ रेणु की कृति 'मैला आँचल' पर बन रही फ़िल्म 'डागदर बाबू' अस्सी प्रतिशत शूटिंग होने के बाद भी कई कारणों से पूर्ण होने से रह गई और मुम्बई में अत्यधिक वर्षा के कारण उत्पन्न बाढ़ जैसी स्थिति ने गोदाम में संगृहीत इसके निगेटिव भी बर्बाद कर दिए। संगीतकार आर.डी. बर्मन ने इससे पहले इस फ़िल्म के लिए बिहार के लोक संगीत आधारित कई गीत लता, आशा और सपन चक्रवर्ती के स्वरों में रेकॉर्ड कर लिये थे, पर फ़िल्म न बनने के कारण वे गीत भी मानो लुप्त हो गए और आर.डी. बर्मन के लोक संगीत की इन बानगियों को सुनने से हम वंचित ही रह गए।

हिन्दी फ़िल्मी गीतों में मीराबाई

हिन्दी फ़िल्मों में कथानक आरम्भ से ही प्रेम के इर्द-गिर्द चलता रहा है और सत्तर के दशक तक तो भक्ति प्रधान फ़िल्मों का भी बाहुल्य रहा है। ऐसे में आश्चर्य नहीं है कि मीरा के भक्तिपूर्ण प्रेम भाव के कथानक के प्रति भी कुछ निर्माताओं का आकर्षण रहा हो। ऐसी फ़िल्मों में मीरा के सृजित पदों को गीतों के रूप में प्रस्तुत करना न सिर्फ़ अवश्यम्भावी था बल्कि फ़िल्म की अन्तर्कथा का एक प्रमुख अवयव भी था। प्रेम, त्याग और श्रद्धा के गुणों से परिपूर्ण मीरा के चरित्र को उभारने में कथानक से अधिक इन गीतों का योगदान रहा है।

हिन्दी फ़िल्मों के टॉकीज़ उर्फ़ बोलती फ़िल्मों के दौर में 'मीराबाई' पर बनी पहली फ़िल्म सागर मूवीटोन की जुबेदा और जाल मर्चेंट अभिनीत 'मीराबाई' (1932) थी, जिसका संगीत एस.पी. राणे ने दिया था। हालाँकि फ़िल्म में 19 गीत थे जिनमें 'मेरे तो गिरधर गोपाल दूसरो न कोई', 'नाथ तुम जानत हो घट की', 'दरस बिन दूखन लागे नैन' जैसे पारम्परिक भजन भी शामिल थे, पर ये गीत अब कहीं मिलते नहीं।

मेरे तो गिरधर गोपाल दूसरो न कोई...; फ़िल्म : मीरा

1945 में तमिल में बनी फ़िल्म 'मीरा' 1947 हिन्दी में भी पर्दे पर आई और इसमें एम.एस. सुब्बूलक्ष्मी ने अभिनय भी किया और लगभग सभी गीत भी गाए। मीरा के भजनों के गीत रूपान्तरकर्ता पंडित नरेन्द्र शर्मा थे और संगीतकार एस.वी. वेंकटरमण, रामनाथ और नरेश भट्टाचार्य थे। इस फ़िल्म की ख़ासियत थी, एम.एस. सुब्बूलक्ष्मी की अप्रतिम गायकी। 'बसो मोरे नैनन में नन्दलाल' की हमीर और बिहाग की शास्त्रीय हरकतें, 'चाकर राखोजी' की छोटी तानों से भरी अभिव्यक्ति, 'घनश्याम आया री' की काफ़ी आधारित तल्लीनता, 'मेरे तो गिरधर गोपाल' का खमाज आधारित सौन्दर्य, 'गिरिधर गोपाला चाला' का

कर्नाटक शैली का उद्गार, 'मैं हरि चरणन की दासी', 'वृन्दावन कुंज भवन नाचत गिरधारी', 'पग घुँघरू बाँध मीरा नाच रे' जैसे गीतों का माधुर्य इस फ़िल्म के संगीत को सुब्बूलक्ष्मी की यादगार प्रस्तुति के रूप में स्थापित करता है।

1947 में ही 'शालीमार पिक्चर्स', पुणे के डब्ल्यू.जेड. अहमद द्वारा निर्देशित मीराबाई फ़िल्म भी प्रदर्शित हुई, जिसके गीत रूपान्तरकर्ता पंडित भरत व्यास थे और संगीतकार एस.के. पाल। फ़िल्म के सभी गीतों को स्वर दिया था कानपुर की सितारा ने। 'कौन गली गयो श्याम' में बाँसुरी के सुन्दर प्रयोग और कीर्तन जैसे वाद्य संयोजन के साथ ठुमरी मिश्रित भजन की शैली से एक उत्कृष्ट रचना का निर्माण एस.के. पाल ने किया था, पर मीरा के पाल द्वारा संगीतबद्ध भजन इसी वर्ष प्रदर्शित उपरोक्त वर्णित 'मीरा' के सुब्बूलक्ष्मी के गाए भजनों के सामने टिक नहीं पाए। आख़िर पर्दे पर अभिनेत्री नीना और गायन में सितारा सुब्बूलक्ष्मी वाली शास्त्रीयता और पावनता कहाँ से ला पातीं?

'रणजीत मूवीटोन' की केदार शर्मा निर्देशित और दिलीप कुमार तथा नरगिस अभिनीत 'जोगन' (1950) में भी मीराबाई के रचित कुछ भजनों को संगीतकार बुलो सी. रानी ने बड़ी ख़ूबसूरती से संगीतबद्ध कर गीता दत्त से गवाया था। जैसी सहजता इन गीतों में आई है, उनकी पुनरावृत्ति हिन्दी फ़िल्मों में फिर कोई नहीं कर पाया। सितार के सुन्दर प्रयोग के साथ कहरवा में 'घूँघट के पट खोल रे तोहे पिया मिलेंगे' और 'जोगी मत जा मत जा' को गीता ने इस सहज प्रवाह से गाया है कि गानों में डूब हम पहले जाते हैं और बाद में ही यह सोच पाते हैं कि पहला गीत दरबारी से अधिक जौनपुरी लगता है और दूसरी रचना

भैरवी आधारित थी। इसी तरह सम्भवत: बिलावल थाट पर आधारित 'ऐ री मैं तो प्रेम दीवानी' की तरंगों के बीच एकतारे का बड़ा सम्मोहक प्रयोग है। जोगिया आधारित 'उठ तो चले अवधूत', 'मैं तो गिरधर के घर जाऊँ' और 'प्यारे दर्शन दीजो आज' भी बड़े सुन्दर गीत थे, जिन्हें दुर्भाग्य से आज हम भूल गए हैं।

'चित्रभारती', मुम्बई से निर्मित 'राजरानी मीरा' (1956) में एन.एन. त्रिपाठी ने सुन्दर धुनों की रचना की थी पर गीत लोकप्रिय नहीं हुए। परम्परा में हटकर द्रुत गति से सृजित 'पायोजी मैंने राम रतन धन पायो' (गीता, साथी), 'मैं तो हरि से प्रीत करूँगी' (लता), 'आओ रे हे गिरधारी' (लता), 'मोहे लागी लगन हरि चरणन की' (लता), 'दुखन लागे नैन दरस बिन' (लता), भैरवी आधारित 'तेरे संग प्रीत किए बड़ो दु:ख होई री' (लता) जैसे गीतों में एस.एन. त्रिपाठी की लाक्षणिक 'रस' की सृष्टि वैसे सर्वत्र नज़र आती है।

गुलज़ार की 'मीरा' के लिए गायिका के रूप में लता और संगीतकार के रूप में पहले लक्ष्मी-प्यारे का नाम प्रस्तावित था, पर लता चाहती थीं कि इसका संगीत हृदयनाथ मंगेशकर को सौंपा जाए क्योंकि लता के ग़ैर फ़िल्मी मीरा भजनों के कम्पोज़र के रूप में हृदयनाथ पहले ही उत्कृष्ट माने जा चुके थे। अब लक्ष्मी-प्यारे लता को नाराज़ करने का तो सोच भी नहीं सकते थे, इसलिए उन्होंने यह कहकर अपना नाम वापस ले लिया कि फ़िल्म 'नौबहार' में मीरा भजन 'ऐ री मैं तो प्रेम दीवानी' को लता ने इस उत्कर्ष पर पहले ही पहुँचा दिया है कि अब लक्ष्मी-प्यारे उससे अच्छा कुछ बना ही नहीं सकते। अन्तत: गुलज़ार निर्मित 'मीरा' (1979) के संगीत के लिए चुना गया पं. रविशंकर को। पर जो भी कारण रहा हो, लता इस

फ़िल्म के लिये गाने को तैयार नहीं हुईं और इस कारण रविशंकर ने वाणी जयराम से गवाया। शास्त्रीय संगीत का राजस्थानी सन्दर्भ में भजनों के लिए उपयोग वाक़ई में सुन्दर था और यमन आधारित 'जो तुम तोड़ो पिया', भैरवी आधारित 'श्याम मेरे चाकर राखोजी', गुजरी तोड़ी पर सृजित 'ऐ री मैं तो प्रेम दीवानी', खमाज आधारित 'मेरे तो गिरधर गोपाल', जयजयवन्ती आधारित 'प्यारे दर्शन दीजो', गुजरी तोड़ी पर आधारित 'बाला मैं बैरागन', मल्हार आधारित 'बादल देख डरी' और देस आधारित 'मैं साँवरे के रंग' जैसे गीत बहुत अच्छे भी बने। 'ऐ री मैं तो प्रेम दीवानी' की रेकॉर्डिंग के समय तो रविशंकर ने वाणी जयराम से आठ-आठ बार 'ऐ री मैं तो प्रेम दीवानी' और 'मेरा दर्द न जाने कोय' पंक्तियों को ऊँची पट्टी पर गवा कर एक साथ ऐसा मिलाया कि अचम्भित करनेवाला echo effect पैदा हो गया। पर फ़िल्म असफल रही और इन गीतों को भी अधिक लोकप्रियता नहीं नसीब हुई, भले ही वाणी जयराम को इन गीतों के लिए सर्वश्रेष्ठ गायिका का फ़िल्मफ़ेयर पुरस्कार मिला हो।

मीरा के कई पदों का कभी पूर्ण रूप से तो कभी आंशिक रूप से कुछ ऐसी फ़िल्मी में भी प्रयोग हुआ है, जिनका कथानक मीरा पर केन्द्रित न होकर बिलकुल भिन्न था। जैसे 'नौबहार' (1952) के रोशन द्वारा शुद्ध निषाद के प्रयोग के साथ राग भीम पलासी पर आधारित 'ऐ री मैं तो प्रेम दीवानी' (जिसे लता ने 1967 में अपने दस सर्वश्रेष्ठ गीतों में स्थान दिया), 'झनक-झनक पायल बाजे' (1955) के भैरवी आधारित 'जो तुम पिया तोड़ो पिया मैं नाहीं तोड़ूँ' (लता-वसन्त देसाई) और 'आन्दोलन' (1975) के जयदेव द्वारा बेहद सशक्त तरीक़े से गारा, काफ़ी और बाग़ेश्री के मिश्रण से कम्पोज़ किए गए 'पिया को

मिलन कैसे होई रे मैं जानू नाहीं' (आशा) तो हिन्दी फ़िल्म संगीत के सदाबहार गीतों के रूप में हमेशा प्रतिष्ठित रहेंगे। फ़िल्म 'सिलसिला' (1981) में भी लता मंगेशकर द्वारा गाए व नवोदित संगीतकार जोड़ी शिव-हरि द्वारा संगीतबद्ध मीरा के गीत 'जो तुम तोड़ो पिया' का ज़िक्र होना चाहिए।

मुग़ल-ए-आज़म का संगीत

जहाँ तक 'आभिजात्य' संगीत का प्रश्न है तो फ़िल्मों में बहुत बड़ा नाम 'मुग़ल-ए-आज़म' का ही रहेगा। के. आसिफ़ की 'मुग़ल-ए-आज़म' की योजना तो वर्षों पहले शुरू हो गई थी, पर फ़िल्म अन्ततः जाकर 1959 में पूरी हुई। 1944-45 के आसपास इम्तियाज़ अली 'ताज' के एक नाटक से प्रेरित होकर के. आसिफ़ को इस फ़िल्म को बनाने की प्रेरणा मिली। के. आसिफ़ इस फ़िल्म को अपने मित्र सिराज अली हक़ीम के साथ मिलकर निर्मित कर रहे थे। इस फ़िल्म के लिए पहले चन्द्रमोहन, सप्रू, वीणा और नरगिस को लिया गया था। 'बॉम्बे टॉकीज़' में इस फ़िल्म की शूटिंग भी 1946 में शुरू हुई थी, पर विभाजन के बाद उनके मित्र सिराज अली पाकिस्तान चले गए और फ़िल्म की शूटिंग रुक गई। चन्द्रमोहन की भी 1952 में ही मृत्यु हो गई। 1952 में एक नये वित्तदाता शापूरजी पल्लोनजी और नये अभिनेताओं के साथ उन्होंने फ़िल्म फिर शुरू की। आसिफ़ ने पहले फ़िल्म के लिए गोविन्दराम और फिर अनिल विश्वास को संगीतकार के रूप में चुना था (अनिल विश्वास ने 'मुग़ल-ए-आज़म' के लिए 'अल्लाह भी है मल्लाह भी है,

मोहे पनघट पे नन्दलाल छेड़ गयो रे...; फ़िल्म : मुग़ल-ए-आज़म

कश्ती है कि टूटी जाती है' गीत लता के स्वर में रेकॉर्ड भी कर लिया था, पर 'मुग़ल-ए-आज़म' से उनके हटने पर इस गीत को उन्होंने 1954 की फ़िल्म 'मान' में शामिल कर लिया), पर अन्ततः नौशाद को लेकर ही वे निश्चिन्त हुए। इसके पीछे भी एक रोचक कहानी यह है कि नौशाद उन दिनों कुछ दूसरी फ़िल्मों का संगीत देने में मसरूफ़ थे और इस कारण उन्होंने शुरू में के. आसिफ़ को मुग़ल-ए-आज़म के लिए मना कर दिया था। जब आसिफ़ ने उनका पारिश्रमिक एक लाख से बढ़ाकर डेढ़ लाख करने की पेशकश की तो नौशाद नाराज़ हो गए और उन्होंने आसिफ़ को दो टूक कह दिया कि वे पैसे के प्रति नहीं बल्कि कला के प्रति श्रद्धा रखते हैं। बहरहाल, आसिफ़ ने भी हिम्मत नहीं हारी और बहुत ज़ोर-मशक़्क़त के बाद नौशाद 'मुग़ल-ए-आज़म' का संगीत देने को राज़ी हुए।

मुग़लिया वैभव की पृष्ठभूमि में बनी इस फ़िल्म के लिए भव्य संगीत तो एक अनिवार्यता थी ही और नौशाद ने भी इसके अनुरूप संगीत की

विभिन्न बानगियाँ प्रस्तुत कीं। दरबारों के प्रचलित शास्त्रीय गायन की शैली के अनुरूप 'प्रेम जोगन' के लिये नौशाद का विचार सुप्रसिद्ध शास्त्रीय गायक बड़े ग़ुलाम अली ख़ान को लाने का था। ख़ान साहब पहले तो फ़िल्मों के लिए साढ़े तीन मिनट में शास्त्रीय गायन के ख़याल से ही चिढ़ गए, फिर के. आसिफ़ की सिगरेट पीते रहने की आदत ने उन्हें और नाराज़ किया। पर बड़ी मुश्किल से आसिफ़ और नौशाद ने रु. 25,000/- पारिश्रमिक का प्रस्ताव देकर उन्हें राज़ी किया। रेकॉर्डिंग के लिए स्टूडियो को बैठक की शक्ल दी गई। ख़ान साहब ने ग़मक के साथ गायन शुरू किया, पर आसिफ़ को थोड़ी कोमल अभिव्यक्ति की तलाश थी। इसके लिए ख़ान साहब ने फ़रमाइश की कि उन्हें फ़िल्म का सीन दिखाया जाए, तभी वे अनुकूल भाव लाएँगे। बहरहाल, ख़ान साहब सीन देखकर मधुबाला के सौन्दर्य पर भी रीझ गए और फिर राग सोहनी में 'प्रेम जोगन' की उन्होंने अविस्मरणीय प्रस्तुति देकर इस गीत को फ़िल्म-संगीत के इतिहास की एक धरोहर के रूप में स्थापित कर दिया। इससे उत्साहित होकर आसिफ़ और नौशाद ने पुनः रु. 25,000/- पारिश्रमिक पर उनसे शास्त्रीय शैली में रागेश्री आधारित बधाई गीत 'शुभ दिन आयो राजदुलारा' भी गवा लिया। हालाँकि परिवेश मुग़लकाल का था, पर नौशाद ने फ़िल्म में उन्नीसवीं सदी के लखनऊ के नवाब वाजिद अली शाह के दरबारी नर्तक बिन्दादीन महाराज की प्रसिद्ध रचना 'मोहे पनघट पे नन्दलाल छेड़ गयो रे' के ठुमरी अंग को भी बहुत सुन्दर रूपान्तर के साथ मधुबाला पर फ़िल्माया। राग गारा पर आधारित यह रचना इतनी लाजवाब बनी थी कि न केवल फ़िल्म के नृत्य-निर्देशक लच्छू महाराज (जो बिन्दादीन के वंशज थे) ही भाव-विभोर हो गए, बल्कि इस गीत के फ़िल्मांकन के समय उस समय बम्बई में रह रहे

ज़ुल्फ़िकार अली भुट्टो (जो बाद में पाकिस्तान के प्रधानमंत्री बने) भी मधुबाला के सौन्दर्य से खिंचे हुए हर रोज़ सेट पर मौजूद रहने लगे थे। लच्छू महाराज ने ही यह सलाह दी थी कि इस गीत में कोरस भी होना चाहिए और उनकी सलाह पर ही नौशाद ने इस गीत को लता को पुनः रेकॉर्ड कराया था और कोरस के लिए अन्य मंगेशकर बहनों का स्वर भी लिया था। वैसे तो इस बन्दिश को इसी धुन के साथ 1930 के दशक में इन्दुबाला और उस्ताद अज़मत हुसैन ख़ान ने भी रेकॉर्ड कराया था, पर नौशाद के कम्पोज़ीशन की बात ही कुछ और थी।

'मुग़ल-ए-आज़म' का तो पूरा संगीत ही अविस्मरणीय है, चाहे वह केदार पर आधारित बेमिसाल (लता के 1967 में घोषित दस सर्वश्रेष्ठ गीतों में शामिल) इल्तज़ा 'बेकस पे करम कीजिए सरकारे मदीना' (लता) या जयजयवन्ती पर आधारित क़व्वालीनुमा 'जब रात है ऐसी मतवाली' (लता) हो या फिर यमन आधारित दुआ के रूप में 'ख़ुदा निगहबान हो तुम्हारा' (लता), दरबारी आधारित कसक को प्रत्यक्ष करता 'मोहब्बत की झूठी कहानी पे रोये' (लता) या पहाड़ी आधारित 'हमें काश तुमसे मोहब्बत न होती' (लता) और बिलावल पर रचित चुनौती को साकार करते 'ऐ इश्क़ ये सब दुनिया वाले' (लता) जैसे गीत हों। 'मुग़ल-ए-आज़म' का सबसे मशहूर गीत तो रहा 'प्यार किया तो डरना क्या' (लता)। उत्तर प्रदेश की नौशाद की सुनी लोक कहावत 'प्रेम किया क्या चोरी करी' को ही शकील बदायूँनी ने मिलती-जुलती ख़ूबसूरत शब्दावली दी और इस गीत को पूरा करने में दोपहर से शुरू कर अगली सुबह तक शकील और नौशाद ने मेहनत की थी। न सिर्फ़ शीशमहल के बीच मधुशाला के सैकड़ों प्रतिबिम्बों को प्रज्वलित करता अनुपम फ़िल्मांकन (गीत को अधिक प्रभावी बनाने के लिए ख़ास तौर

से इसकी कलर प्रोसेसिंग की गई थी) इसे अमर बना गया है, बल्कि ईको एफेक्ट के साथ चारों तरफ़ आवाज़ टकराने का असर लाने के लिए नौशाद ने लता की आवाज़ अलग-अलग टेक में रेकॉर्ड कर एक साथ मिलाया था। ईको का असर लाने के लिए लता स्टूडियो के कमरे से हल्के चलते हुए बाथरूम में जाती थीं जहाँ अलग माइक लगा था और फिर वहाँ से गाती थीं। अल्पविकसित तकनीकों के दौर में भिन्न असर लाने के लिए संगीतकारों द्वारा इसी तरह की कोशिशें की जाती थीं। उस ज़माने में भी इस गीत की शूटिंग में दस लाख रुपये ख़र्च हुए थे। रफ़ी के स्वर में 'ऐ मुहब्बत ज़िन्दाबाद' को ही व्यक्तिगत तौर पर मैं फ़िल्म का सबसे कमज़ोर गीत मानता हूँ। 'मुग़ल-ए-आज़म' के लिये 'हुस्न की बारात चली' (शमशाद बेगम, लता मंगेशकर, मुबारक बेगम, साथी) और 'मुझ पर ही चले क्यों तीर नज़र' जैसे गीत भी रेकॉर्ड किए गए थे, पर उन्हें फ़िल्म में शामिल नहीं किया गया। यह भी ग़ौर करने लायक है कि इतने विराट संगीत के बावजूद वर्ष का फ़िल्मफ़ेयर संगीत पुरस्कार 'मुग़ल-ए-आज़म को न मिलकर शंकर-जयकिशन की 'दिल अपना और प्रीत पराई' को मिला।

वर्षों बाद इस फ़िल्म को रंगीन कर प्रस्तुत किया गया। इसके संगीत को संगीतकार सहायक उत्तम सिंह, राजू, नौशाद और गुरमीत सिंह ने पुनर्जीवित किया।

हिन्दी फ़िल्मों के गानों में माँ

माँ की थीम पर फ़िल्माए गए गीत तभी होंगे, जब या तो फ़िल्म में माँ का एक किरदार हो या उसे प्रतीक के रूप में दिखाया गया हो। अपवादों को छोड़ दिया जाए, तो शुरू से ही कई सामाजिक हिन्दी फ़िल्मों में माँ की एक संस्कारी, पारम्परिक, नैतिक, कहीं कमज़ोर पर अन्ततः मातृत्व की शक्ति और विश्वास से मज़बूत छवि देखने को मिलती है। हिन्दी फ़िल्मी गीत माँ की इस छवि की वन्दना करते रहे हैं।

चौथे दशक की हिन्दी फ़िल्मों में माँ की पहली स्पष्ट छवि उभरती है। यह छवि पारम्परिक है—जन्म देनेवाली माँ की छवि, जिसके प्रति गीतों में एक कृतज्ञता का भाव है। इस दौर के उन फ़िल्मी गीतों, जिनमें माँ को ध्यान में रखकर गीत-संगीत सँजोया गया है, के कुछ उदाहरणों में 'प्रेम सागर' (1939) के 'माँ ने हमको जन्म दिया', 'मेरा हक़' (1939) के 'माँ की ममता माँ की ममता, ना जगत् में दूजी समता', 'दीपक' (1940) के 'माता की है यह अभिलाषा, मुन्ना बोले माता-माता' और 'प्यार' (1940) के 'माँ लाल-लाल पुकारे, ख़ाली झूलना कैसे झुलाऊँ' को शामिल किया जा सकता है।

इन गीतों में माँ का ममतामयी रूप सामने आता है। ज़ाहिर है, एक चरित्र के रूप में माँ को फ़िल्मों में अहमियत मिलने लगी थी और ये गीत उस अहमियत की ही गवाही हैं। कई गीतों में माँ की यह आरम्भिक छवि आगे के दशकों में दूर तक जाती है। कहीं-कहीं तो माँ की भूमिका ज़िन्दगी का ही पर्याय बन जाती है, जैसे मिसाल के तौर पर बॉम्बे टॉकीज़ के बैनर तले बनी फ़िल्म 'जन्मभूमि' (1936) में सरस्वती देवी द्वारा नर्सरी राइम शैली में गाया गया गीत 'माता ने है जन्म दिया जीने के लिए, नहीं रो-रोकर मरने के लिए'।

आज़ादी के आन्दोलन के दौर में कई फ़िल्मी गीतों में माँ का मतलब 'भारत माता' होना भी स्वाभाविक था। 'होथल पद्मिनी' (1934) के 'माता है भूमि मेरी, हर साँस में भक्ति तेरी' के अलावा 'मदर इंडिया' (1938) के 'भारत की माताओ जागो', 'मिस्टर एक्स' (1938) के 'भारत माँ पे देंगी प्राण' जैसे गीत इसकी मिसाल हैं। 'मन्दिर' (1948) के 'जगमग भारत माँ का मन्दिर', 'तक़दीर' (1943) के 'माता-माता मेरी माता, भारत माता' जैसे गीतों में घरेलू, नैतिक माँ की छवि का रूपान्तरण या विस्तार ही भारत माता के रूप में होता नज़र आता है, हालाँकि यह राजनैतिक विस्तार समाज के पारम्परिक मूल्यों को ध्यान में रखकर चलता है।

पाँचवें और छठे दशक के कई फ़िल्मी गीत माँ को प्रतीकात्मक ढंग से ईश्वर के रूप में पेश करते हैं। माँ की मूरत और मातृपूजा कई तरह से मुमकिन हुई है। 'घर की नुमाइश' (1949) का 'माता के प्यार में बसी है प्यार की दुनिया', 'धूमधाम' (1949) का 'माँ अब कौन सुने, कौन सुने ग़म की कहानी', 'द्रौपदी' का (1944) 'माँ किसने दीया बुझाया', 'अन्धों का सहारा' (1948) का 'माँ तू ही मेरा सहारा, कैसे मिले किनारा', 'छमिया' (1945) का 'माँ-माँ तुम बिन कौन सहाई',

और 'अब दिल्ली दूर नहीं' (1957) का 'माता ओ माता, जो तू आज होती, मुझे यूँ बिलखता अगर देखती' ये तमाम गीत कभी सीधे-सीधे, तो कभी प्रतीकों में माँ की छवि को ईश्वरीय बनाने के साथ-साथ पहले से चली रही माँ की 'जननी' वाली छवि को ही आगे ले जाते हैं।

इसके ठीक समानान्तर 'दुनिया एक सराय' (1947) फ़िल्म में केदार शर्मा के लिखे हुए और मीना कुमारी के चुलबुले अन्दाज़ में गाए गए गीत 'माँ, देख री माँ, बदली हुई जवान' और 'ख़ानदान' (1942) फ़िल्म का अलमस्त पंजाबी शैली में ग़ुलाम हैदर द्वारा नूरजहाँ के लिए स्वरबद्ध मशहूर गीत 'मेरी अम्मी का राज भला' में माँ की छवि अधिक सहज, नैतिकता के बोझ से मुक्त और दोस्ताना नज़र आती है, पर यह अपवाद ही है।

यह कहना ग़लत न होगा कि जिस तरह कई दशकों तक हिन्दी फ़िल्में बेहद भावुक रही, उनके गाने, और ख़ास तौर से माँ से सम्बन्धित गाने, भी कुछ उसी ढर्रे पर रहे। चित्रगुप्त के संगीत में, 'ख़ुश रहे तेरी नगरी बेटा, माँ ये दुआ कर चली' ('घर बसाकर देखो', 1962) रोशन के संगीत से सजा अप्रदर्शित फ़िल्म 'राजा बेटा' का 'मेरे लाडले' (लता) और मदन मोहन के संगीत से सजा और मोहम्मद रफ़ी का गाया गीत 'माँ है मुहब्बत का नाम' ('माँ का आँचल', 1970) सरीखे कई उदाहरण आगे के बरसों से भी दिए जा सकते हैं। लक्ष्मीकान्त-प्यारेलाल का संगीतबद्ध 'राजा और रंक' (1968) का निरूपा राय और महेश कोठारे पर फ़िल्माया 'तू कितनी अच्छी है, तू कितनी भोली है, प्यारी-प्यारी है, ओ माँ' और 'छोटा भाई' (1966) फ़िल्म में नूतन और महेश कोठारे पर फ़िल्माया गया गीत 'माँ मुझे अपने आँचल में छुपा ले, गले से लगा ले' जैसे लता मंगेशकर के गाए गीत बहुत ख़ूबसूरत हैं, लेकिन अन्ततः

माँ मुझे अपने आँचल में छुपा लो...; फ़िल्म : छोटा भाई

ये भी भावुकता या मातृपूजा से ऊपर नहीं उठ सके हैं।

इसके उलट कहीं अधिक प्रभावी और यथार्थपरक है साहिर लुधियानवी का लिखा और जयदेव के संगीत से सजा फ़िल्म 'मुझे जीने दो' (1963) का गीत 'तेरे बचपन को जवानी की दुआ देती हूँ, और दुआ दे के परेशान सी हो जाती हूँ'। एक माँ के मन में बच्चों के जवान हो जाने पर डाकू बन जाने की आशंका भरे इस ख़ूबसूरत गीत को जयदेव ने कई मिश्र रागों के साथ दादरा ताल में अत्यन्त कौशल से सजाया है। 'माँ' पर आधारित गीतों में मजरूह सुल्तानपुरी का लिखा और रोशन के संगीत से सजा फ़िल्म 'दादी माँ' (1966) में राग यमन कल्याण आधारित गीत 'उसको नहीं देखा हमने कभी, पर इसकी ज़रूरत

क्या होगी, ऐ माँ तेरी सूरत से अलग भगवान की सूरत क्या होगी' (मन्ना डे, महेन्द्र कपूर) और बंगाल की जात्रा लोक शैली पर आधारित फ़िल्म 'मझली दीदी' (1967) का हेमन्त कुमार द्वारा संगीतबद्ध 'माँ ही गंगा माँ ही जमुना, माँ ही तीरथधाम' (लता मंगेशकर) को भी शामिल किया जाना चाहिए।

आठवें दशक और इसके बाद की फ़िल्मों में भी माँ पर आधारित कई गीत आते रहे हैं। मिसाल के लिए, वसन्त देसाई द्वारा संगीतबद्ध 'रानी और लालपरी' (1975) का गीत 'माँ के आँसू, माँ की माँ जाने रे' (आशा भोसले की आवाज़), कनु रॉय द्वारा 'आविष्कार' (1973) के लिए रचित 'मेरे लाल तुम जो हमेशा थे मेरे मन की अभिलाषा में' (मन्ना डे की आवाज़), लक्ष्मी-प्यारे के संगीत में फ़िल्म 'माँ' (1978) का 'माँ तुझे ढूँढूँ कहाँ' (रफ़ी की आवाज़) सरीखे गीत बड़े गायकों द्वारा गाने के बावजूद लोकप्रिय नहीं हो सके। नब्बे के दशक की फ़िल्मों में 'लाडला' का गाना 'तेरी उँगली पकड़ के चला, ममता के आँचल में पला', फ़िल्म 'बेटा' का गाना 'आज मेरी माँ ने मुझको बेटा कह के बुलाया है' और फ़िल्म 'वास्ता' का अजित वर्मन द्वारा भटियाली की अद्‌भुत प्रयोगात्मक संरचना के साथ 'माँ बोलो कब तलक यूँ ही जलना है' जैसे गाने भी ज़्यादा लोकप्रिय नहीं हो सके। इसकी बड़ी वजह यह रही कि 'वास्ता' के गीत को अपवाद मान लें तो उपरोक्त और अन्य कई गानों में माँ की पारम्परिक छवि से अलग कुछ नया गढ़ने का यत्न नहीं किया गया था।

यह भी ग़ौरतलब है कि हिन्दी फ़िल्मों के ज़्यादातर ऐसे गीतों में माँ और बेटे का बोलबाला रहा है और इस ट्रेंड को तोड़ने के कारण ही फ़िल्म 'मदर' का बेटियों द्वारा माँ के लिए गाया गया गाना 'मदर मदर,

डियर मदर, जब-जब देखूँ तुझे आए भगवान नज़र' ध्यान देने लायक है। यह बात भी क़ाबिल-ए-ग़ौर है कि इधर हम फ़िल्म के गीत-संगीत के पतन की बात करते हैं, पर 'माँ' की थीम पर हिन्दी फ़िल्म-संगीत के दो सबसे ख़ूबसूरत गीत हाल की फ़िल्मों के ही हैं। 'तारे ज़मीं पर' का शंकर महादेवन की आवाज़ और संगीत से सजा गीत 'मैं कभी बतलाता नहीं, पर अँधेरे से डरता हूँ मैं माँ' और 'दसविदानिया' का कैलाश खेर का लिखा और उन्हीं की आवाज़ में गाया गया 'माँ, मेरी माँ, प्यारी माँ, मम्मा' के न सिर्फ़ बोल और धुन लाजवाब हैं, बल्कि ये गीत माँ को नैतिकता के संस्कारी सिंहासन से उतारकर उसे एक आम इनसान की स्वाभाविकता और आत्मीयता देते हैं। यहाँ ग़ैरज़रूरी भावुकता नहीं है और न ही ममत्व किसी दैवी शक्ति की सृष्टि करता है। यहाँ माँ अपनी सारी कमज़ोरियों और अच्छाइयों के साथ आज के जीवन के सन्दर्भों के बीच खड़ी है।

मुज़फ़्फ़र अली की फ़िल्मों का संगीत

मुज़फ़्फ़र अली की फ़िल्मों का कथानक जितना सशक्त होता है, उतना ही प्रभावशाली होता है उनकी फ़िल्मों का संगीतपक्ष। उनकी फ़िल्मों के संगीत की विशेषता होती है कथानक के भौतिक और सामाजिक परिवेश के अनुसार ही सांगीतिक रचनाओं का सृजन। चूँकि उनकी फ़िल्मों की पृष्ठभूमि में अक्सर अवध या लखनऊ रहा है, अतः उनका संगीत भी इस इलाक़े के लोक संगीत, महफ़िली, शास्त्रीय या सामन्ती सन्दर्भ या सामाजिक संघर्ष और विसंगतियों को बख़ूबी अभिव्यक्त करने का प्रयास करता है।

मुज़फ़्फ़र अली की 'गमन' (1978) के संगीतकार थे जयदेव। अवध के गाँव से अपने परिवार को छोड़ मुम्बई में आजीविका की तलाश में गए व्यक्ति के संघर्षों के बीच 'अजीब सानेहा मुझ पर गुज़र गया यारो' (हरिहरन) की गम्भीरता और 'सीने में जलन आँखों में तूफ़ान-सा क्यों है' (सुरेश वाडकर) की कशिश जयदेव की उस दौर की देन है जब फ़िल्म-संगीत अपनी मेलोडी तेज़ी से खोता जा रहा था। यह आश्चर्य नहीं कि 'सीने में जलन' की अपार लोकप्रियता ने

स्मिता पाटिल; फ़िल्म : गमन

सुरेश वाडकर के लिए आगे कई दरवाज़े खोल दिए। छाया गांगुली के स्वर में 'आपकी याद आती रही रात भर' तो एक विराट रचना है जिसने छाया गांगुली को राष्ट्रपति पुरस्कार भी दिलाया। शुद्ध गांधार से आरम्भ होकर सरोद की सुन्दर संगत के साथ धीमी लय में गाने का अन्त बहुत प्रभावशाली था। अवधी लोक संगीत का बहुत ही दिलकश प्रयोग विवाह गीत 'बड़ी धूम से आयो रे नौशा अमीरों का' (हीरादेवी मिश्रा, साथी) और मुहर्रम के ग्रामीण नोहा गीत 'रो-रो के पूछती हैं बानो शहे ज़मन से, करियल जवाँ की मैयत किस तरह लाई रण से' (यह गीत सिर्फ़ साउंड ट्रैक पर है) में मुज़फ़्फ़र अली और जयदेव ने बेहद ख़ूबसूरती से किया है। हीरादेवी मिश्रा के स्वर में ठुमरी 'रस के भरे तोरे नैन' तो अद्भुत रचना है, जिसमें शृंगार की पारम्परिक मध्य कालीन अभिव्यक्ति सम्मोहित कर देती है।

'गमन' के लिए तो जयदेव को सर्वश्रेष्ठ संगीतकार का राष्ट्रीय पुरस्कार भी मिला था। पहले जयदेव को ही फ़िल्म 'उमराव जान' का संगीत सौंपा गया था और उन्होंने कई गीत रेकॉर्ड भी कर लिये थे, पर कुछ कारणों से जयदेव की जगह ख़य्याम आए। ख़य्याम को न सिर्फ़ फ़िल्मफ़ेयर बल्कि सर्वश्रेष्ठ संगीतकार का राष्ट्रीय पुरस्कार भी 'उमराव जान' (1981) के लिए मिला। उमराव जान के मुजरा गीतों के लिए ख़य्याम ने लता की आवाज़ न लेकर आशा भोसले की आवाज़ ली। ख़य्याम के एक साक्षात्कार के अनुसार लता को लेने का एक अर्थ था कि 'पाकीज़ा' के हैंग ओवर से 'उमराव जान' प्रभावित हो जाती जो उचित नहीं था। दूसरे, नायिका रेखा की आवाज़ से आशा की कशिश-भरी आवाज़ लता की महीन ऊँचे सुर की आवाज़ के मुक़ाबले अधिक मेल खाती लगती थी। उन्होंने 'उमराव जान' के लिए आशा की आवाज़ को उसके स्वाभाविक 'पिच' या स्वरमान से थोड़ा-सा नीचा करवाया और परिणाम आशा को सर्वश्रेष्ठ गायिका का राष्ट्रीय पुरस्कार दिला गया। ख़य्याम के पसन्दीदा यमन कल्याण (साथ में भूपाली का भी स्पर्श) पर आधारित तबले और सारंगी के अविस्मरणीय प्रयोग के साथ 'इन आँखों की मस्ती के मैख़ाने हज़ारों हैं' और तबले की अद्भुत संगत के साथ गाया 'दिल चीज़ क्या है आप मेरी जान लीजिए' आज भी मंत्रमुग्ध कर देते हैं। यमन कल्याण और बिहाग की छाया लेकर सृजित 'ये क्या जगह है दोस्तो' और बिलावल तथा पहाड़ी आधारित 'जब भी मिलती है' की गायकी भी बेमिसाल है। खुसरो का अमर गीत 'काहे को ब्याही बिदेस' जगजीत कौर ने अद्वितीय सोज़ भरे अन्दाज़ से गाया है। शाहिदा ख़ान की आवाज़ में राग देस और तिलक कामोद आधारित 'झूला किनने डाला' उत्तर प्रदेश की ठुमरी शैली के झूला गीतों

ये क्या जगह है दोस्तो...; फ़िल्म : उमराव जान

का अनुपम उदाहरण है। ख़य्याम की यह विशेषता थी कि फ़िल्म के कथानक के क्षेत्र विशेष के संगीत का पुट वे अवश्य लाते थे। तलत अज़ीज़ के स्वर में 'ज़िन्दगी जब भी तेरी बज़्म में लाती है हमें' ने लोकप्रियता के कई आयाम तय किए। 'उमराव जान' के राग माला गीत की चर्चा अक्सर नहीं की जाती, पर उस्ताद ग़ुलाम मुस्तफ़ा ख़ान, शाहिदा ख़ान और साथियों के पक्के स्वर में भैरव थाट के आलाप से उठती और तोड़ी, केदार, काफ़ी, यमन कल्याण, मालकौंस से होकर भैरवी तक पहुँचती 'प्रथम घर ध्यान' एक अद्भुत कम्पोज़िशन है जो ख़य्याम के हुनर पर एक अमिट ठप्पा लगा देती है। नायिका रेखा को यदि इस फ़िल्म के लिए सर्वश्रेष्ठ अदाकारा का राष्ट्रीय पुरस्कार मिला तो उसमें ख़य्याम के संगीत का भी एक बड़ा योगदान था, जिसके दिलकश सुरों पर अदायगी की भंगिमाएँ और भी प्रज्वलित होकर विकसित होती थीं।

शबाना आज़मी; फ़िल्म : अंजुमन

मुज़फ़्फ़र अली की लखनऊ के चिकन कामगारों की समस्याओं पर आधारित 'अंजुमन' (1986) भले ही हिट न हुई हो, पर ख़य्याम ने इस फ़िल्म में भी अतीव सौन्दर्य से भरी धुनें दी थीं। शबाना आज़मी से गवाना भी एक बड़ा लुभावना प्रयोग था। यमन पर आधारित 'मैं राह कब से नई ज़िन्दगी की तकती हूँ' (शबाना आज़मी) की कशिश और बिलावल थाट पर आधारित 'गुलाब ज़िस्म का यूँ ही नहीं खिला होगा' (भूपेन्द्र, शबाना आज़मी) की ख़ुशबू एक तरफ़ और 'ऐसा नहीं कि हमको नहीं जानते हो तुम' (शबाना आज़मी) की चुनौती और 'तुमसे होती भी तो क्या होती शिकायत मुझको' (शबाना आज़मी) की कसक दूसरी तरफ़! 'अंजुमन' यदि चल गई होती तो शायद उनका संगीत भी हर किसी की ज़ुबान पर होता। ख़य्याम ने इस फ़िल्म में स्वयं भी गाया और ख़य्याम, जगजीत कौर की आवाज़ों में फ़ैज़ का क़लाम 'कब

याद में तेरा साथ नहीं, कब हाथ में तेरा हाथ नहीं' बिलावल थाट पर बड़ी तरतीब से उठता है।

मुज़फ़्फ़र अली की कश्मीरी कवयित्री हब्बा ख़ातून के जीवन पर आधारित 'ज़ूनी' तो अप्रदर्शित ही रह गई और शहरयार के लिखे और ख़य्याम के संगीतबद्ध उनके गीतों को सुनने से हम वंचित रह गए।

सहसवान रामपुर घराना के प्रसिद्ध शास्त्रीय गायक ग़ुलाम मुस्तफ़ा ख़ान ने मुज़फ़्फ़र अली की ऑफ़बीट फ़िल्म 'आगमन' (1982) का संगीत दिया था। ग़ुलाम मुस्तफ़ा ख़ान का स्वयं गाया 'निसार मैं तेरी गलियों में' और मुशायरे की शैली में कम्पोज़ 'अब टूट गिरेंगी जंज़ीरें' की उत्प्रेरकता बड़ी सशक्त थी। फ़ैज़ अहमद 'फ़ैज़' का क़लाम ग़ुलाम मुस्तफ़ा ख़ान के संगीत से बिलकुल सँवर गया लगता है। 'जुनूँ की याद मनाओ कि जश्न का दिन है' और 'ये वो सहर तो नहीं' प्रगतिशील साहित्य के बहुत सटीक और कर्णप्रिय संगीत रूपान्तर थे। पारम्परिक मुजरा 'नज़रिया से दिल भर दूँगी' को छोड़कर सभी गीत एक क्रान्तिकारी बयान की तरह ही फ़िल्म के कथ्य के अनुरूप आते हैं, पर यह बयान नीरस नहीं लगता बल्कि उर्दू की साहित्यिक परम्परा के सुन्दर संगीतात्मक तत्त्वों को नई अर्थ व्यंजकता के साथ प्रकट करता है। इस हिसाब से 'आगमन' का संगीत भी साहिर-रोशन, साहिर-सचिन देव बर्मन या जे.पी. कौशिक की शैलियों की ही अगली कड़ी लगता है।

मुज़फ़्फ़र अली की अवध की एक क्रान्तिकारी तवायफ़ की लगभग 1877 की प्रेम कहानी को आधार बनाकर निर्मित फ़िल्म 'जाँनिसार' (2015) का संगीत निर्देशन मुज़फ़्फ़र अली और पाकिस्तान के शफ़क़त

अली ख़ान ने किया था तथा 'हमें भी प्यार कर ले, हमारी भी ख़बर ले ले', वाजिद अली शाह की रचना 'चम्पई रंग यार आ जाए', सूफ़ी गीत 'सूफ़िये बा सफ़ा मानम', रूहानी गुंजन से भरा 'हर तरफ़ अँधेरा है', महफ़िली अन्दाज़ में 'मसनद लुटी', अवधी लोक कजरी की छाया लिये 'कई सावन बरस गए साजना', मुजरा शैली का 'तेरी कँटीली निगाहों ने मारा', दाग़ देहलवी की रचना 'अच्छी सूरत पे ग़ज़ब' और 'ऐ ज़ुल्फ़ेपरेशाँ' जैसे श्रेया घोषाल, शफ़क़त अली, आबिदा परवीन, मालिनी अवस्थी और सुखविन्दर के गाए गीत फिर से अवध/लखनऊ के संगीत की पूरी बानगियाँ लेकर आए।

सचिन देव बर्मन के संगीत में लोक रंग

फ़िल्म संगीत में लोक धुनों के प्रयोग की अगर बात हो तो सचिन देव बर्मन का नाम प्रशस्त तरीक़े से आता है। आरम्भ से ही विभिन्न लोकशैलियों का उपयोग दादा बर्मन ने अपनी रचनाओं में समय-समय पर किया। सचिन देव बर्मन का हिन्दी फ़िल्मों का संगीत सफ़र फ़िल्म 'शिकारी' (1946) से आरम्भ हुआ। विश्व युद्धकालीन बर्मा की पृष्ठभूमि पर बनी इस फ़िल्म के चुलबुली धुन वाले 'कुछ रंग बदल' (शमशाद), 'जब घर में लगी आग' (पारो), 'दुनिया ने हमें दो दिन रहने न दिया' (अमीरबाई), 'जगमग है आसमां' (अशोक, पारो), 'रंगीला रे' (पारो) में सचिन दा ने कुछ लोक रंग भी डालने का प्रयास अवश्य किया, पर गीतों को कोई अधिक सफलता नसीब नहीं हुई। दादा ने 'नौजवान' (1951) के 'कहाँ ले के जैहो राम' (लता, किशोर) के बीच में पूरबी लोकशैली का स्पर्श दिया और इसी फ़िल्म के 'पनघट पे देखो आई मिलन की बेला' (रफ़ी, गीता, साथी) में ब्रज की लोकशैली की छटा बिखेरी, तो 'मिस इंडिया' के 'वादे सबा कुछ तो बता' में 'दिल खो गया' वाले अंश के पहले 'जी जी जी' की पुनरावृत्ति से भैरवी में लावणी

का हल्का-सा स्पर्श और 'राधा कृष्ण' (1954) के 'नील गगन में मादल बाजे, 'ऐसी बंशी बजाई', रास रचाओ जी', 'किन्ने मारा अबीर गुलाल' जैसे गीतों में उत्तर और पश्चिमी भारत के कृष्ण लीला संगीत, होरी और रसिया-शैलियों से प्रभावित रूप प्रस्तुत किए। पूरब की चैती और बिरहा का शुद्ध और थोड़ा परिष्कृत और नवीन रूप दादा बर्मन ने क्रमशः 'जीवन ज्योति' (1953) के 'छाई कारी बदरिया बैरनिया हो राम' (लता) और 'नौ दो ग्यारह' (1957) के पीलू आधारित 'ढलकी जाए चुँदरिया हमारी हो राम' (आशा) में अद्वितीय सुन्दरता से प्रस्तुत किया था। 'नवकेतन' की देव आनन्द, मधुबाला अभिनीत 'काला पानो' (1958) के लोकशैली की परम्परागत छटा लिये मुजरा शैली का 'नज़र लागी राजा तोहे बँगले पर' का बिहाग आशा के स्वर में अपने पूरे सौन्दर्य के साथ खिला। 'मुनीम जी' के 'शिवजी बियाहने चले' का पूरबी लोक रंग, सोलहवाँ साल के 'देखो मोहे लागा सोलहवाँ साल' (रफ़ी, सुधा, आशा) का लोक संगीत और 'जाल' के 'चोरी-चोरी मेरी गली आना है बुरा', 'ज़ोर लगा के हैया' और 'कैसी ये लागी लगन' जैसे गीतों में गोवा की लोकशैलियों की झलक जैसे कितने ही उदाहरण दिए जा सकते हैं। बंगाल और पूर्वांचल के लोक रंग से रचे फ़िल्म 'देवदास' (1955) के बंगाल का बाउल संगीत मन्ना डे के साथ गीता के सम्मोहक स्वर में 'आन मिले आन मिलो, श्याम साँवरे' और 'साजन की हो गई गोरी' जैसे गीतों में झलकता था। उनके स्वयं के गाए 'सुन मेरे बन्धु रे', 'मेरे साजन हैं उस पार', 'सफल होगी तेरी आराधना', 'प्रेम के पुजारी हम है', 'वहाँ कौन है तेरा' जैसे पूर्वी बंगाल और त्रिपुरा के उनके ख़ास लोक अन्दाज़ के गीतों के उदाहरण से तो सभी परिचित हैं ही। गीता के स्वर में उनकी संगीतबद्ध ग़ैर-फ़िल्मी रचना 'हौले-हौले हवा' में भी

लोकरस की प्यारी मिठास थी और यह गीत अपने ज़माने में रेडियो पर बजता भी ख़ूब था। दादा के गाए मशहूर हिन्दी ग़ैर फ़िल्मी गीतों—'प्रेम किए बिना रहा न जाए', 'कौन नगरिया', 'धीरे से आजा री बगियन में', 'मेरे श्याम' आदि में भी इस लोकशैली का प्रभाव भरपूर रहा है।

दादा की कुछ रचनाओं में बंगाल और पूर्वांचल के भटियाली, सारी, धुमैल आदि लोक संगीत का प्रभाव प्रखरता से दिखाई देता है। विमल रॉय के (सलिल के अलावा) दूसरे संगीतकार के रूप में सचिन देव बर्मन बहुत जमे, और विमल दा की 'सुजाता' (1959) और 'बन्दिनी' (1963) में बंगाल के परिवेश को उभारने के लिए वहाँ के लोक संगीत की शैलियों को भी दादा ने अपने संगीत में समाहित किया। 'सुजाता' के समय लता से मनमुटाव जारी था। इस मनमुटाव की कहानी भी बड़ी रोचक है। फ़िल्म 'सितारों से आगे' (1958) के वक़्त हुआ ऐसा कि 'पग ठुमक जाए' की रेकॉर्डिंग से दादा प्रसन्न नहीं थे, और इस गीत को पुनः रेकॉर्ड कराने के लिए उन्होंने अपने सहायक जयदेव के माध्यम से लता को फ़ोन करवाया कि वे इसे पुनः रेकॉर्ड कराने आ जाएँ। पर लता को उस वक़्त विदेश जाना था, और वहाँ से लौटकर भी वे इस बात की गारंटी देने में असमर्थ थीं कि वे इसी गीत को प्राथमिकता देंगी। इस बात को लेकर ग़लतफ़हमी इतनी बढ़ गई कि दादा और लता का साथ ख़त्म हो गया। ज़ाहिर है, लता और दादा के मनमुटाव का सबसे अधिक फ़ायदा आशा और गीता को हुआ। 'काली घटा छाए मोरा जिया' (आशा) की नटखट नाज़ भरी अदायगी के पीछे राग पीलू के सुरों का बेहद सुन्दर उपयोग हो या जलतरंग के साथ कोमल-सी सहलाहट को लेकर 'नन्ही कली सोने चली हवा धीरे आना' (गीता), 'तुम जियो हज़ारों साल' (आशा, साथी), राग काफ़ी आधारित तलत का

ओ रे माँझी ओ रे माँझी मेरे साजन हैं उस पार...; फ़िल्म : बन्दिनी

मशहूर गीत 'जलते हैं जिसके लिए' (जिसकी रेकॉर्डिंग से दादा बहुत ख़ुश नहीं थे) और 'बचपन के दिन भी क्या दिन थे' (गीता, आशा) जैसे सुन्दर गीत हों, इनके पीछे कहीं बंगाल की मिट्टी की गन्ध थी तो कहीं दादा की विलक्षण मेलोडी की कसावट।

'सुजाता' ही वह फ़िल्म थी जिसमें दादा बंगाल की भटियाली शैली को हिन्दी फ़िल्मों में पहली बार अपने स्वर में लेकर आए थे, और 'सुन मेरे बन्धु रे सुन मेरे मितवा' की माँझी शैली की विरह-भरी पुकार आज भी सचिन दा की श्रेष्ठतम रचनाओं में शामिल है। आगे चलकर इस शैली को दादा ने कई बार आज़माया और सभी के सभी गीत बेहद मक़बूल रहे। 'बन्दिनी' के लोकशैली के दुर्लभ गीतों में ख़ास भटियाली में 'ओ रे माँझी ओ रे माँझी मेरे साजन हैं उस पार' और राग जोग, खमाज और चारुकेशी का स्पर्श लिये मुकेश के स्वर में 'ओ जानेवाले हो सके तो लौट के आना' की आकुलता को कभी भूल सकते हैं? विषाद, कसक, निर्मलता और पावनता का इतना सुन्दर

संगम और कहाँ मिलेगा? लोक संगीत के प्रयोग वाले पूरबी बिरहा के पीलू आधारित 'अब के बरस भेज भइया को बाबुल' (आशा) और 'ओ पंछी प्यारे' (आशा) के उदाहरण बरबस याद आते हैं। गुलज़ार के लिखे प्रथम फ़िल्मी गीत 'मोरा गोरा अंग लइ ले' में दादा ने तबले के कोमल प्रभाव, सुरमंडल और जलतरंग की ध्वनियों को लेकर अपनी दोलन शैली में बंगाल के लोक संगीत का अद्‌भुत स्पर्श दिया था। वहीं 'जोगी जब से तू आया मेरे द्वारे' की ग्रामीण मिठास में जो लालित्य है, वह आज तक अभिभूत करता है। इसी फ़िल्म से दादा और लता के साथ की वापसी भी हुई थी।

ऑर्केस्ट्रेशन में दादा भले ही सलिल से हमेशा पीछे ही रहे हों, पर जैसाकि अनिल विश्वास और खुर्शीद अनवर, दोनों ने ही माना कि दादा इस वक़्त तक फ़िल्म संगीत क्षेत्र के अकेले पूर्ण संगीतकार का विशेषण भी पा चुके थे। यही कारण था कि भले ही लता मंगेशकर ने अपनी सिल्वर जुबली के अवसर पर अपने चुने दस सर्वश्रेष्ठ गीतों में दादा का एक भी गीत न रखा हो (मनमुटावों की खटास कुछ हद तक लता के अन्दर शायद छूट ही जाती है), पर इस अवसर पर रात्रि में हुए अपने कन्सर्ट को संयोजित करने का सम्मान उन्होंने दादा को ही दिया। फ़िल्म 'गाइड' में अब्बासुद्दीन अहमद के पूर्वी बंगाल की प्रसिद्ध रचना 'अल्लाह मेघ दे' के हिन्दी रूपान्तर और 'वहाँ कौन है तेरा मुसाफ़िर जाएगा कहाँ' जैसे गीतों को दादा ने स्वर भी दिया और गीत बेहद मक़बूल भी रहें। 'अमर प्रेम' (1971) में संगीत हालाँकि राहुल देव बर्मन का था, पर 'डोली में बिठाए के कहार' जैसे विदाई गीत में न सिर्फ़ स्वर बल्कि शैली भी पूरी दादा बर्मन की ही थी। 'आराधना' (1969) के गीत 'सफल होगी तेरी आराधना' में दादा का

लोक संगीत और गायकी आज भी अभिभूत कर देता है। इस गीत के गायन के लिए दादा बर्मन को 1969 का राष्ट्रीय फ़िल्म पुरस्कार भी मिला था। 'तलाश' (1969) के लोक शैली के राग बरवा आधारित 'खाई है रे हमने क़सम संग रहने की', 'ये गुलिस्ताँ हमारा' (1972) की पहाड़ी लोकशैली की रचनाएँ 'ओ तुशिमा री तुशिमा' या 'रैना सोई सोई', लोकशैली की छटा लिये 'सगीना' (1974) के 'ग़ज़ब चमके बिंदिया तोरी आधी रात', 'उस पार' (1974) के भटियाली शैली में मन्ना डे से गवाया 'मितवा पिया मैंने क्या किया', 'ज़िन्दगी ज़िन्दगी (1972) के 'ज़िन्दगी ऐ ज़िन्दगी तेरे हैं दो रूप' जैसे गीतों में दादा का लोक संगीत प्रेम झलकता रहा।

राग शिवरंजनी आधारित फ़िल्मी गीत

शिव और रंजनी के युग्म से बने राग शिवरंजनी की उत्पत्ति के बारे में मान्यता है कि जब शिव अपना तांडव कर रहे थे, तो उन्हें शान्त करने के लिए साधु-संतों ने यह राग गाया था। शास्त्रीय संगीत में यह राग शान्त रस में दुःख, विरह और गहरे प्रेम को प्रकट करता है तथा आत्मिक अनुभूति देनेवाला माना जाता है। फ़िल्मों में शिवरंजनी का प्रयोग शंकर-जयकिशन ने बहुत ख़ूबसूरती से किया है। राज कपूर की फ़िल्म 'आह' का तो लगभग पूरा पार्श्व साउंड ट्रैक ही शिवरंजनी में है तथा वर्षों बाद में 'मेरा नाम जोकर' में लिये जानेवाले गीत 'जाने कहाँ गए वो दिन' की धुन हमें 'आह' और 'जिस देश में गंगा बहती है' दोनों के पार्श्व संगीत में मिलती है।

शिवरंजनी पर आधारित सर्वश्रेष्ठ फ़िल्मी गीत सम्भवतः 'जाने कहाँ गए वो दिन' को ही माना जाएगा। मुकेश ने तो इस गीत में वायलिन के दर्दीले नोट्स के साथ मानो अपनी आत्मा ही उड़ेल दी है। अपने हर कन्सर्ट में मुकेश इस गीत को अवश्य गाते थे। शिवरंजनी के प्रति शंकर-जयकिशन का आग्रह तो उनकी पहली फ़िल्म 'बरसात'

बहारो फूल बरसाओ...; फ़िल्म : सूरज

(1949) के गीत 'प्रेम नगर में बसनेवालों' से ही शुरू हो गया था। राज कपूर की ही 'संगम' (1964) का सिम्फ़नी शैली का युगल गीत 'ओ मेरे सनम दो जिस्म मगर इक जान हैं हम' (लता, मुकेश), फ़िल्म 'प्रोफ़ेसर' का 'आवाज़ देकर हमें तुम बुलाओ' (लता, रफ़ी) में झप

ताल के साथ और पियानो के ख़ूबसूरत प्रयोग के साथ दादरा ताल में फ़िल्म 'ब्रह्मचारी' का 'दिल के झरोखे में तुझको बिठाकर' राग शिवरंजनी में ही शंकर-जयकिशन की अनमोल कृतियाँ हैं। 'ब्रह्मचारी' के इस अनूठे सदाबहार गीत को बिना साँस रोके गाने की सलाह शम्मी कपूर ने दी थी और इस गीत के पियानो वादकों में शंकर स्वयं भी शामिल थे। इस गीत से बिलकुल अलग थी फ़िल्म 'सूरज' की 1966 के बिनाका गीतमाला में पहले पायदान पर आई लुभावनी शिवरंजनी 'बहारो फूल बरसाओ मेरा महबूब आया है' जिसे आज भी शादी की बारात में बैंड वाले अनिवार्यतः बजाते हैं। 'संगम' में ही शंकर की लाजवाब कम्पोज़ीशन 'दोस्त दोस्त न रहा' (मुकेश) के दर्दीले सुरों को गहन करने में भैरवी के साथ-साथ शिवरंजनी का भी हाथ था।

वैसे भैरवी, यमन और पहाड़ी के मुक़ाबले हिन्दी फ़िल्म-संगीत में शिवरंजनी आधारित कम ही गीत बने हैं। लक्ष्मीकान्त-प्यारेलाल ने भी शिवरंजनी का इस्तेमाल अपने कुछ गीतों में किया। 'संत ज्ञानेश्वर' का गीत 'ख़बर मोरी ना लीनी रे बहुत दिन बीते' (लता), भावना प्रधान 'अनजाना' (1969) का 'रिमझिम के गीत सावन गाए हाय भीगी भीगी रातों में', कशिश भरा 'प्यार झुकता नहीं' (1985) का लोकप्रिय गीत 'तुमसे मिलकर न जाने क्यों और भी कुछ याद आता है' (शब्बीर कुमार) ऐसे उदाहरण हैं। शिवरंजनी जैसे संजीदा राग में भी ढोलक का अपना रिद्मिक प्रभाव लक्ष्मी-प्यारे ही दे सकते थे जैसा उन्होंने 'वो दिन याद करो' के शीर्षक गीत 'यार जिन्हें तुम भूल गए हो, वो दिन याद करो' (लता/रफ़ी) में बख़ूबी प्रदर्शित किया। शिवरंजनी में ऊँची पट्टी के गाने कम ही हैं, क्योंकि इस राग की मूल प्रवृत्ति से मध्यम नोट्स के गीत ही अधिक तादात्म्य स्थापित करते हैं परन्तु शिवरंजनी में

ही लक्ष्मी-प्यारे ने 'एक दूजे के लिए' (1981) फ़िल्म में इस परम्परा को तोड़ते हुए 'तेरे मेरे बीच में कैसा है यह बन्धन अनजाना' (लता, एस.पी. बालासुब्रमण्यम) जैसा अपेक्षाकृत ऊँची पट्टी का बेहद लोकप्रिय गीत सृजित किया।

शिवरंजनी का दर्द समेटे संगीतकार एस.एन. त्रिपाठी बेहद कोमल सुरों और पियानो के साथ 'कुँआरी' (1961) में 'प्यार के पल छिन बीते हुए दिन, हम तो न भूले तुम भूल गए' (लता/तलत) में और 'पिया मिलन की आस' (1961) के शीर्षक गीत में आए। उदास सुरों की शिवरंजनी के लिए याद की जाएगी पुनः एस.एन. त्रिपाठी की ही 'लाल क़िला' (1960) फ़िल्म की बहादुर शाह ज़फ़र की अमर रचना 'न किसी की आँख का नूर हूँ'। पर मिश्र शिवरंजनी आधारित जिस गीत ने एस.एन. त्रिपाठी को आम जनता के बीच सर्वाधिक लोकप्रिय बनाकर सालाना बिनाका का चोटी का गीत बनाया वह था 'जनम जनम के फेरे' (1957) का लोच भरी धुन के साथ 'ज़रा सामने तो आओ छलिये, छुप-छुप छलने में क्या राज़ है' (लता, रफ़ी)। यह इतना आश्चर्यजनक तथ्य था कि संगीतकारों ने इसे फ़्लूक हिट करार दे दिया, पर एस.एन. त्रिपाठी की घर-घर गूँजनेवाली मेलोडी इन तमाम आलोचनाओं पर भारी पड़ी।

शिवरंजनी आधारित बेहतरीन गीतों में वॉयलिन का दर्दीला प्रयोग अक्सर किया गया है। जैसे सोनिक ओमी द्वारा संगीतबद्ध 'रफ़्तार' (1974—मुकेश, आशा) का 'संसार है इक नदिया, सुख-दुःख दो किनारे हैं'। कल्याणजी-आनन्दजी द्वारा शिवरंजनी का प्रयोग हमें 'ज़ंजीर' (1973) के 'बना के क्यों बिगाड़ा रे, बिगाड़ा रे नसीबा' (लता) और 'मुक़द्दर के सिकन्दर' (1978) के बेहद लोकप्रिय रहे 'ओ साथी रे

तेरे बिना भी क्या जीना' (किशोर/आशा) में मिलता है। 'ओ साथी रे' को पुरुष और महिला दोनों श्रेणियों में फ़िल्मफ़ेयर पुरस्कार के लिए नामांकित किया गया था।

आम तौर पर फ़िल्मों में शिवरंजनी आधारित गीत कहरवा ताल पर ही सृजित किए गए हैं, पर अगर अपवादों पर जाएँ तो दादरा ताल पर आधारित रवि द्वारा स्वरबद्ध फ़िल्म 'घूँघट' (1960) का 'लागे ना मोरा जिया' (लता) शिवरंजनी की एक यादगार अभिव्यक्ति है। शिवरंजनी के लोकप्रिय उदाहरणों में राहुल देव बर्मन द्वारा संगीतबद्ध फ़िल्म 'महबूबा' (1976) का 'मेरे नैना सावन भादों फिर भी मेरा मन प्यासा' (लता/किशोर) और 'ख़ुशबू' (1975) का (बागेश्वरी के साथ शिवरंजनी का पुट लिये) 'दो नैनों में आँसू भरे हैं निंदिया कैसे समाए' जैसे गीत भी शामिल हैं।

शत्रुघ्न सिन्हा पर फ़िल्माया शायद सबसे ख़ूबसूरत गीत है राग शिवरंजनी पर ही आधारित बी.आर. इशारा की 'मिलाप' (1972) का बृजभूषण द्वारा संगीतबद्ध और मुकेश का अपेक्षाकृत ऊँची पट्टी पर गाया 'कई सदियों से कई जन्मों से तेरे प्यार को तरसे मेरा मन'। शिवरंजनी आधारित फ़िल्मी गीतों के अन्य उदाहरणों में व्ही. बलसारा द्वारा संगीतबद्ध 'विद्यापति' (1964) के 'मेरे नैना सावन भादों तोरी रह-रह याद सताए', सुधीर फड़के द्वारा संगीतबद्ध 'भाभी की चूड़ियाँ' (1961) के 'मेरी लाज रखो गिरधारी', 'आशीर्वाद' (1968) के 'जीवन से लम्बे हैं बन्धु ये जीवन के रास्ते' (मन्ना डे), 'सम्बन्ध' (1969) में ओ.पी. नैयर द्वारा कम्पोज किया गया 'अकेली हूँ मैं पिया आ' (आशा) को याद किया जा सकता है। शिवरंजनी (साथ में सोहनी की छाया लिये) आधारित सबसे मशहूर गीतों में हेमन्त कुमार

द्वारा संगीतबद्ध फ़िल्म 'बीस साल बाद' (1967) के रहस्यमयी गीत 'कहीं दीप जले कहीं दिल' (लता) को हम कभी नहीं भुला सकते। दरअसल, इस गीत में सम्बन्धित एक रोचक तथ्य यह भी है कि इन दिनों लता काफ़ी बीमार हो गई थीं और बीमारी से उठने के बाद उन्हें लगने लगा था कि उनकी आवाज़ पहले जैसी नहीं रही, पर हेमन्त ने बिना बताए उनके एक रिहर्सल को ही रेकॉर्ड कर लिया और उसी को रेकॉर्डिंग मानकर लता को सुनाकर लता को विश्वास दिला दिया कि लता की आवाज़ अभी भी लता की आवाज़ है। यह भी एक कारण है कि इस गीत को अपने द्वारा 1967 में उद्घोषित अपने इस सर्वश्रेष्ठ गीतों में लता ने स्थान दिया। यह भी कम ही लोग जानते हैं कि इस गीत को हेमन्त पहले गीता दत्त से गवाना चाहते थे, पर उनके घर पर रिहर्सल में 'जरा मिलना नज़र पहचान के' का वह आवश्यक 'नाज़ुक लहज़ा' जब गीता नहीं ला पाईं तो हेमन्त ने उनसे माफ़ी माँग लता को बुलवा लिया। फ़िल्म 'भयानक' (1979) में उषा खन्ना के संगीत में 'भीगा भीगा मौसम आया, बरसे घटा घनघोर' (हेमलता) और जयदेव द्वारा संगीतबद्ध फ़िल्म 'तुम्हारे लिए' (1978) के 'तुम्हें देखती हूँ तो लगता है ऐसे कि जैसे युगों से तुम्हें जानती हूँ' (लता) भी शिवरंजनी के ख़ूबसूरत उदाहरण हैं।

हिन्दी फ़िल्म-संगीत के बाद के दशकों में भी शिवरंजनी का प्रयोग यदा-कदा होता रहा है। पर ऐसे कई गीतों में, जैसे 'बेटा' (1991) का 'धक-धक करने लगा' ऑर्केस्ट्रेशन इतना हावी रहा है कि शिवरंजनी का कोमल प्रभाव दब जाता है।

झप ताल पर आधारित फ़िल्मी गीत

हिन्दी फ़िल्मों के अधिकांश गीत कहरवा या दादरा ताल पर ही बनाए गए हैं, पर कुछ बेहद ख़ूबसूरत गीत झप ताल के हिस्से में भी आए हैं।

झप ताल 10 बीट ताल के रूप में परिभाषित है जिसमें 2,3,2 और 3-4 विभाग होते हैं। एक तरह से कह सकते हैं कि झप ताल बड़े आराम और सुकून से चलनेवाला ताल है और हिन्दी फ़िल्म-संगीत में इसका उपयोग दर्दीले और भावुक गीतों के लिए ही किया गया है। झप ताल का शायद सबसे ख़ूबसूरत और मोहक प्रयोग 'परवरिश' (1958) के दत्ताराम द्वारा यमन में संगीतबद्ध और मुकेश द्वारा आत्मिक रूप से गाए 'आँसू भरी हैं ये जीवन की राहें, कोई उनसे कह दे हमें भूल जाएँ' को ही माना जाएगा। रेकॉर्डिंग के समय साज़िन्दों की हड़ताल थी, दत्ताराम के पास साज़िन्दे नहीं थे, पर मात्र तबले की झप ताल और ज़हूर अहमद की बजाई सारंगी के साथ राग यमन के इस गीत में उन्होंने दर्द के ऐसे सुर ढाले और मुकेश ने इसे ऐसी कशिश से गाया कि आज भी इस गीत को सुनकर पूरा अन्तर्मन अभिभूत

हो जाता है। मुकेश के एक से बढ़कर एक दर्दीले गीतों के बीच भी इस गीत का स्थान तो कोई अन्य गीत ले ही नहीं सकता। इस गीत की रेकॉर्डिंग जब राज कपूर ने सुनी तो वे इतने भावुक हो उठे कि सारी रात यह गीत सुनते रहे थे। मुकेश के एक अनजाने कन्सर्ट की रेकॉर्डिंग मेरे पास है, उसमें यही गीत है जिस पर सबसे ज़्यादा तालियाँ भी बजी हैं और 'वादे भुला दें क़सम तोड़ दें वो' वाले अन्तरे के उठाव पर 'मुकर्रर' की आवाज़ें भी आई हैं जिस पर मुकेश ने इस अन्तरे को दुहराया भी है।

आँसू भरी हैं ये जीवन की राहें...; फ़िल्म : परवरिश

झप ताल पर ही दत्ताराम का कम्पोज़ किया एक मार्मिक गीत 'अब दिल्ली दूर नहीं' (1958) में सुधा मल्होत्रा का गाया खमाज आधारित 'माता ओ माता जो तू आज होती' भी याद आता है। उससे भी बढ़कर दत्ताराम का ही संगीतबद्ध फ़िल्म 'काला आदमी' (1960) का मुकेश का गाया दर्दीला गीत 'दिल ढूँढ़ता है सहारे-सहारे' आज तक संगीत प्रेमी गुनगुनाते हैं।

यह ग़ौरतलब है कि झप ताल पर आधारित कुछ सबसे ख़ूबसूरत गीत रोशन के संगीत निर्देशन में बने। रोशन के संगीत में अक्सर एक

भावुकता और संवेदनशीलता झलकती थी और इसके लिए झप ताल उपयुक्त ठहरता था। फ़िल्म 'नूरजहाँ' (1967) का राग गौड़ मल्हार पर आधारित 'शराबी-शराबी ये सावन का मौसम, ख़ुदा की क़सम ख़ूबसूरत न होता' को सुमन कल्याणपुर के गाए सर्वश्रेष्ठ गीतों में स्थान मिलता है। वहीं फ़िल्म 'देवर' (1966) का मुकेश के स्वर में 'बहारों ने मेरा चमन लूट कर, खिजाँ को ये इल्ज़ाम क्यूँ दे दिया', मुकेश के ही स्वर में ही फ़िल्म 'मैंने जीना सीख लिया' का 'तेरे प्यार को इस तरह से भुलाना न दिल चाहता है न हम चाहते हैं', रफ़ी के स्वर में फ़िल्म 'चाँदनी चौक' (1954) का 'ज़मीं भी वही है वही आसमां' और फ़िल्म 'सूरत और सीरत' का बेहद कोमल, थपथपाते हुए बीट्स के साथ 'गीत मेरा सुलाए जगाए तुझे' (लता) भी फ़िल्म-संगीत में रोशन के संगीतबद्ध झप ताल के अनुपम उदाहरण हैं। गुलज़ार लिखित और कल्याणजी-आनन्दजी द्वारा राग दरबारी में कुछ अन्य रागों के मिश्रण के साथ ही, मुकेश के स्वर में 'पूर्णिमा' (1965) का 'तुम्हें ज़िन्दगी के उजाले मुबारक अँधेरे हमें आज रास आ गए हैं', कल्याणजी-आनन्दजी का ही 'राजा साहब' (1969) का रफ़ी के स्वर में 'किसी मेहरबाँ की नज़र ढूँढ़ते हैं' और उन्हीं की अप्रदर्शित फ़िल्म 'निर्लज्ज' का मुकेश के स्वर में 'मेरी आरज़ू है तुम्हें इतना चाहूँ' इस संगीतकार द्वय द्वारा झप ताल के सुन्दर प्रयोग को दर्शाते हैं। इसी प्रकार शंकर-जयकिशन फ़िल्म 'बूट पॉलिश' के लिए स्वरबद्ध 'तुम्हारे हैं तुमसे दया माँगते हैं' (रफ़ी, आशा), 'दिल तेरा दीवाना' (1962) का भीमपलासी आधारित 'मासूम चेहरा' (रफ़ी, लता), राग मेघ और मल्हार पर आधारित फ़िल्म 'बसन्त बहार' (1956) का 'भय भंजना वन्दना सुन हमारी' (मन्ना डे), राग देस की छाया को लेकर रचित फ़िल्म 'सीमा' (1955) का 'कहाँ

जा रहा है तू ऐ जानेवाले' (रफ़ी) और फ़िल्म 'प्रोफ़ेसर' (1962) का अपने ज़माने का सुपर हिट प्रणय गीत 'आवाज़ देकर हमें तुम बुलाओ' (रफ़ी, लता) जैसे कई गीतों में झप ताल को बड़ी ख़ूबसूरती से लेकर आए। झप ताल का आहिस्ता और तल्लीन रूप हमें फ़िल्म 'मुनीमजी' (1955) के राग काफ़ी आधारित सचिन देव बर्मन के संगीतबद्ध 'घायल हिरणिया मैं बन-बन डोलूँ' में भी मिलता है। इस गीत की प्रेरणा सम्भवत: सुबह-सवेरे टहलने जानेवाले दादा बर्मन को अपनी इन्हीं सैरों में मिली होगी और इसीलिए इस गीत में उन्होंने प्रात: प्रकृति में व्याप्त चिड़ियों की चहचहाहट और अन्य ध्वनियों का समावेश किया।

झप ताल पर आधारित कुछ बहुत सुन्दर गीत ओ.पी. नैयर के भी संगीतबद्ध किए हुए हैं हालाँकि ओ.पी. नैयर का लाक्षणिक संगीत तो रवानी भरा ही रहता था और अधिकाश: उनका ताल कहरवा ही होता था। फ़िल्म 'बाज़' (1953) का तलत का गाया कामोद आधारित 'मुझे देखो हसरत की तस्वीर हूँ मैं' और फ़िल्म 'फिर वही दिल लाया हूँ' का आशा का गाया 'मुझे प्यार में तुम न इल्ज़ाम देते' यदि झप ताल के सुन्दर उदाहरण हैं, तो अनुपम और उत्कृष्ट उदाहरण है फ़िल्म 'एक बार मुस्कुरा दो' (1972) का किशोर के स्वर में कल्याण आधारित 'सवेरे का सूरज तुम्हारे लिए है'। रफ़ी और महेन्द्र कपूर से गवानेवाले ओ.पी. नैयर किशोर के साथ इतना जमेंगे, यह इस गीत से पहले किसी ने सोचा भी न था।

फ़िल्म 'सारंगा' (1960) का सरदार मलिक द्वारा संगीतबद्ध 'चली रे चली रे मैं तो देस पराए', राग वृन्दावनी सारंग पर आधारित 'संसार' (1951) का 'प्यारा हमारा मुन्ना' (लता), फ़िल्म 'संगीत सम्राट् तानसेन' (1962) का रफ़ी और मन्ना डे की राग हेमन्त और रागेश्री की अद्भुत

अभिव्यक्ति 'सुध बिसर गई आज' और मन्ना डे के स्वर में 'राग भैरव प्रथम शान्त रस', फ़िल्म 'लाजवाब' (1950) का अनिल विश्वास द्वारा कल्याण में कम्पोज़ किया गया 'ज़माने का दस्तूर है ये पुराना' (मुकेश, लता मंगेशकर), सपन जगमोहन की अपनी पहली फ़िल्म 'बेगाना' (1963) में पहाड़ी राग में स्वरबद्ध 'न जाने कहाँ खो गया ये ज़माना' (मुकेश), फ़िल्म 'जादू नगरी' (1961) का एस.एन. त्रिपाठी का संगीतबद्ध बेहद स्निग्ध गीत 'निगाहों में हो तुम' (लता), 'राहगीर' (1969) का हेमन्त कुमार का गाया गुलज़ार लिखित 'कभी रुक गए हैं', 'गोदान' (1963) का पं. रविशंकर का पूरबी रंग लिये खमाज आधारित 'चली आज गोरी' (लता) झप ताल पर स्वरबद्ध गीतों के अन्य सुने-अनसुने उदाहरण हैं। पंकज मल्लिक के कुछ बेहद चर्चित गीत झप ताल पर ही रचित हैं। फ़िल्म 'यात्रिक' (1952) के कालिदास की रचना 'अस्त्युत्तरास्याम दिशि देवात्मा', ग़ैर फ़िल्मी गीत 'ये रातें ये मौसम ये हँसना-हँसाना', फ़िल्म 'नर्तकी' का 'ये कौन आज आया सवेरे सवेरे' जैसे गीतों में पंकज मल्लिक की हारमनी पैदा करती आवाज़ और झप ताल के साथ उसका सामंजस्य कुछ लाजवाब रचनाओं की सृष्टि करता है। बाद के दशकों में 'पलकों की छाँव में' (1977) में लक्ष्मी-प्यारे के संगीत से सजा लता का गाया मक़बूल गीत 'कोई मेरे माथे की बिंदिया सजा दे', चर्चित फ़िल्म 'सारांश' (1984) का अजीत वर्मन द्वारा बेहद कुशलता से स्वरबद्ध 'अँधियारा गहराया' (भूपेन्द्र), फ़िल्म 'गजगामिनी' (2000) का भूपेन हज़ारिका के संगीत निर्देशन में शंकर महादेवन द्वारा गाया 'दीपक कथन करत' भी झप ताल पर आधारित गीत हैं।

मुझे प्यार में ख़त किसी ने लिखा है

एक ज़माना था जब ख़त ज़िन्दगी में प्रेम या रोमांस के प्रचलित माध्यम थे। मोबाइल की तो कल्पना ही नहीं थी, फ़ोन भी मध्यवर्गीय घरों में आम नहीं थे, मुलाक़ातों पर पाबन्दियाँ थीं तो फिर छुप-छुपा कर ख़तो-खुतूत का ही सहारा लिया जाता था। ख़तों / चिट्ठियों के आदान-प्रदान का भाव लिये कई फ़िल्मी गीत भी कम्पोज़ किए गए और ख़ूब लोकप्रिय भी रहे। आइए, आज हम कुछ ऐसे ही गीतों पर नज़र डालते हैं।

ख़त के माध्यम से नाज़ुक प्रेम उद्गार के गीतों में शायद सबसे ख़ूबसूरत और सबसे मक़बूल गीत फ़िल्म 'सरस्वतीचन्द्र' (1968) के 'फूल तुम्हें भेजा है ख़त में, फूल नहीं मेरा दिल है/प्रियतम मेरे मुझको लिखना क्या ये तुम्हारे क़ाबिल है' (लता, मुकेश) को ही माना जाएगा। गोवर्धनराम माधवराम त्रिपाठी के गुजराती उपन्यास पर आधारित 19वीं सदी के सामन्ती परिवेश के बीच अवस्थित इस प्रेम कहानी में ख़तों की महत्त्वपूर्ण भूमिका थी और निर्देशक गोविन्द सरैया चाहते थे कि परिवेश को देखते हुए इसके गीत भी उस ज़माने के हिसाब से मेलोडी प्रधान

हों। इन्दीवर के लिखे इस गीत में संगीतकार कल्याणजी-आनन्दजी ने पहाड़ी और मिश्र खमाज के बड़े कोमल सुर लगाए और इस फ़िल्म के लिए कल्याणजी-आनन्दजी को 1969 का सर्वश्रेष्ठ संगीतकार का राष्ट्रीय पुरस्कार भी मिला।

यह भी इत्तफ़ाक़ है कि ख़त को लेकर कम्पोज़ किया 'हेराफेरी' (1976) का विनोद खन्ना और सुलक्षणा पंडित पर फ़िल्माए और अनजान के लिखे बेहद ख़ूबसूरत गीत 'मुझे प्यार में ख़त किसी ने लिखा है' (आशा) के संगीतकार भी कल्याणजी-आनन्दजी ही थे। वैसे सुलक्षणा पंडित ख़ुद एवं बहुत अच्छी गायिका थीं, पर हिन्दी फ़िल्म जगत् की कुछ विसंगतियों और पूर्वग्रहों की वजह से कई बार उन्हें दूसरी गायिकाओं से प्लेबैक लेना पड़ता था।

कई फ़िल्मी गीतों में ख़तों के माध्यम से प्रेम का बेलौस उल्लास झलकता है। जैसे वसन्त देसाई का संगीतबद्ध 'अर्द्धांगिनी' (1959) का मजरूह सुल्तानपुरी का लिखा और मीना कुमारी पर फ़िल्माया 'तेरा ख़त ले के सनम पाँव क्हीं रखते हैं हम, कहीं पड़ते हैं क़दम', लक्ष्मीकान्त-प्यारेलाल द्वारा स्वरबद्ध 'कच्चे धागे' (1973) का मौसमी चटर्जी पर फ़िल्माया 'हाय-हाय एक लड़का मुझको ख़त लिखता है' (लता), 'आए दिन बहार के' (1966) का आशा पारेख पर फ़िल्माया 'ख़त लिख दे सँवरिया के नाम बाबू', (आशा भोसले) तथा 'शारदा' (1981) का रामेश्वरी पर फ़िल्माया 'आपका ख़त मिला आपका शुक्रिया' (लता) और फ़िल्म 'शक्ति' (1983) का आर.डी. बर्मन द्वारा संगीतबद्ध और स्मिता पाटिल पर बड़ी अदा से फ़िल्माया 'हमने सनम को ख़त लिखा, ख़त में लिखा/ऐ दिलरुबा, दिल की गली, शहर-ए-वफ़ा' (लता) जैसे आनन्द बक्शी के लिखे गीत। फ़िल्म 'कन्यादान' (1968) में नीरज के

मुझे प्यार में ख़त किसी ने लिखा है...; फ़िल्म : हेराफेरी

'लिखे जो ख़त तुझे वो तेरी याद में हज़ारों रंग के नज़ारे बन गए/सवेरा जब हुआ तो फूल बन गए जो रात आई तो सितारे बन गए' में तो ख़त प्यार और प्रकृति के संगम के रूप में उभरता है। शंकर-जयकिशन का संगीत इस समय तक जैज़ के प्रभाव के कारण कुछ लाउड हो चला था, फिर भी मोहम्मद रफ़ी ने शशि कपूर को आवाज़ देते हुए गीत की संवेदना के साथ पूरा न्याय किया है। बात शंकर-जयकिशन की हो, तो हम 'संगम' (1964) का रफ़ी के ही स्वर में हसरत के लिखे और राजेन्द्र कुमार, वैजयन्ती माला पर फ़िल्माए राग पहाड़ी पर आधारित और उस वर्ष के बिनाका गीतमाला की दूसरी पायदान पर आए युवा वर्ग के पसन्दीदा गीत 'ये मेरा प्रेमपत्र पढ़कर कि तुम नाराज़ न होना' को कैसे भूल सकते हैं?

कहते हैं कि जयकिशन ने इसी मुखड़े का प्रेमपत्र अपनी होनेवाले पत्नी पल्लवी को लिखा था और इसी मुखड़े को हसरत जयपुरी ने विस्तार दिया। शंकर की भैरवी और शिवरंजनी आधारित कम्पोज़ीशन 'दोस्त दोस्त न रहा' हालाँकि गुणवत्ता की दृष्टि से बेहतर कम्पोज़ीशन थी, पर वार्षिक बिनाका गीतमाला में इस गीत का स्थान बारहवाँ था। हालाँकि लगभग आरम्भ से ही शंकर और जयकिशन अपनी धुनें अलग-अलग बनाते थे, पर उनमें एक समझौता था कि कोई भी सार्वजनिक रूप से यह प्रकट नहीं करेगा कि कौन-सी धुन किसकी थी, लेकिन इस बार जयकिशन ने एक साक्षात्कार में यह स्वीकार कर लिया कि 'ये मेरा प्रेमपत्र' उनकी कम्पोज़ीशन थी। शंकर ने बहुत बुरा माना और यहीं से शंकर-जयकिशन के सम्बन्धों में एक दरार की शुरुआत हो गई।

पर ख़तों की बात हो तो फिर उल्लास नहीं, विरह की बातें भी निहित रहती हैं और ख़तों के ज़रिये प्रियतम को सन्देश पहुँचाने की भी। ख़ासकर पुराने गीतों में पत्र के लोकरूप 'पतिया' या 'चिट्ठिया' का ज़िक्र आता है। उदाहरण के तौर पर 'अमर सिंह राठौर' (1957) के 'चिट्ठिया री ओ पतिया री तू बन के सहेली सन्देश पिया का पहुँचा देना' (आशा भोसले), 'चकोरी' (1949) के 'चिट्ठियाँ दर्द भरी चिट्ठियाँ, मेरी कहियो सन्देश तू जा के' (गीता दत्त), 'बंजारिन' (1960) के राग दुर्गा पर आधारित बहुत लोकप्रिय रहे 'चन्दा रे मोरी पतियाँ ले जा, बतियाँ ले जा, साजन का पहुँचा दे रे' (लता, मुकेश) जैसे गीत ध्यान में आते हैं। बाद की फ़िल्मों में 'अर्थ' (1983) के 'तेरे ख़ुशबू में बसे ख़त मैं जलाता कैसे' में जगजीत सिंह ने संगीत और गायकी से ख़त को लेकर बने आम गीतों से अलग एक कशिश भरी व्यंजना प्रस्तुत की है।

'दुश्मन' (1998) में आनन्द बक्शी के लिखे और उत्तम सिंह द्वारा राग शिवरंजनी में स्वरबद्ध 'चिट्ठी न कोई सन्देश, जाने वो कौन-सा देस जहाँ तुम चले गए' (जगजीत सिंह/लता) तो एक अद्भुत गीत है जो मृत्यु के रूप में दर्द की चरम त्रासदी को अभिव्यक्त करता है। फ़िल्म 'नाम' (1986) के पंकज उधास के गाए 'चिट्ठी आई है वतन से चिट्ठी आई है' में विदेश में रहनेवाले भारतीयों की देश की याद तथा 'बॉर्डर' (1997) के 'सन्देसे आते हैं हमें तड़पाते हैं, वो चिट्ठी आती है वो पूछे जाती है कि घर कब आओगे' (सोनू निगम, रूप कुमार राठौड़) में घर से दूर सीमा पर खड़े जवानों के भावों की अभिव्यक्ति ऐसे कशिश भरे गीतों के बेहद लोकप्रिय उदाहरण हैं। 'मैंने प्यार किया' (1989) का 'कबूतर जा जा जा, पहले प्यार की पहली चिट्ठी साजन को दे आ' (लता, एस.पी. बालासुब्रमण्यम) तो लोकप्रियता में 1990 की सालाना बिनाका गीतमाला के तीसरे पायदान का गीत बना। आर.के. फ़िल्म्स की 'हिना' (1991) के पारम्परिक गीत 'चिट्ठियाँ दर्द फ़िराक़ वालिये' (लता) के विरह की अभिव्यक्ति का श्रेय राज कपूर को अधिक और संगीतकार रवीन्द्र जैन को कम जाना चाहिए क्योंकि इस पारम्परिक धुन की रेकॉर्डिंग के समय राज कपूर अचानक स्टूडियो पहुँच गए और वहाँ मौजूद रवीन्द्र जैन तथा रणधीर कपूर द्वारा अरेंज किए गए विदेशी वाद्ययंत्रों को हटाकर इस गीत को गीत के परिवेश के अनुसार विशुद्ध लोक रंग के साथ रेकॉर्ड कराया।

पिछले कुछ दशकों में भी चिट्ठी और ख़त के शब्दों और मुहावरों के साथ कुछ गीत बनते रहे पर अगर विशिष्टता की बात करें तो इधर 2015 में राहत फ़तेह अली ख़ान के एलबम 'बैक 2 लव' के गीत 'ज़रूरी था' को फ़िल्म 'हमारी अधूरी कहानी' में लिया गया जिसमें

राहत फ़तेह अली का गाया गीत ख़तों के जलाने के भाव से शुरू होकर प्यार में अलगाव का लगभग औचित्य ही दिखाने लगता है—

लफ़्ज़ कितने तेरे पैरों से लिपटे होंगे
तूने जब आख़िरी ख़त मेरा जलाया होगा
तूने जब फूल किताबों से निकाले होंगे
देनेवाला तुझे याद तो आया होगा
तेरी आँखों के दरिया का उतरना भी ज़रूरी था
मोहब्बत भी ज़रूरी थी बिछड़ना भी ज़रूरी था
ज़रूरी था कि हम दोनों तवाफ़े आरज़ू करते
मगर फिर आरज़ूओं का बिखरना भी ज़रूरी था

शब्दों, ख़तों और फूलों के प्रतीकों के साथ यह शायद सूफ़ियाने प्यार की इन्तहा ही है।

फ़िरोज़ ख़ान निर्मित फ़िल्मों में कल्याणजी-आनन्दजी

अभिनेता फ़िरोज़ ख़ान की छवि एक ग्लैमरस, आधुनिक, परिष्कृत, रूमानी और साथ ही, कुछ-कुछ ही-मैन वाली भी रही है। मुझे याद है, बचपन में किसी फ़िल्मी पत्रिका में नीले रंग का ड्रेसिंग गाउन पहनकर लेमन टी की प्याली के साथ उनकी एक बेहद आकर्षक तस्वीर देखी थी। वर्षों फ़िल्मों में नायक और सहनायक की भूमिका करने के बाद वे 1972 से निर्माता-निर्देशक भी बन गए और इस हैसियत से एफ़.के. इंटरनेशनल के बैनर तले पहली फ़िल्म थी 'अपराध' (1972)। निर्माता-निर्देशक की हैसियत से उनकी कई फ़िल्मों में संगीतकार के रूप में कल्याणजी-आनन्दजी रहे। सम्भवतः उन्होंने यह चुनाव इसलिए किया क्योंकि पूर्व में 'सफ़र' के 'जो तुमको हो पसन्द वही बात कहेंगे' (मुकेश) और 'उपासना' के 'दर्पण को देखा तूने जब-जब किया सिंगार' (मुकेश) जैसे उन पर फ़िल्माए बेहद लोकप्रिय गीतों के रचयिता कल्याणजी-आनन्दजी ही रहे थे। मुकेश की आवाज़ भी उनकी छवि पर बहुत माकूल ठहरती थी पर 'अपराध' के गीतों में मुकेश कहीं नहीं थे। शायद यह गीतों की प्रकृति के कारण हो जिनके साथ मुकेश का अन्दाज़ मेल नहीं खाता

था। आज हम फ़िरोज़ ख़ान की निर्मित/निर्देशित कुछ ऐसी फ़िल्मों के संगीत की चर्चा करेंगे जिनके संगीतकार कल्याणजी-आनन्दजी रहे थे, क्योंकि इन फ़िल्मों में फ़िरोज़ और कल्याणजी-आनन्दजी संगीत का एक नया मुहावरा लेकर आए थे।

'अपराध' के संगीत में कल्याणजी-आनन्दजी आधुनिकता की एक नई बयार लेकर आए। ऑर्केस्ट्रेशन में इलेक्ट्रॉनिक वाद्ययंत्र तो थे ही, मेलोडी भी एक नये रंग में आई जो फ़िरोज़ ख़ान की आधुनिक रूमानी छवि के अनुरूप थी। 'तुम मिले प्यार से मुझे जीना गवारा हुआ' (आशा, किशोर) की मेलोडी के पीछे एक लहराती आकर्षक रवानी थी। यह भी रोचक तथ्य है कि यह गीत फ़िरोज़ ख़ान और मुमताज़ पर फ़िल्माया गया था और सालों बाद फ़िरोज़ ख़ान के बेटे फ़रदीन की शादी मुमताज़ की बेटी नताशा से ही हुई। 'अपराध' फ़िल्मांकन की दृष्टि से भी अलग हटकर थी और फ़िल्म के मोटर रेसिंग दृश्य का फ़िल्मांकन जर्मनी में हुआ था।

'अपराध' का दूसरा बहुत मशहूर गीत 'हमारे सिवा तुम्हारे और कितने दीवाने हैं' (लता, किशोर) भी बेलौस रवानी भरा गीत था, जिसमें राग पीलू को एक नये ढंग से पेश किया गया था। 'तुम हो हसीन वफ़ा तुमको आते-आते आएगी' (किशोर कुमार) एक लोकप्रिय सुन्दर रूमानी सा गीत था। 'ऐ नौजवाँ है सब कुछ यहाँ' (आशा भोसले) एक नशीला-सा गीत था, जिसमें आधुनिक ऑर्केस्ट्रेशन के साथ सितार और गिटार का इंटरल्यूड्स में बहुत प्रभावी उपयोग कल्याणजी-आनन्दजी ने किया। फ़िरोज़ ख़ान का अरबी शैली के गीतों के प्रति आग्रह हमें गीत 'अस्सलाम अलाएकुम' (महेन्द्र कपूर, आशा) में मिलता है।

फ़िरोज़ ख़ान निर्मित 'धर्मात्मा' (1975) संगीत की दृष्टि से एक

क्या ख़ूब लगती हो बड़ी सुन्दर दिखती हो...; फ़िल्म : धर्मात्मा

क़दम आगे ही थी। फ़िरोज़ ख़ान ख़ुद भी अफ़गान पश्तून परिवार से आते थे, और 'धर्मात्मा' पहली बॉलीवुड फ़िल्म थी जिसकी शूटिंग अफ़गानिस्तान में हुई थी और फ़िल्म के सिनेमेटोग्राफ़र कमल बोस को इस फ़िल्म के लिए फ़िल्मफ़ेयर पुरस्कार भी मिला था। कुछ हद तक अंग्रेज़ी फ़िल्म 'द गॉडफ़ादर' से प्रेरित यह फ़िल्म प्रेमनाथ के अभिनय के लिए भी याद की जाती है और कल्याणजी-आनन्दजी के दिलकश संगीत के लिए भी। इस बार फ़िरोज़ ख़ान के पार्श्वगायन के लिए मुकेश थे और नई गायिका कंचन के साथ इन्दीवर लिखित 'क्या ख़ूब लगती हो बड़ी सुन्दर दिखती हो' और वर्मा मलिक लिखित 'तुमने किसी से कभी प्यार किया है' अपनी दिलकश धुनों और गतिशील ऑर्केस्ट्रेशन के कारण सदाबहार बने हुए हैं। यह आश्चर्य है कि 1975 की वार्षिक गीतमाला के प्रथम 32 पायदानों में ये गीत नहीं आए जबकि गुणवत्ता की दृष्टि से इनसे कमतर 'तेरे चेहरे में वो जादू है बिन डोर खिंचा जाता

हूँ' (किशोर कुमार) 31वाँ स्थान प्राप्त कर गया। तात्कालिक लोकप्रियता की कई विडम्बनाएँ फ़िल्म-संगीत में लोगों की रुचि के बारे में कई प्रश्न खड़े करती ही रही हैं। इसी फ़िल्म में महेन्द्र कपूर, लता के स्वर में एक बार पुनः अरबी ऑर्केस्ट्रेशन और शैली का गीत था 'मेरी गलियों से लोगों की यारी बढ़ गई'।

'कुर्बानी' (1980) का संगीत तो धूम मचा गया। 'आप जैसा कोई मेरी ज़िन्दगी में आए तो बात बन जाए' की बेहद नवीन और आधुनिक भंगिमा तो नाजिया हसन के स्वर में गली-गली गूँजी और डिस्को को फ़िल्मों में स्थापित किया। दरअसल, फ़िरोज़ ख़ान नाजिया हसन की गायकी से लन्दन की एक महफ़िल में प्रभावित हुए थे। रोचक तथ्य यह भी है कि इस गीत के संगीतकार के रूप में उन्होंने कई लोगों के विरोध के बावजूद अन्तरराष्ट्रीय पहचान के संगीतकार बिद्दू को चुना। सालाना बिनाका गीतमाला के चौथे पायदान पर आए इस गीत पर नाजिया हसन को सर्वश्रेष्ठ महिला गायिका का फ़िल्मफ़ेयर पुरस्कार भी मिला। इस गीत को छोड़कर शेष सभी गीत कल्याणजी-आनन्दजी ने कम्पोज़ किए थे और बेहद लोकप्रिय रहा इन्दीवर लिखित 'लैला ओ लैला' (कंचन, अमित कुमार) जिसमें फ़िरोज़ ख़ान की पसन्दीदा अरबी शैली को कल्याणजी-आनन्दजी ने एक विशिष्ट अर्वाचीन से ऑर्केस्ट्रेशन में पिरोया था। कल्याणजी अपनी कई फ़िल्मों में मुकेश के गले और शैली का ध्यान रखकर एकाध गीत कम्पोज़ करते रहे थे, और 'कुर्बानी' में भी उन्होंने अहीर भैरव और भैरवी की छाया लिये ऐसा ही एक बेहद दिलकश और लोकप्रिय गीत बनाया था—'हम तुम्हें चाहते हैं ऐसे, मरनेवाला कोई ज़िन्दगी चाहता हो जैसे'। पर अब मुकेश तो ज़िन्दा नहीं थे, इसलिए

आनन्द कुमार और कंचन के साथ गीत में मुकेश से मिलती आवाज़ वाले मनहर को लिया गया। फ़िल्मी क़व्वाली की शक्ल में 'कुर्बानी कुर्बानी' (किशोर, अनवर, अजीज़, नाज़ाँ) और रूमानी शैली का दोगाना 'क्या देखते हो सूरत तुम्हारी' (आशा, रफ़ी) फ़िल्म के अन्य लोकप्रिय गीत थे। 'कुर्बानी' के रेकॉर्डों की बिक्री ने उस ज़माने के सभी कीर्तिमान तोड़ दिए थे।

'जांबाज़' (1986) के आते-आते हिन्दी फ़िल्म-संगीत का परिदृश्य बदल गया था। रॉक, डिस्को और पंक रॉक का ज़माना था, ऑर्केस्ट्रेशन भारी-भरकम होता जा रहा था और मेलोडी कमतर होती जा रही थी। कल्याणजी-आनन्दजी को भी ज़माने के साथ संगीत देना था, पर फिर भी वे गीतों में मेलोडी का काफ़ी अंश क़ायम रखने में सफल रहे। सपना मुखर्जी तथा महेश गधवी के गाए पंजाबी लोक रंग की मेलोडी 'जब जब तेरी सूरत देखूँ प्यार-सा दिल में जागे' और 'प्यार दो प्यार लो' (सपना मुखर्जी) की अरबी शैली की धुन और ऑर्केस्ट्रेशन का आधुनिक सन्दर्भ में प्रस्तुतीकरण लोकप्रिय रहे। फ़िल्म का सबसे हिट और ख़ूबसूरत गीत रहा था श्रीदेवी और फ़िरोज़ ख़ान पर फ़िल्माया 'हर किसी को नहीं मिलता यहाँ प्यार ज़िन्दगी में' (मनहर/साधना सरगम)। हालाँकि ऑर्केस्ट्रेशन में हैवी मेटल था पर गाने की धुन विशुद्ध मेलोडी है, और लगता है कि यह गीत भी मुकेश के गले को ध्यान में रखकर कम्पोज़ किया गया था। मिरियम स्टॉकली का गाया 'गिव मी लव' तो पूर्णतः अंग्रेज़ी गीत था तो 'तेरा साथ है कितना प्यारा' (किशोर कुमार, सपना मुखर्जी) तो पुनः कल्याणजी-आनन्दजी की चिर-परिचित मेलोडी को वापस लेकर आता था और 'अल्लाह हो अकबर' (महेश गधवी) सूफ़ियाना इबादती गीत था।

कल्याणजी-आनन्दजी के साथ फ़िरोज़ ख़ान का वास्ता 'जांबाज़' तक ही रहा। यह ज़रूर है कि कल्याणजी-आनन्दजी (जो नये गायक गायिकाओं को मौक़ा देने में हमेशा से अग्रणी रहे थे) ने फ़िरोज़ ख़ान द्वारा निर्मित फ़िल्मों में भी कंचन, साधना सरगम, महेश गधवी, नीतू, आनन्द कुमार सी. जैसे नये और मनहर जैसे उपेक्षित कलाकारों को भी भरपूर मौक़ा दिया।

लता के अपने पसन्दीदा गीत 1967 में

हालाँकि हिन्दी फ़िल्मों में पार्श्वगायिका के रूप में लता मंगेशकर का पहला गीत फ़िल्म 'आपकी सेवा में' का 'पा लागू कर ज़ोरी रे श्याम मोसे न खेलो होरी' के रूप में 1947 में आया था, पर मराठी फ़िल्म 'किति हसाल' में 1942 में ही वह गा चुकी थीं। यही कारण है कि 1967 में महाराष्ट्र सरकार ने लता के कॅरियर के सिल्वर जुबली की घोषणा की और इस अवसर पर लता से उनके तब तक के गाए 10 सर्वश्रेष्ठ गीतों को चुनने का आग्रह किया। आइए देखते हैं कि इस अवसर पर लता ने अपने कौन से 10 गीतों को सर्वश्रेष्ठ माना।

लता का पहला चुनाव सलिल चौधरी द्वारा संगीतबद्ध 'परख' (1960) का 'ओ सजना बरखा बहार आई' रहा। जयराम आचार्य के सितार के टुकड़ों से सजे माँझ खमाज और कलावती आधारित इस लाजवाब धुन की प्रेरणा सलिल को बारिश में कार चलाते हुए वाइपर्स की आवाज़ से मिली थी। हिन्दी से भी पहले यह गीत बांग्ला में 'ना जियो ना' के रूप में पूजा के गीतों की रेकॉर्डिंग के दौरान बनाया गया था और रेकॉर्ड भी हुआ था।

लता का दूसरा पसन्दीदा गीत रहा था शकील का लिखा और हेमन्त कुमार का संगीतबद्ध 'बीस साल बाद' (1962) का सोहनी और शिवरंजनी की छाया लिये 'कहीं दीप जले कहीं दिल'। यह गीत इसलिए भी ख़ास था क्योंकि लता का उन दिनों बीमारी से उठने के बाद अपनी आवाज़ के प्रति विश्वास डगमगा गया था, पर हेमन्त ने चुपचाप उनके एक रिहर्सल को ही रेकॉर्ड कर लिया और उसी को रेकॉर्डिंग मानकर लता को सुनाया और विश्वास दिला दिया कि लता की आवाज़ अभी भी उतनी ही सशक्त थी।

लग जा गले कि फिर ये हसीं रात हो न हो...;
फ़िल्म : वो कौन थी

मदन मोहन अकेले संगीतकार थे जिनके दो गीत लता ने अपने दस गीतों में से चुना था। 'वो कौन थी' (1964) का पहाड़ी के सुरों और साधना की सम्मोहक प्रस्तुति वाला 'लग जा गले कि फिर ये हसीं रात हो न हो' तो अभूतपूर्व ही था। यह फ़िल्मफ़ेयर पुरस्कारों के पीछे की राजनीति का ही सूचक है कि मदन मोहन को कभी कोई फ़िल्मफ़ेयर पुरस्कार नहीं मिला। 'वो कौन थी' के लिए पुरस्कार न मिलना मदन मोहन को निराश तो कर गया, पर जब लता ने अफ़सोस ज़ाहिर किया तो मदन मोहन ने उनसे कहा कि क्या यह मेरे

लिए कम बड़ा पुरस्कार है कि तुम्हें मुझे पुरस्कार न मिलने पर अफ़सोस हुआ। लता का मदन मोहन को लेकर दूसरा चुनाव थोड़ा आश्चर्यचकित करनेवाला था क्योंकि शैलेन्द्र के लिखे राग काफ़ी आधारित 'चाचा ज़िन्दाबाद' (1959) फ़िल्म के 'बैरन नींद न आए' से बेहतर तो लता से गवाई मदन मोहन की कितनी ही रचनाएँ थीं।

लता ने अपना अगला चुनाव 'मुग़ल-ए-आज़म' (1960) के शकील बदायूँनी के लिखे और नौशाद द्वारा स्वरबद्ध राग केदार आधारित 'बेकस पे करम कीजिए सरकारे मदीना' का किया। शायद लता ने इस गीत को इसी फ़िल्म के 'मोहे पनघट पे नन्दलाल छेड़ गयो रे' की अपेक्षा प्रश्रय इसलिए दिया हो कि 'मोहे पनघट पे नन्दलाल' तो बिन्दादीन महाराज की पुरानी, पारम्परिक बन्दिश थी जबकि 'बेकस पे करम कीजिए' की धुन मौलिक थी।

'हम दोनों' (1961) का जयदेव द्वारा संगीतबद्ध राग गौड़ सारंग आधारित 'अल्लाह तेरो नाम ईश्वर तेरो नाम' को लता ने अगर चुना तो भारत की सम्मिश्रित और धर्मनिरपेक्ष संस्कृति का मानक गीत बन चुकी इस रचना के साथ न्याय ही किया। 'अल्ला तेरो नाम' की रेकॉर्डिंग की कहानी भी कुछ कम दिलचस्प नहीं है। 'सितारों से आगे' फ़िल्म की रेकॉर्डिंग के समय लता और सचिन देव बर्मन के बीच ग़लतफ़हमी हुई थी और जयदेव भी सचिन दा के सहायक के रूप में इस ग़लतफ़हमी में चाहे-अनचाहे शामिल हो चुके थे। 'अल्ला तेरो नाम' को जयदेव एम.एस. सुब्बूलक्ष्मी से गवाना चाहते थे। पर बाद में लता का नाम तय हुआ। जब लता के पास सन्देश भेजा गया तो उन्होंने साफ़ इनकार कर दिया। पर फिर जब लता को यह सन्देश पहुँचाया गया कि यदि इस गीत को आप नहीं गाएँगी तो इस फ़िल्म से ही जयदेव को हटाकर किसी और को ले

लिया जाएगा, तो लता हिचकीं। साथ ही, यह भी लता सुन चुकी थी कि जयदेव ने इस गाने की अलौकिक-सी कम्पोज़ीशन की है। बहरहाल कारण जो भी रहा हो पर यह भी तय है कि परिणामस्वरूप हिन्दी फ़िल्म-संगीत को एक मीलस्तम्भ जैसी रचना तो मिल ही गई। पंडित जसराज ने स्वयं स्वीकार किया था कि इस भजन को रात में सुनकर उनकी आँखों में आँसू आ गए और अभिभूत होकर वे आधी नींद से जाग गए।

लता के चुनाव में 'नौबहार' (1952) का मीरा भजन 'ऐ री मैं तो प्रेम दीवानी मेरा दर्द न जाने कोय' भी था। रोशन द्वारा संगीतबद्ध राग भीमपलासी पर आधारित इस गीत में रोशन की पसन्दीदा बाँसुरी के टुकड़ों का तथा शुद्ध निषाद के प्रयोग का इस गीत की भाव-तीव्रता को गहन बनाने में बड़ा हाथ रहा। भले ही छठे दशक के कई वर्षों तक रोशन व्यावसायिक रूप से अधिक सफल न रहे हों, पर लता मंगेशकर ने हमेशा उनकी प्रतिभा को सम्मान दिया। यहाँ तक कि लता ने जब अपनी फ़िल्म 'भैरवी' की घोषणा की तो उसके संगीत के लिए रोशन का चुनाव किया। यह दूसरी बात है कि 'भैरवी' निर्मित न हो सकी।

लता का अगला चुनाव उस वक़्त लोगों को आश्चर्य में डाल गया। उन्होंने उस वक़्त तक कनिष्ठ समझे जानेवाली लक्ष्मीकान्त-प्यारेलाल की जोड़ी द्वारा फ़िल्म 'सती सवित्री' (1964) के लिए राग यमन में संगीतबद्ध 'जीवन डोर तुम्हीं संग बाँधी' को चुना। लता की कृपा दृष्टि लक्ष्मी-प्यारे के लिए आरम्भ से ही थी और कई मशहूर संगीतकारों के ऑर्केस्ट्रा में वादक के रूप में उन्होंने लक्ष्मीकान्त को काम भी दिलवाया था।

यह भी ग़ौरतलब है कि अपने दस सर्वश्रेष्ठ गीतों में लता ने शंकर-जयकिशन और सचिन देव बर्मन जैसे वरिष्ठ संगीतकारों के एक भी गीत को नहीं चुना। सचिन देव से उनका एक समय वर्षों तक

रहा मनमुटाव और शंकर-जयकिशन से 'संगम' के बाद से बढ़ रहा अनमनापन कहाँ तक इस तथ्य के कारण थे, ये तो बहस के मुद्दे हैं (और बने थे), पर यह निर्विवाद था कि लता ने अपनी भव्य प्रतिष्ठा से भरी उद्घोषणा में लक्ष्मी-प्यारे को शामिल करके यह संकेत दे दिया था कि भविष्य लक्ष्मी-प्यारे का था। यह भी बड़ा रोचक है कि 1967 ही वह वर्ष बना जब लक्ष्मी-प्यारे ने लोकप्रियता में शंकर-जयकिशन समेत सभी संगीतकारों को पीछे छोड़ने में सफलता प्राप्त की। उनकी संगीतबद्ध 'मिलन' का गीत 'सावन का महीना पवन करे शोर' 1967 की वार्षिक बिनाका का चोटी का गीत भी बना।

लता ने अपने दस सर्वश्रेष्ठ गीतों में मात्र एक ग़ैर फ़िल्मी गीत चुना और वह सी. रामचन्द्र की अद्भुत और सदाबहार कम्पोज़ीशन 'ऐ मेरे वतन के लोगो' नहीं था (सी. रामचन्द्र से भी उनके सम्बन्ध बिगड़ने की भी कहानियाँ रही ही हैं) बल्कि लता के भाई हृदयनाथ मंगेशकर द्वारा संगीतबद्ध और बी.आर. ताम्बे द्वारा लिखित राग कल्याण और पूरिया आधारित मराठी भजन 'मावलत्या दिनकरा' था।

लता का अन्तिम चुनाव भी चकित करनेवाला है। सी. रामचन्द्र, सचिन दा या शंकर-जयकिशन के साथ सम्बन्धों की कथित कटुता की यादों के कारणों को छोड़ भी दें, पर वसन्त देसाई, चित्रगुप्त, अनिल विश्वास या हुस्नलाल-भगतराम के एक से एक ख़ूबसूरत गीतों की अपेक्षा लता ने श्यामसुन्दर द्वारा संगीतबद्ध 'लाहौर' (1948) के 'बहारें फिर भी आएँगी मगर हम तुम जुदा होंगे' को ही चुना। शायद इसका एक कारण 'दस' ही गीत चुनने की सीमा भी रही होगी। बाक़ी आप ख़ुद ही सोचें।

राष्ट्रीय फ़िल्म पुरस्कार प्राप्त हिन्दी के पार्श्व गायक

क्या आप जानते हैं कि किशोर कुमार को कभी भी पार्श्व गायन के लिए राष्ट्रीय फ़िल्म पुरस्कार नहीं मिला। अगर कयास लगाया जाए तो कुछ लोग कह सकते हैं कि शायद यह इसलिए था कि किशोर कुमार की उछल-कूद भरे मस्तमौला क़िस्म के गायन की छवि थी, जो राष्ट्रीय पुरस्कार की गरिमा के उपयुक्त नहीं थी। पर यह ग़लत होगा क्योंकि किशोर कुमार ने ढेर सारे गम्भीर गीत भी गाए और उन्हें अद्भुत अभिव्यक्ति दी। पुरस्कारों को लेकर ज्यूरी के पूर्वग्रह की बातें भी की जाती ही रही हैं, बहरहाल यह निर्विवाद है कि इतने बड़े गायक को कभी भी पार्श्व गायन का राष्ट्रीय फ़िल्म पुरस्कार न मिलना आश्चर्य ही नहीं, अन्याय भी माना जाना चाहिए।

पुरुष पार्श्व गायकों के लिए राष्ट्रीय फ़िल्म पुरस्कारों की बात करें तो पहला पुरस्कार 1967 में महेन्द्र कपूर को मनोज कुमार निर्देशित और अभिनीत फ़िल्म 'उपकार' के 'मेरे देश की धरती सोना उगले उगले हीरे मोती' के लिए मिला। देशभक्ति प्रधान यह गीत सदाबहार गीत बन ही चुका है। इस गीत को गुलशन बावरा ने लिखा था और कल्याणजी-आनन्दजी ने स्वरबद्ध किया था। सर्वश्रेष्ठ गीतकार का राष्ट्रीय फ़िल्म

पुरस्कार भी इस वर्ष इसी गीत के लिए गुलशन बावरा को मिला था।

गायन के लिए राष्ट्रीय फ़िल्म पुरस्कार किसी भी भारतीय भाषा के गीत के लिए दिया जाता है, पर आज यहाँ हम सिर्फ़ हिन्दी फ़िल्मों के पुरुष पार्श्व गायकों के गीतों की चर्चा करेंगे जिन्हें यह पुरस्कार मिला। 1968 के लिए यह पुरस्कार शंकर-जयकिशन द्वारा राग दरबारी में संगीतबद्ध फ़िल्म 'मेरे हुज़ूर' के गीत 'झनक झनक तोरी बाजे पायलिया' के लिए मन्ना डे को मिला। 1969 के लिए यह पुरस्कार 'आराधना' के अपनी ख़ास वैरागी और संवेदनशील शैली में गाए गीत 'सफल होगी तेरी आराधना' के लिए सचिन देव बर्मन स्वयं अपनी संगीतबद्ध रचना के लिए ले गए।

मन्ना डे कितने उत्कृष्ट गायक माने जाते थे, यह इसी से सिद्ध होता है कि 1970 का यह पुरस्कार उन्हें 'मेरा नाम जोकर' और बांग्ला फ़िल्म 'निशिपद्म' के लिए मिला। 'निशिपद्म' के पुरस्कृत गीत 'जा ख़ुशी ओरा बोले' से कई मायनों में उत्कृष्ट ठहरता था 'मेरा नाम जोकर' का 'ए भाई ज़रा देख के चलो'। शंकर-जयकिशन की इस रचना में निहित स्केल परिवर्तन की गायकी को सफलतापूर्वक मन्ना डे ही अदा कर सकते थे। इस गीत के लिए मन्ना डे को सर्वश्रेष्ठ पुरुष गायन का फ़िल्मफ़ेयर पुरस्कार भी मिला था।

हिन्दी में यह पुरस्कार फिर तीन वर्षों के अन्तराल के बाद 1974 में मन्नू भंडारी की कहानी 'यही सच है' पर आधारित फ़िल्म 'रजनीगन्धा' के उत्कृष्ट गीत 'कई बार यूँ भी देखा है, ये जो मन की सीमारेखा है, मन तोड़ने लगता है' के लिए मुकेश को मिला। सलिल चौधरी की यह मूल धुन बांग्ला गीत 'आमि चलते चलते थेमे गेछी' के लिए बनी थी जिसे पिंटू भट्टाचार्य ने बड़ी ख़ूबसूरती से गाया था। गीतकार योगेश ने

क्या हुआ तेरा वादा...; फ़िल्म : हम किसी से कम नहीं

इस धुन पर फ़िल्म के कथानक और दृश्य के अनुसार एक अभूतपूर्व गीत लिख डाला। आधुनिक प्रेम सम्बन्धों की संश्लिष्टता और दुविधा इस गीत के फ़िल्मांकन में भी बख़ूबी उभरे हैं जहाँ विद्या सिन्हा और दिनेश ठाकुर के एक टैक्सी सफ़र में यह गीत पार्श्व में बजता है। मुकेश ने इसे इस संवेदना से गाया है कि दृश्य को छू जानेवाली भाषा मिल जाती है।

1976 के लिए 'चितचोर' के 'गोरी तेरा गाँव बड़ा प्यारा' के लिए येसुदास को यह पुरस्कार मिलना थोड़ा विस्मय पैदा करता है, क्योंकि रवीन्द्र जैन के संगीतबद्ध इस गीत की धुन और गायकी में कुछ भी विशिष्ट नहीं था। पर 1977 में 'हम किसी से कम नहीं' के मजरूह सुल्तानपुरी के लिखे और राहुल देव बर्मन के संगीतबद्ध गीत 'क्या हुआ तेरा वादा, वो क़सम वो इरादा' के गायक मोहम्मद रफ़ी को यह पुरस्कार मिलना पूरी तरह न्यायोचित जान पड़ता है क्योंकि इस गीत की कशिश और भावों की अभिव्यक्ति को रफ़ी की आवाज़ ने चरम पर पहुँचा दिया था। यह गीत 70 के दशक में किशोर कुमार के आविर्भाव के कारण हाशिए पर चले गए रफ़ी की वापसी का भी गीत माना जाता

है और इस गीत के लिए उन्हें फ़िल्मफ़ेयर पुरस्कार भी मिला था।

हिन्दी में यह पुरस्कार पुनः 1981 में जाकर फ़िल्म 'एक दूजे के लिए' के लक्ष्मी-प्यारे के संगीतबद्ध गीत 'तेरे मेरे बीच में कैसा है ये बन्धन अनजाना' के लिए एस.पी. बालासुब्रमण्यम को मिला। हालाँकि शिवरंजनी आधारित धुन कुछ ख़ास नहीं थी, पर गायकी में अपने रेंज और रिद्म के साथ तादात्म्य बनाती गायकी के कारण एस.पी. बालासुब्रमण्यम पहचाने और सराहे गए।

1984 में हिन्दी की फिर बारी आई जब जयदेव की संगीतबद्ध 'अनकही' के गीत 'ठुमक ठुमक पग दुमक कुंज मधु' के लिए यह पुरस्कार प्रसिद्ध शास्त्रीय गायक पंडित भीमसेन जोशी को मिला। राग झिंझोटी और खमाज पर आधारित इस गीत को भीमसेन जोशी ने बड़े लयपूर्ण अन्दाज़ में गाया भी था। उस वर्ष के सर्वश्रेष्ठ संगीत का राष्ट्रीय फ़िल्म पुरस्कार भी 'अनकही' के लिए ही जयदेव को मिला था।

ग़ौर करने योग्य है कि हिन्दी गीत/गायक को पुरस्कार मिलने की अगली बारी 1997 में आई। अस्सी के दशक में हिन्दी फ़िल्म-संगीत (अपवादों को छोड़कर), या कम-से-कम मुख्यधारा की फ़िल्मों के संगीत की गुणवत्ता में कमी सम्भवतः इसका एक कारण रहा हो। ख़ैर, 1997 में यह पुरस्कार हरिहरन को फ़िल्म 'बॉर्डर' के गीत 'मेरे दुश्मन मेरे भाई' के लिए मिला। यह गीत फ़िल्म के 'सन्देसे आते हैं' की तरह लोकप्रिय तो न रहा, पर अनु मलिक के कम्पोज़ किए और जावेद अख़्तर के लिखे इस मार्मिक गीत में युद्ध की विभीषका को हरिहरन ने अपनी गायकी से बख़ूबी प्रकट किया है। इसके अगले ही वर्ष पुनः यह पुरस्कार हिन्दी फ़िल्म 'गॉडमदर' के लोक भजन शैली के विशाल भारद्वाज द्वारा संगीतबद्ध गीत 'सुनो रे भैला' के लिए गायक संजीव अभ्यंकर को मिला।

वर्ष 2001 के लिए यह पुरस्कार उदित नारायण को फ़िल्म 'लगान' के ए.आर. रहमान के संगीतबद्ध 'ओ मितवा' और फ़िल्म 'दिल चाहता है' के शंकर-एहसान-लॉय के संगीतबद्ध गीत 'जाने क्यों' के लिए मिला। 2002 का पुरस्कार पुनः उदित नारायण फ़िल्म 'ज़िन्दगी ख़ूबसूरत है' के आनन्द राज आनन्द द्वारा स्वरबद्ध गीत 'छोटे-छोटे सपने हों' के लिए ले गए हालाँकि गीत की धुन और गायकी, दोनों में कुछ भी विशेष नहीं था। 2003 के 'कल हो न हो' के शीर्षक गीत के लिए पुरस्कृत सोनू निगम ने शंकर-एहसान-लॉय द्वारा संगीतबद्ध गीत को अवश्य बड़ी ख़ूबसूरती से गाया था। 2004 में पुनः फ़िल्म 'स्वदेस' के ए.आर. रहमान द्वारा संगीतबद्ध 'ये तारा वो तारा' के लिए यह पुरस्कार उदित नारायण को मिला। 2005 के 'रंग दे बसन्ती' के गीत 'रूबरू' के लिए पुरस्कृत नरेश अय्यर की आधुनिक, आवेश भरी गायकी, प्रसून जोशी का गीत और रहमान का ऑफ़ बीट संगीत—सभी विशिष्ट थे। इसी प्रकार 2007 का विशिष्ट गीत था 'तारे ज़मीं पर' का 'माँ' जिसके लिए शंकर महादेवन को पुरस्कृत किया गया। 'मैं कभी बतलाता नहीं, पर अँधेरे से डरता हूँ मैं माँ' जैसे प्रसून जोशी के लाजवाब शब्दों, शंकर-एहसान-लॉय का कोमल संगीत और सबसे बढ़कर शंकर महादेवन की आत्मीय, दिल से निकली हुई गायकी इस गीत को बेहद ख़ास बनाती है। 2012 के लिए यह पुरस्कार पुनः शंकर महादेवन को शंकर-एहसान-लॉय द्वारा संगीतबद्ध 'चित्तगांग' उर्फ़ 'चटगाँव' के संवेदना से भरे गीत 'बोलो ना', 2014 के लिए 'हैदर' के विशाल भारद्वाज द्वारा संगीतबद्ध गीत 'बिस्मिल' के लिये सुखविन्दर सिंह को, 2018 के लिए अरिजीत सिंह को 'पद्मावत' के 'बिनते दिल' और 2019 के लिए बी. प्राक को 'केसरी' फ़िल्म के आरको द्वारा कम्पोज़ किए गए 'तेरी मिट्टी' के लिए दिया गया।

नौशाद के साथ मुकेश

वैसे तो नौशाद के लिए मुख्य गायक मोहम्मद रफ़ी ही रहे, पर पाँचवें दशक के अन्तिम वर्षों की कुछ उल्लेखनीय फ़िल्मों में उन्होंने नायक के लिए मुकेश की आवाज़ ली। 1948-49 की तीन फ़िल्मों—'मेला', 'अनोखी अदा' और 'अन्दाज़' में उन्होंने मुकेश से कुछ बेहतरीन गीत गवाए। ज़ाहिर है, शुद्ध शास्त्रीय प्रधान रचनाओं का उनका दौर जो अगले दशक में आया, वह इस वक़्त तक उनकी शैली का हिस्सा नहीं बना था और सरस, सुगम, भावनाप्रधान गीतों के लिए मुकेश की आवाज़ उन्हें सटीक और उपयुक्त लगी होगी। वैसे अनिल बिस्वास और नौशाद, दोनों ही यह दावा करते थे कि मुकेश की आवाज़ को कुन्दन लाल सहगल की छाया से निकालने का श्रेय उनका है। जहाँ अनिल बिस्वास 'अनोखा प्यार' (1947) के 'जीवन सपना टूट गया', 'अब याद न कर भूल जा ऐ दिल वो फ़साना' और 'याद रखना चाँद-तारो इस सुहानी रात को' के उदाहरण देते थे, वहीं नौशाद 'मेला', 'अन्दाज़' और 'अनोखी अदा' का। नौशाद ने तो यह भी कहा था कि मुकेश को एक बार कारदार स्टूडियो में पिए हुए देखकर उन्होंने उन्हें लताड़ा था

और उनके कभी भी पी लेने की आदत को भी सहगल का उदाहरण देकर उन्होंने ही छुड़ाया था। मुकेश को हमेशा हारमोनियम के साथ गाने की आदत थी। उन्हें लगता था कि हारमोनियम के बिना वे सुर साध नहीं पाएँगे। नौशाद ने अपने एक साक्षात्कार में बताया कि कैसे उन्होंने मुकेश के हारमोनियम को पैड करके मुकेश को सिद्ध करके बताया कि ऐसे में परिणाम बेहतर ही होता है।

कहते हैं कि दिलीप कुमार 'मेला' में काम करने को इच्छुक नहीं थे, लेकिन एक बार जब स्टूडियो में उन्होंने मुकेश और शमशाद के युगल स्वरों में 'मेरा दिल तोड़नेवाले मेरे दिल की दुआ लेना' गीत की आरम्भिक पंक्तियाँ सुनीं तो वे उन्हें इतनी भाई कि उनका मन बदल गया। उन्होंने तय किया कि वे इस फ़िल्म को छोड़ेंगे नहीं बल्कि इसकी कहानी को और सशक्त बनाएँगे, और कई स्टोरी सेशन में उन्होंने ख़ुद सक्रिय रूप में भाग लेकर फ़िल्म की कहानी और पटकथा में नई जान डाली। दरअसल, 'मेला' को मुकेश और नौशाद के साथ की बेमिसाल उपलब्धि माना जाना चाहिए। शीर्षक गीत 'ये ज़िन्दगी के मेले दुनिया में कम न होंगे' भले ही रफ़ी के स्वर में था, पर बाक़ी गीतों में तो मुकेश ही मुकेश थे। आसावरी थाट के गम्भीर सुरों के साथ 'मेरा दिल तोड़नेवाले मेरे दिल की दुआ लेना' (मुकेश, शमशाद) यदि एक तरफ़ था तो दूसरी ओर द्रुत लय में मुकेश और शमशाद के सुमधुर गीत 'मैं भँवरा तू है फूल' और लोक संगीत की छाया लिये 'आई सावन ऋतु आई सजन मोरा डोले है मन'। फ़िल्म के परिवेश के अनुरूप लोकरिद्म का व्यापक और कर्णप्रिय इस्तेमाल कर नौशाद ने मुकेश से उनका सदाबहार गीत गवाया—'गाए जा गीत मिलन के तू अपनी लगन के सजन घर जाना है' फ़िल्म की सर्वश्रेष्ठ रचना थी मिश्र शिवरंजनी के

दर्दीले सुर लेकर सृजित 'धरती को आकाश पुकारे' (मुकेश, शमशाद) जिसका 'आना ही होगा' का कशिश भरा आग्रह मुकेश के स्वर में अभिभूत कर देता है। 'धरती को आकाश पुकारे' को मूलतः एक छोटे टुकड़े के रूप में केवल शमशाद के स्वर में रिकॉर्ड किया गया था, पर यह दृश्य इतना हिट हुआ कि फ़िल्म के रिलीज होने के एक माह बाद नौशाद ने इसे शमशाद और मुकेश के स्वर में दो गाने के रूप में पुनः रेकॉर्ड कराया।

महबूब की 'अनोखी अदा' (1948) में जहाँ नौशाद ने अभिनेता गायक सुरेन्द्र के लिए उनकी ख़ुद की आवाज़ ली, वहीं दूसरे नायक प्रेम अदीब के लिए मुकेश को चुना। मुकेश को नौशाद ने कभी भैरवी की छाया लिये 'मंज़िल की धुन में झूमते-गाते चले चलो' की रवानी भरी धुन के साथ, कभी दरबारी कानड़ा के गम्भीर सुरों के सहारे 'कभी दिल दिल से टकराता तो होगा' के साथ, कभी दर्दीली स्वर लहरियों को लेकर 'भूल गए क्यों दे के सहारा' (शमशाद बेगम के साथ) तो कभी आग्रह भरी रूमानी संवेदना को आत्मसात् कर 'ये प्यार की बातें ये सफ़र भूल न जाना' के साथ संगीत की एक ताज़ी बयार की तरह प्रस्तुत किया। अंजुम पीलीभीती का लिखा गीत 'क्यूँ फेरी नज़र' फ़िल्म में शामिल न हो सका, पर बाद में ग़ैर फ़िल्मी गीत के रूप में इसे रिलीज़ किया गया।

यह निर्विवाद है कि नौशाद ने इस वक़्त तक अपनी अलग बेहद प्रतिष्ठित शख़्सियत तो बना ही ली थी। गायकों में मुकेश का प्रभुत्व तो महबूब प्रोडक्शन की 'अन्दाज़' (1949) में भी क़ायम रहा, पर मुख्य गायिका के लिए उन्होंने ज़ोहरा, उमा देवी, निर्मला और शमशाद को छोड़कर 'अन्दाज़' के लिए लता का चुनाव किया। लता को नौशाद से

किसने मिलाया, इसको लेकर कई कहानियाँ और कई प्रसंग चर्चित हैं, जिनमें एक तो यह भी है कि नौशाद को लता के बारे में स्टूडियो में कार्यरत किसी मराठी चपरासी ने जानकारी दी। ग़ुलाम हैदर और दुर्रानी का भी नाम इस सिलसिले में लिया जाता है। यह भी कहा जाता है कि कारदार स्टूडियो में बगल से गुनगुनाते हुए गुज़रती लता की सुरीली आवाज़ से प्रभावित होकर नौशाद ने उनकी खोज करवाई। पर शायद सच यह है कि 'मजबूर' में लता के साथ गा चुके मुकेश ने ही लता का तआर्रुफ़ नौशाद से कराया था।

यह भी मज़ेदार तथ्य है कि राज कपूर के लिए इस फ़िल्म में रफ़ी ने स्वर दिया, जबकि दिलीप कुमार के लिए नौशाद मुकेश को लाए। राज और नरगिस पर फ़िल्माया एकमात्र गीत 'यूँ तो आपस में बिगड़ते हैं ख़फ़ा होते हैं' (लता, रफ़ी) तो ख़ास मक़बूल नहीं हुआ, पर दिलीप के लिए मुकेश ने एक से बढ़कर एक गीत गाए। दिलीप यूँ तो मुकेश के पक्षधर नहीं थे क्योंकि उन्हें उनकी गायकी बहुत सीधी-सादी लगी, पर नौशाद ने उन्हें मुकेश की भावनाप्रधान गायकी के चमत्कार से सन्तुष्ट कर ही लिया और एक बार जब फ़िल्मांकन के दौरान दिलीप ने इस गायकी का असर देखा तो वे भी कायल हो गए। उस वक़्त के संगीतकार और गायक कितनी मेहनत करते थे, यह इसी तथ्य से स्पष्ट हो जाता है कि 'अन्दाज़' के गानों की रिहर्सल के लिए मुकेश अपने घर मालाबार हिल्स से बीसियों बार लोकल ट्रेन से नौशाद के बांद्रा स्थित घर जाया करते थे। इसी परिश्रम का परिणाम बनकर आए 'अन्दाज़' के राग झिंझोटी आधारित 'हम आज कहीं दिल खो बैठे', 'झूम-झूम के नाचो आज गाओ ख़ुशी के गीत' (जिसका मुखड़ा प्रेम धवन ने आज़ादी की ख़ुशी में ताजमहल होटल के समारोह में गाया था और बाद में इसी

मुखड़े को मजरूह सुल्तानपुरी ने गीत का रूप दिया), भैरवी आधारित 'टूटे ना दिल टूटे ना' और इन सबसे बढ़कर पियानो के साथ मदहोश करता किरवानी और नट भैरवी आधारित 'तू कहे अगर जीवन भर मैं गीत सुनाता जाऊँ' जैसे मुकेश के गाए गीत। 'अन्दाज़' के लिए नौशाद ने मुकेश से 'सुनाऊँ क्या मैं ग़म अपना' जैसा सुमधुर गीत भी रेकॉर्ड कराया था (जो आज भी उपलब्ध है और चाव से सुना जाता है), पर फ़िल्म में शामिल नहीं किया जा सका। मुकेश के इन गीतों में नौशाद ने पियानो का बहुत सुन्दर उपयोग किया था।

यह ग़ौरतलब है कि 'अन्दाज़' के बाद 19 वर्षों तक नौशाद ने मुकेश से नहीं गवाया। इसका एक कारण तो यह था कि मुकेश को शास्त्रीय संगीत का कुछ ख़ास ज्ञान नहीं था और ऊँची पट्टी के गीत गाने में उनकी आवाज़ नौशाद को माकूल नहीं लगती थी। दूसरे, 'दीदार' (1951) और 'बैजू बावरा' (1953) में रफ़ी से गवाने के बाद नौशाद को अपने गीतों के लिए रफ़ी के समकक्ष कोई नहीं लगा। फिर मुकेश भी छठे दशक के प्रारम्भिक वर्षों में फ़िल्म नायक और निर्माता बनने की असफल कोशिश में इतने मसरूफ़ हो गए कि उनके हाथों से कई गीत निकल गए और दशक के अन्त में ही फिर उनकी वापसी हुई। 19 वर्षों बाद मुकेश को नौशाद वापस लाए 'साथी' (1968) में, पर इस वक़्त तक ज़माने के साथ चलने के लिए नौशाद को भी पाश्चात्य ऑर्केस्ट्रेशन की तरफ़ मुड़ना पड़ा और 'साथी' के ऑर्केस्ट्रेशन के लिए उन्होंने के.सी. लॉर्ड की मदद ली। बहरहाल, 'साथी' के मुकेश के गीत लाजवाब ही थे, चाहे युगल गीत 'मेरा प्यार भी तू है ये बहार भी तू है, (सुमन कल्याणपुर के साथ) हो या भैरवी की अनुगूँज लिये 'हुस्ने जाना इधर आ, आईना हूँ मैं तेरा' या फिर ग़ज़ल शैली में अद्‌भुत ऑर्केस्ट्रेशन

के साथ 'आँखें खुली थीं आए थे वो भी नज़र मुझे', लेकिन यहाँ भी मुकेश के गाए 'जो चला गया उसे भूल जा' के प्रारम्भ में बेहद ऊँची पट्टी पर 'भूल जा, भूल जा' शब्दों को गाने के लिए नौशाद ने मुकेश नहीं बल्कि महेन्द्र कपूर का सहारा लिया।

अगले दशक में नौशाद धीरे-धीरे लगभग हाशिए पर चले गए थे। फ़िल्म 'ताँगेवाला' (1972) में उन्होंने मुकेश से 'कर भला होगा भला अन्त भले का भला' गवाया तो 'सुनहरा संसार' (1975) में 'कहीं सावन में भी ये दिल न तरसे' लता और मुकेश के युगल स्वरों में पर गीत कुछ ख़ास लोकप्रिय न हुए। उल्लेखनीय है कि 'सुनहरा संसार' का यह गीत नौशाद द्वारा लता और मुकेश से गवाया अकेला युगलगीत है। बड़े समय में पूरी की गई फ़िल्म 'लव एंड गॉड' 1986 में जाकर प्रदर्शित हुई और कहते हैं कि इसके गीत 'रहेगा जहाँ में तेरा नाम' की इबादती अभिव्यक्ति के लिए नौशाद रफ़ी, बलवीर, हेमन्त, तलत, लता, मन्ना डे के साथ मुकेश को भी वर्षों पहले इसकी रेकॉर्डिंग के लिए साथ लाए थे, पर सुनने पर मुकेश की आवाज़ सुनाई नहीं देती। सत्तर के दशक में ही सोहराब मोदी की रीमेक फ़िल्म 'पुकार' के लिए नौशाद ने मुकेश की आवाज़ लोक संगीत प्रधान 'तोरे कुर्ते से तोहरा तन झलके' और 'तेरी नज़रों से हिरणिया लागे मन मा काँटा' जैसे गीतों के लिए ली थी। सोहराब मोदी की माली हालत उन दिनों ठीक नहीं थी और मुकेश ने यह कहते हुए उनसे पारिश्रमिक नहीं लिया था कि जब फ़िल्म हिट हो जाए तो फिर उन्हें दुगुना पारिश्रमिक दे दें, फ़िलहाल इसकी ज़रूरत नहीं है। दुर्भाग्य से फ़िल्म पूरी बन ही नहीं पाई।

हमसफ़र की तरह चलते हुए लता के कुछ सदाबहार गीत

लता की गायकी में ग़ज़ब का आत्मिक सौन्दर्य और मिठास है। शायद यही कारण है कि संगीतकार रवि, जिनकी मुख्य गायिका हमेशा आशा भोसले रहीं, जहाँ भी मिठास की ज़रूरत होती थी वहाँ लता को ही चुनते थे। भैरवी में लता के स्वर में 'तुम्हीं मेरे मन्दिर तुम्हीं मेरी पूजा' (ख़ानदान) सुनना ऐसा लगता है, जैसे प्रेम की निमग्न अनुभूति को पावन फूल चढ़ाए जा रहे हों। यह स्वच्छ आत्मिक अभिव्यक्ति आशा अपनी कमाल की गायकी के बावजूद 'काजल' के 'तोरा मन दर्पण कहलाए' में नहीं ला पाई हैं।

मेरी पसन्द के लता के बेशुमार गीतों में कई तो बेहद लोकप्रिय रहे हैं, पर कई ऐसे भी हैं जो अधिक लोकप्रिय न होते हुए भी अप्रतिम माधुर्य के बेमिसाल उदाहरण हैं। अगर एक तरफ़ सम्भवतः अल्हैया बिलावल और कलावती के मखमली स्पर्श के साथ 'दिल का दिया जला के गया ये कौन मेरे तन्हाई में' (आकाशदीप) जैसा लोकप्रिय गीत आज भी झकझोर जाता है, तो दूसरी तरफ़ उन्हीं चित्रगुप्त के संगीत से

सजी 'बर्मा रोड' के गीत 'जुल्फ़ें उलझी हैं मेरे कंगना से' की रिद्म आधारित गायकी किसी भी तरह से कमतर नहीं मानी जा सकती। पंचम की मालगूंजी आधारित अद्वितीय बन्दिश 'घर आजा घिर आए बदरा' (छोटे नवाब) को क्या किसी भी तरह कमतर माना जा सकता है? 'भूत बँगला' का विरामयुक्त लय के अद्‌भुत प्रयोग वाला 'ओ मेरे प्यार आजा', दादा बर्मन के साथ 'मोरा गोरा अंग लई ले' (बन्दिनी), 'रंगीला रे' (प्रेम पुजारी) और 'रुला के गया सपना मेरा' (ज्वेल थीफ़) में कौन किससे ऊपर है, बताना निहायत मुश्किल है। फिर भी मेरी पसन्द अगर 'रुला के गया सपना मेरा' है, तो शायद इसलिए कि संवेदना, कशिश, माधुर्य और दिलकशी के बीच पहाड़ी के सुरों को एक कॉर्ड आधारित आधुनिक अन्दाज़ और वाद्य संयोजन के बीच इतनी सुन्दरता से तराशा गया है कि गहन रात में यदि इस गीत को सुना जाए तो आज भी रोम-रोम स्पन्दित हो उठता है।

पर लता के पसन्दीदा गीतों को चुनना हो तो इन्हीं दादा बर्मन के संगीतबद्ध दोलन भरे एहसास वाला 'हौले हौले जिया डोले' (कैसे कहूँ) या पीलू आधारित 'नदिया किनारे हेराए आई कंगना' (अभिमान) जैसे गीतों को तो छोड़ा ही नहीं जा सकता। सलिल चौधरी का संगीतबद्ध 'ओ सजना बरखा बहार आई' (परख) की अद्वितीय गायकी यदि यादगार है, तो सलिल का ही संगीतबद्ध और गुलज़ार लिखित 'अनोखा दान' का 'मदभरी ये हवाएँ' भी अपनी परिष्कृत संरचना के कारण मेरा उतना ही पसन्दीदा गीत है। मदन मोहन के संगीत निर्देशन में 'लग जा गले कि फिर ये हसीं रात हो न हो' (वो कौन थी) की पहाड़ी आधारित धुन हो, बसन्त बहार पर आधारित 'वो चुप रहें तो मेरे दिल के दाग़ जलते हैं' (जहाँआरा) हो या फिर 'दुल्हन एक रात की' की सपनीली

मुझे तुम मिल गए हमदम...; फ़िल्म : लव इन टोक्यो

कलाकृति 'सपनों में अगर मेरे तुम आओ', तीनों ही बेमिसाल गीत हैं। हेमन्त कुमार द्वारा संगीतबद्ध और गुलज़ार लिखित 'हमने देखी है उन आँखों की महकती ख़ुशबू' (ख़ामोशी) नये सामाजिक परिवेश में प्रेम की एक नई यथार्थवादी अभिव्यक्ति के रूप में, जयदेव द्वारा संगीतबद्ध 'बदरा छाए रे' (मान जाइए) शास्त्रीयता लिप्त मिठास के रूप में, शंकर-जयकिशन द्वारा स्वरबद्ध 'मुझे तुम मिल गए हमदम सहारा हो तो ऐसा हो' (लव इन टोक्यो) पियानो के साथ सहज प्रेम के उद्‌गार के रूप में, ख़य्याम के संगीत निर्देशन में 'आप यूँ फ़ासलों से गुज़रते रहे' (शंकर हुसैन) उसी प्रेम की शायराना अदा की तरह कुछ ऐसे गीतों के उदाहरण हैं जो मेरी ज़िन्दगी के हमसफ़र की तरह चलते रहे हैं।

वैसे देखा जाए तो लता के पसन्दीदा गीत तो अन्तहीन हैं। बेहद मीठी-सी रचना 'कारी कारी रात में कारे कारे बदरवा छाए' (जलपरी,

संगीतकार : गोविन्दराम), हल्के ऑर्केस्ट्रेशन के साथ अत्यन्त मुलायम-सा गीत 'आँखों में समा जाओ इस दिल में रहा करना' (यास्मीन, संगीतकार : सी. रामचन्द्र), भावों की तल्लीनता से एक लहर जैसा प्रभाव पैदा करता 'वो तो चले गए ऐ दिल याद से उनकी प्यार कर' (संगदिल, संगीतकार : सज्जाद हुसैन), गम्भीर और उदास 'साँझ हो गई प्रभो तुम्हीं प्रकाश दो' (जय चित्तौड़, संगीतकार : एस.एन. त्रिपाठी), मराठी जनमानस का घर-घर में बजनेवाला प्रार्थना गीत 'घनश्याम सुन्दरा' (संगीतकार : वसन्त देसाई) तो लता की बहुमुखी प्रतिभा के नायाब उदाहरण हैं। सदाबहार मुजरा गीत 'चलते चलते यूँ ही कोई मिल गया था' (पाकीज़ा, संगीतकार : ग़ुलाम मुहम्मद), दर्द और वेदना की चरम अभिव्यक्ति का रूप 'हाय जिया रोए पिया नहीं आए' (मिलन, संगीतकार : हंसराज बहल), रोशन द्वारा संगीतबद्ध 'रहें न रहें हम' (ममता), 'महलों का राजा मिला' (अनोखी रात), और बहुत कम सुना गया 'गीत मेरा सुलाए जगाए तुझे' (सूरत और सीरत), यमन की मराठी शैली की लाक्षणिक अभिव्यक्ति 'लौ लगाती गीत गाती' (भाभी की चूड़ियाँ, संगीतकार : सुधीर फड़के) और यमन का ही पारम्परिक रूप 'सपना बन साजन आए' (शोखियाँ, संगीतकार : जमाल सेन) किसी भी स्केल पर लता की गायकी का कौशल ही रेखांकित करते हैं। वैसे तो कैबरे और क्लब या पार्टी सांग की विधा में चर्चा आशा भोसले की कहीं अधिक की जाती है, और कहा जाता रहा है कि लता ऐसी विधा के गीतों से परहेज़ ही करती रही हैं, लेकिन इस विधा में भी उन्होंने जो भी थोड़ा-बहुत गाया, वह लाजवाब ही गाया। 'इन्तकाम' (1969) के 'आ जाने जाँ' और सालाना बिनाका गीतमाला में पहले पायदान पर रहनेवाले 'कैसे रहूँ चुप कि मैंने पी ही क्या है', 'चन्दन का पालना' (1967) का 'शराबी शराबी मेरा नाम हो

गया', 'टैक्सी ड्राइवर' (1954) के 'ऐ मेरी ज़िन्दगी आज रात झूम ले' जैसे गीत इस सन्दर्भ में याद आते हैं। वहीं 'चा चा चा' बीट पर फ़िल्म 'बाज़ी' (1969) का कल्याणजी-आनन्दजी के निर्देशन में 'आ मेरे गले लग जा ओ जाने जाना' लता के गाए गीतों में एक अलग ही स्थान रखता है। ऐसे गीत उम्र के साथ-साथ भी बूढ़े नहीं हुए—इन्हें तो आज युवावर्ग जन भी पहली बार सुनता है तो अभिभूत रह जाता है। आज तक रोमांचित कर देनेवाला राग काफ़ी, देस और सोरठ की छाया लिये मुजरा 'कहो जी तुम क्या-क्या ख़रीदोगे' (साधना, संगीतकार : एन. दत्ता), तल्लीनता और तन्मयता से भरा 'माँझी मेरी क़िस्मत के जी चाहे जहाँ से चल' (हम हिन्दुस्तानी, संगीतकार : उषा खन्ना), पश्चिमी ऑर्केस्ट्रेशन पर रूमानियत के खुमार से भरा 'दिल बेक़रार-सा है' (इशारा, संगीतकार : कल्याणजी-आनन्दजी), और एक प्यार भरी शाम को आधुनिक संगीतमय व्यंजनाओं से साकार करता 'रोज़ शाम आती थी मगर ऐसी न थी' (इम्तहान, संगीतकार : लक्ष्मीकान्त-प्यारेलाल), बियाबान में गुंजन का प्रभाव उत्पन्न करती मौलिक कृति 'तुम्हीं हो मेरे अपने' (चानी, संगीतकार : हृदयनाथ गंगेश्कर) जिसमें 'यारा सिली-सिली' का पूर्वाभास नज़र आता है या पियानो, सितार, बाँसुरी, वॉयलिन और तबले के साथ सृजित बेहद ख़ूबसूरत, पर अनसुना 'तुम जब भी याद आओगे, ये दिल भर आएगा ये आँखें छलक जाएँगी' (इन्तहा, संगीतकार : राजेश रोशन) आदि-आदि जैसी मेरी पसन्द की यह फ़ेहरिस्त तो कभी ख़त्म ही नहीं हो सकती।

हिन्दी फ़िल्मी गीतों में वाल्ट्ज़

वाल्ट्ज़ रिद्म की उत्पत्ति 16वीं सदी के जर्मनी में मानी जाती है। पुराने जर्मन शब्द 'वाल्ट्ज़' का अर्थ होता था एक ख़ास तरीक़े से ग्लाइड करना और इसी ग्लाइड की क्रिया को एक ख़ास 3/4 समयमान के अनुसार नृत्य करने में किया जाता था। भारत में जिसे हम अक्सर 'बॉलरूम डांस' कहते हैं, वह वाल्ट्ज़ रिद्म आधारित नृत्य ही है जिसमें पहले बीट पर ख़ास ज़ोर होता है। पश्चिमी संगीत में 'The Blue Danuble' और 'Waltz of the Flowers' जैसी कम्पोज़ीशंस वाल्ट्ज़ संगीत के प्रतिनिधि उदाहरण हैं।

हिन्दी फ़िल्मों के गीतों में वाल्ट्ज़ का पहला प्रयोग सम्भवत: फ़िल्म 'अलीबाबा' (1940) के अनिल विश्वास द्वारा संगीतबद्ध तथा सुरेन्द्र और वहीदन बाई के गाए गीत 'हम और तुम और ये ख़ुशी, ये क़हक़हे में दिल्लगी' को ही माना जाएगा। आह सीतापुरी के लिखे इस गीत की रिद्म वाल्ट्ज़ के लहराते प्रभाव के साथ बहुत आकर्षक लगती है। वाल्ट्ज़ के उदाहरणों में जो गीत अक्सर भुला दिया जाता है, वह है सज्ज़ाद हुसैन के अपने ख़ास लहराते अन्दाज़ पर कम्पोज़

दिल की गिरह खोल दो...; फ़िल्म : रात और दिन

किया गया 'संगदिल' (1952) का 'दिल में समा गए सजन' (लता, तलत)। वाल्ट्ज़ का उपयोग शंकर-जयकिशन ने भी अपने कई गीतों में किया। फ़िल्म 'अनाड़ी' (1959) के 'दिल की नज़र से नज़रों की दिल से, ये बात क्या है ये राज़ क्या है, कोई हमें बता दे' (मुकेश, लता) का हल्का-सा वाल्ट्ज़-3 बीट का रूमानी प्रभाव अपने ज़माने के बॉलरूम नृत्यों की लय की याद दिलाता है हालाँकि राज कपूर और नूतन पर इसका फ़िल्मांकन झील में नाव चलाते हुए किया गया था। यह गीत सोवियत रूस के प्रसिद्ध पाश्चात्य क्लासिकल संगीतकार दिमित्री शोस्ताकोविज के वाल्ट्ज़ नम्बर-1 से कुछ हद तक प्रभावित है, विशेषकर जहाँ 'क्यूँ बेवजह यूँ खिंची-सी चली जा रही मैं' वाला

अन्तरा शुरू होता है। शंकर-जयकिशन द्वारा ही संगीतबद्ध फ़िल्म 'रात और दिन' (1967) के नरगिस (पर्दे पर उनकी आख़िरी भूमिका) और फ़िरोज़ ख़ान पर फ़िल्माए 'दिल की गिरह खोल दो चुप न बैठो कोई गीत गाओ (लता, मन्ना डे) में तो फ़िल्मांकन ही बॉलरूम डांस का है और गीत की लाक्षणिक वाल्ट्ज़ शैली की झूमती लय सुननेवालों को आज भी मदहोश करती है। वहीं 'श्री 420' (1955) के नादिरा और राज कपूर पर फ़िल्माए 'मुड़ मुड़ के न देख मुड़ मुड़ के' (आशा, मन्ना डे) के कई टुकड़ों में वाल्ट्ज़ की छाया स्पष्ट नज़र आती है। इस गीत के फ़िल्मांकन में संगीतकार जयकिशन भी कुछ क्षणों के लिए पर्दे पर नज़र आते हैं। शंकर-जयकिशन का ही स्वरबद्ध 'ब्रह्मचारी' का पियानो की लाजवाब संगत के साथ शम्मी कपूर, राजश्री और कई नृतकों और नृत्यांगनाओं पर फ़िल्माए शिवरंजनी आधारित रफ़ी के गाए 'दिल के झरोखे में तुमको बिठाकर' तेज़ वाल्ट्ज़ का अनुपम उदाहरण है। आश्चर्य नहीं कि यह गीत सदाबहार गीतों में गिना जाता है। 'मेरा नाम जोकर' (1970) का भी सदाबहार गीत 'जीना यहाँ मरना यहाँ' (मुकेश) और 'दिल अपना और प्रीत पराई' का मंत्रमुग्ध करनेवाला गीत 'अजीब दास्तां है ये' (लता) भी वाल्ट्ज़ के तेज, गतिशील रिद्म के अनुपम उदाहरण हैं। 'संगम' (1964) के 'दोस्त दोस्त ना रहा' (मुकेश) और 'कल आज और कल' के 'भँवरे की गुंजन है मेरा दिल' (किशोर) में भी वाल्ट्ज़ रिद्म की सुहावनी झलक है। वाल्ट्ज़ रिद्म को हम एक ख़ूबसूरत शालीन रिद्म का नाम भी दे सकते हैं। एक लहराता संयत प्रभाव इस रिद्म की संरचना के भीतर झलकता है।

वाल्ट्ज़ पर आधारित अन्य लोकप्रिय गीतों में सचिन देव बर्मन द्वारा संगीतबद्ध 'प्यासा' (1957) के 'हम आपकी आँखों में इस दिल

को बसा दें तो' (रफ़ी, गीता) की चर्चा होती है हालाँकि कुछ लोग इसे वाल्ट्ज़ का शुद्ध रूप नहीं मानते हैं। ओ.पी. नैयर द्वारा स्वरबद्ध पियानो की संगत के साथ फ़िल्म 'नया अन्दाज़' के साथ फ़िल्म में किशोर, शमशाद के गाए 'मेरी नींदों में तुम मेरे ख़्वाबों में तुम' (जिसमें पर्दे पर किशोर और मीना कुमारी का वाल्ट्ज़ रिद्म पर फ़िल्माया नृत्य भी बेहद मोहक है), मदनमोहन और लता की अमर रचना 'वो कौन थी' (1964) का 'लग जा गले कि फिर ये हसीं रात हो न हो' (हालाँकि इसमें वाल्ट्ज़ का प्रभाव उतना प्रशस्त नहीं है), राहुल देव बर्मन की मधुर रचना '1942 : ए लव स्टोरी' का 'कुछ न कहो कुछ भी न कहो' (कुमार शानू), रवि द्वारा कम्पोज़ 'दिल्ली का ठग' (1958) का 'ये रातें ये मौसम नदी का किनारा' (किशोर, आशा), उषा खन्ना द्वारा स्वरबद्ध 'दिल दे के देखो' (1959) का मधुर गीत 'हम और तुम और ये समां' (रफ़ी), कल्याणजी-आनन्दजी द्वारा संगीतबद्ध 'घर घर की कहानी' (1970) का नशीला रूमानी गीत 'समां है सुहाना-सुहाना' (किशोर) वाल्ट्ज़ के अन्य उदाहरण हैं।

वैसे तो लक्ष्मीकान्त-प्यारेलाल के कई गीत तेज़ और ढोलक आधारित रिद्मों के कारण जाने जाते हैं, पर वाल्ट्ज़ रिद्म पर भी उन्होंने कई ख़ूबसूरत गीत कम्पोज़ किए। 'शागिर्द' (1967) के 'वो हैं ज़रा खफ़ा खफ़ा' (लता, रफ़ी) गिटार की संगत के साथ वाल्ट्ज़ रिद्म का अद्भुत गीत है। इसी प्रकार acoustic गिटार के साथ 'हाथी मेरे साथी' का 'दिलबर जानी चली हवा मस्तानी' (किशोर, लता) और 'दाग़' का 'हम और तुम, तुम और हम' (किशोर, लता) में वाल्ट्ज़ रिद्म का सौन्दर्य आर्केस्ट्रेशन से और भी निखरता है। 'प्यार झुकता है' (1985) के मशहूर गीत 'तुम्हें अपना साथी बनाने से पहले मेरी

जान मुझको बहुत सोचना है' (लता, शब्बीर कुमार) के इंटरल्यूड्स में वाल्ट्ज़ का प्रयोग लाजवाब है। 'बॉबी' (1973) का शैलेन्द्र सिंह का गाया सदाबहार गीत 'मैं शायर तो नहीं' भी विशेषकर इंटरल्यूड्स में वाल्ट्ज़ रिद्म में वॉयलिन का ज़बरदस्त प्रभाव छोड़ता है। वहीं 'धरती कहे पुकार के' (1969) के गीत 'दिये जलाए प्यार के' (लता) के माधुर्य के पीछे वाल्ट्ज़ रिद्म का लहरदार प्रभाव मंत्रमुग्ध कर देता है। फ़िल्म 'रास्ते का पत्थर' (1972) का अमिताभ बच्चन और लक्ष्मी छाया पर फ़िल्माए 'मैं हरदम किसी को ढूँढ़ता हूँ' (मुकेश, आशा) में अमिताभ का वाल्ट्ज़ रिद्म पर झूमना, रिद्म पर ड्रम का ऑर्केस्ट्रेशन और धुन का सीटी में रूपान्तरण इसे एक नायाब गीत बनाते हैं, भले ही गीत कुछ ख़ास लोकप्रिय न हुआ हो। मुकेश की ज़िन्दगी के आख़िरी रिकॉर्डेड गीत फ़िल्म 'सत्यम् शिवम् सुन्दरम्' का 'चंचल शीतल निर्मल कोमल, संगीत की देवी स्वर सजनी' के पीछे न केवल सिम्फ़नी जैसा ऑर्केस्ट्रेशन है, बल्कि वाल्ट्ज़ रिद्म का भी स्पष्ट प्रभाव है। 'प्रहार' (1998) में ख़ूबसूरत गीत 'धड़कन ज़रा रुक गई है कहीं ज़िन्दगी बह रही है' (सुरेश वाडकर) के बहाव के पीछे भी वाल्ट्ज़ का ही असर है।

वालट्ज़ रिद्म का प्रयोग इधर के दशकों की फ़िल्मों में भी यदा-कदा हुआ है। 'यस बॉस' (1997) के 'एक दिन आप यूँ हमको मिल जाएँगे' वाल्ट्ज़ पर आधारित एक बहुत मधुर धुन है। 'कभी हाँ कभी ना' (1994) के जतिन-ललित द्वारा संगीतबद्ध 'ऐ काश कि हम होश में आने न पाएँ' (कुमार शानू), फ़िल्म बर्फ़ी (2012) का प्रीतम द्वारा कम्पोज़ 'साँवली सी रात हो' (अरिजित सिंह), 'अन्धा धुन' (2018) का थीम संगीत आदि उदाहरण भी दिए जा सकते हैं।

जयदेव का ग़ैर फ़िल्मी सफ़र

जयदेव का फ़िल्म-संगीत जितना स्तरीय है, उतना ही उनका ग़ैर फ़िल्मी संगीत सफ़र। साहित्यिक कृतियों को संगीतबद्ध करनेवाले कम संगीतकार रहे हैं, पर उनमें हिन्दी साहित्य के क्षेत्र में जयदेव का नाम सबसे ऊपर रहेगा। बच्चन की 'मधुशाला' को मन्ना डे से गवानेवाले जयदेव ही थे और 'मधुशाला' का उनका यह कैसेट आज भी बेहद लोकप्रिय हैं। यह बात भी ग़ौरतलब है कि 'मधुशाला' के रेकॉर्ड, कैसेट या सीडी में पहली रुबाई हरिवंश राय बच्चन के स्वर में है तथा शेष मन्ना डे के स्वर में। 'मधुशाला' में शराबख़ाने की लज़्ज़त और 'मधुशाला' जानेवालों के फ़लसफ़े को बहुत ही जीवन्त और काव्यात्मक धुन में जयदेव ने ढाला था। छायावादी कवियों की छन्द, लय युक्त ख़ूबसूरत उपमानों वाली रचनाओं को उतनी ही ख़ूबसूरत तर्ज़ों में जयदेव ने ही बाँधा। यह भी कहा जा सकता है कि हिन्दी छायावादी कविता की प्रकृति, उसके उपमानों और शैलियों का उतना ही लावण्य भरा संगीत रूपान्तर यदि किसी ने किया है तो वे जयदेव ही थे। जयशंकर प्रसाद की 'तुमुल कोलाहल कलह में मैं हृदय की बात रे मन' को आशा से उन्होंने इतने

सुन्दर तरीक़े से गवाया है कि तारीफ़ के शब्द नहीं मिलते। आशा ने इस रचना को एच.एम.व्ही. द्वारा रिलीज अपने 'माई फ़ेवरिट्स' कैसेट में शामिल किया है। इसी प्रकार जयशंकर प्रसाद की रचना 'बीती विभावरी जाग री' की अनुग्रह भरी स्वर रचना जयदेव के संगीत और सीमा सहगल की गायकी से अद्भुत बन गई है। महादेवी वर्मा की 'कैसे उनको पाऊँ आली' को भी आशा के स्वर में अमर बनाने का श्रेय उन्हें ही जाता है। इसी गीत को बाद में जयदेव ने छाया गांगुली से फ़िल्म 'त्रिकोण का चौथा कोण' में गवाया था। यह एक रोचक तथ्य है कि अपने ग़ैर फ़िल्मी गीतों के लिए जयदेव ने फ़िल्मों की तरह नये गायक / गायिकाओं की आवाज़ कई बार ली, पर साथ ही, सबसे अधिक प्रश्रय उन्होंने आशा भोसले की आवाज़ को दिया। मीरा की 'आली रे मेरे नैना बान पड़ी', 'ऐसी लगन लगाई', 'फागुन के दिन चार' और 'मुझको भी राधा बना ले नन्दलाला' (जिसे बाद में 'अनकही' फ़िल्म में शामिल किया गया) की संगीत रचना में जयदेव का परिष्कार साफ़ नज़र आता है। ग़ालिब की ग़ज़ल 'कभी नेकी भी उसके जी में गर आ जाए है मुझसे' की आलापयुक्त कुछ-कुछ अरबी शैली में बेहद लोच-भरी धुन जयदेव ने बनाई थी जो आम तौर पर ग़ज़लों की परिपाटी से बिलकुल अलग कम्पोज़ीशन थी और आज भी आशा के सर्वश्रेष्ठ ग़ैर फ़िल्म गीतों में शुमार की जाती हैं। 'शौक़ हर रंग रक़ीब', जिगर का क़लाम 'कभी शाख़-ओ-सब्ज़-ओ-बर्ग पर', फ़ानी बदायूँनी का 'कारवाँ गुज़रा किया', महादेवी वर्मा रचित 'जो तुम आ जाते एक बार', 'मुकर पिक हौले बोल', नक़्श लायलपुरी लिखित, 'मोरे नैना जागे सारी रैना' (जो अप्रदर्शित 'फुटपाथ' के लिए मूलतः रेकॉर्ड हुआ था), महादेवी वर्मा का ही लिखा 'मधुर मधुर मेरे दीपक' और 'तुम सो जाओ मैं गाऊँ',

‘महलों में आई’ (जो भी ‘फुटपाथ’ के लिए ही पहले रेकॉर्ड किया गया था और नक़्श लायलपुरी द्वारा ही लिखित था), कमली द्वारा लिखित ‘ना मैं लड़ी थी’ और बिस्मिल की अमर रचना ‘सरफ़रोशी की तमन्ना’ आदि गीतों के साथ जयदेव और आशा भोसले के ग़ैर फ़िल्मी सफ़र के माधुर्य से एक अध्याय की परिभाषा बनती है। कबीर की रचना ‘कौन ठगवा नगरिया लूटल हो’ को तो ‘अनकही’ फ़िल्म में भी शामिल किया गया। दिनकर की ‘उर्वशी’ को भी संगीत से सजाने का काम जयदेव ने ही किया। एस. जानकी के स्वर में ‘पर क्या बोलूँ क्या कहूँ भ्रांति यह देह’ को सुनना आज भी अभिभूत कर देता है।

जयदेव

छाया गांगुली के स्वर में सूरदास का भजन ‘मोहे अब के बेर उबारो’ भी जयदेव की एक चर्चित रचना रही है। उद्धव कुमार के गीत ‘सत्यमेव जयते’ को संगीतबद्ध करके हिन्द-पाक युद्ध के समय 12 दिसम्बर, 1971 को लता से रामलीला मैदान, दिल्ली में गवाकर श्रोताओं को मंत्रमुग्ध करने का श्रेय भी जयदेव को ही मिलता है। इसी भारत-पाक युद्ध के सन्दर्भ में लता के स्वर में नरेन्द्र शर्मा के लिखे ‘जो सफ़र में हो गए अमर मैं उनकी याद में गा रही हूँ आज श्रद्धा गीत धन्यवाद नें’ की भी दिल्ली की अपार भीड़ के सामने पेशकश जयदेव की संगीतबद्ध अमर रचना बन गई है जो किसी भी तरह ‘ऐ मेरे वतन के लोगो’ से

कम नहीं लगती। इस गीत की शब्दावली और धुन इतनी मार्मिक है कि जटिल कम्पोज़ीशन होने के बावजूद आज भी इसे सुनकर श्रोता मंत्रमुग्ध हो जाते हैं। 'जो समर में हो गए अमर' को बाद में जयदेव ने आशा से भी गवाया। पीनाज़ मसानी और हरिहरन की कई आरम्भिक रचनाओं के कम्पोज़र जयदेव ही थे। पीनाज़ के गाए 'तुमको हम दिल में', 'वादा-ए-शाम-ए-फ़र्दा पे', 'जब से लगन लगाई रे, उमर-भर नींद न आई रे' आदि कई ग़ज़लों और गीतों के कम्पोज़र जयदेव रहे हैं। दूरदर्शन के 'आरोही कार्यक्रम में जयदेव द्वारा संगीतबद्ध पीनाज़ मसानी द्वारा गाए 'मोरा अंग अंग नवरंग' तथा हरिहरन के गाए 'दाता ओ दाता' आज भी कई सुधी श्रोताओं को याद हैं। भूपेन्द्र के गाए 'वो दिन कितने सुन्दर थे' की राग बाग़ेश्री में जयदेव ने अद्‌भुत-सी सौम्य धुन बनाई थी। हरिहरन ने लेस्ली लुइस के साथ निकाले अपने एलबम 'Colonial Cousins-Aatma' की रचना 'Guiding Star' की मूल धुन की प्रेरणा जयदेव की बनाई धुन से ही ली है।

जयदेव की अन्तिम रेकॉर्डिंग फ़िराक़ गोरखपुरी की ग़ज़लों की थी। शैला गुलवाड़ी के स्वर में 'किसी का यूँ तो हुआ कौन उम्र भर फिर भी / ये हुस्नो इश्क़ तो धोखा है सब मग़र फिर भी' और 'शाम थी तुम थे मैंने छेड़ी ग़ज़ल' को सुनना अलौकिक अनुभव है। इसी ग़ज़ल 'शाम थी तुम थे' को जयदेव ने नीलम साहनी से भी बड़ी ख़ूबसूरती से गवाया था। 'हम भी फ़िराक़ इनसान थे आख़िर तर्के मुहब्बत से क्या होता' को रेकॉर्ड करते समय वे अभिभूत हो गए थे और बोल उठे थे कि अब जिस काम को मैं वर्षों से पूरा करना चाहता था, वह पूरा हो गया...अब मौत बेशक मुझे ले जाए। उस समय क्या पता था कि हफ़्ते-भर के भीतर सचमुच मौत उन्हें ले जाएगी।

'पाकीज़ा' का संगीत

'पाकीज़ा' की अपार सफलता इस फ़िल्म के संगीतकार ग़ुलाम मुहम्मद अपने जीते जी न देख सके, क्योंकि 18 मार्च, 1968 को वे यह दुनिया छोड़ चुके थे और 'पाकीज़ा' उनकी मृत्यु के चार वर्ष बाद रिलीज़ हुई। ऐसा नहीं है कि 'पाकीज़ा' संगीतकार ग़ुलाम मुहम्मद की अकेली हिट फ़िल्म थी। उसके पहले भी 'दिले नादां' (1953), 'मिर्ज़ा ग़ालिब' (1954) और 'शमा' (1961) जैसी फ़िल्मों में वे उत्कृष्ट संगीत दे चुके थे और 'मिर्ज़ा ग़ालिब' के संगीत से प्रभावित होकर ही निर्माता कमाल अमरोही ने ग़ुलाम मुहम्मद को 'पाकीज़ा' के लिये चुना।

'पाकीज़ा' के साथ यह त्रासदी रही कि फ़िल्म के बनने में वर्षों लग गए और जैसा आप पर्दे पर देख सकते हैं, मीना कुमारी के पहले के रेकॉर्ड और फ़िल्मांकित किए गए गीत और दृश्य और बाद के वर्षों के दृश्यों में युवावस्था और एक बीमार अधेड़ावस्था का फ़र्क़ साफ़ नज़र आता है। 1954 में शुरू की गई यह फ़िल्म मीना कुमारी और कमाल अमरोही के बीच मतभेदों के कारण 1964 में रुक गई, और 1969 में ही जाकर फिर शुरू की गई। पर 'पाकीज़ा' के संगीत देते समय

इन्हीं लोगों ने ले लीना दुपट्टा मेरा...; फ़िल्म : पाकीज़ा

ग़ुलाम मुहम्मद की माली हालत भी अच्छी नहीं थी—यहाँ तक कि वे हृदय रोग से ग्रस्त थे, पर हृदय रोग का इलाज तो दूर, उनके पास इतने पैसे भी नहीं थे कि वे ईद भी धूम-धाम से मना सकते। विपन्नता ने उन्हें सुदूर बोरीवली में रहने को भी मजबूर कर दिया था। यह अवश्य है कि 'पाकीज़ा' ने ग़ुलाम मुहम्मद का नाम सब की ज़ुबान पर ला दिया। 'पाकीज़ा' में विशिष्टता और लोकप्रियता का वह दोहरा मुकाम ग़ुलाम मुहम्मद ने पा लिया था जो हर संगीतकार का ध्येय होता है। इस फ़िल्म का हर गीत संगीत का एक अध्याय हो सकता है। मुजरे को इतनी पाकीज़गी और दिलक़श अन्दाज़ में फ़िल्म-संगीत में उसके पहले कभी पेश नहीं किया गया था। यमन पर आधारित 'इन्हीं लोगों ने ले लीना दुपट्टा मेरा' में लता की खनक और कहरवा चार मात्रा में तबले की ग़मक का द्वय अपने चरम पर था। यह एक पारम्परिक बन्दिश थी और इसकी पारम्परिक धुन पहले भी फ़िल्म 'हिम्मत' (1941) में संगीतकार पं. गोबिन्दराम ने शमशाद बेगम से और फ़िल्म 'आबरू' (1943) में मज़ाकिया शैली में याक़ूब से गवाया था, पर 'पाकीज़ा' के 'इन्हीं लोगों ने' की बात ही कुछ और थी। मांड की अपनी परिचित राजस्थानी शैली में आरम्भ किया गया मुखड़ा और फिर ख़ास मुजरा शैली में विस्तारित किया गया 'ठाड़े रहियो ओ बाँके यार' में तबले का विलक्षण इस्तेमाल, तिल्लाना का बीच में उपयोग तथा स्वर की तड़प की खींचनेवाली अनुगूँज थी। यमन कल्याण और भूपाली का सम्मिश्रण लिये 'चलते-चलते यूँ ही कोई मिल गया था' में पार्श्व संगीत (जिसके अन्त में ट्रेन की सीटी की ध्वनि का अद्भुत प्रभाव था) और आवाज़ की अप्रतिम जादूगरी का बेमिसाल सम्मिश्रण था तो 'आज हम अपनी दुआओं का असर देखेंगे' में रात का आतंक और प्यार की आज़माइश,

दोनों को ग़ुलाम मुहम्मद के पहाड़ी और माँझ खमाज आधारित संगीत ने लता की आवाज़ में मूर्त कर दिया था। इन चारों धुनों के सामने 'मौसम है आशिक़ाना' एक साधारण धुन लगने लगती है, इतना विराट था 'पाकीज़ा' का संगीत। 'पाकीज़ा' के थीम संगीत के लिए गायक भूपेन्द्र ने बारह तन्तु गिटार को सरोद की तरह बजाया था, यह तथ्य कम रोचक नहीं है। फ़िल्म के आरम्भ में लता के स्वर में तराना/तिल्लाना 'धीम ताना देरे जा' और उसके बाद आलाप की अनुगूँज भी अद्‌भुत है। 'पाकीज़ा' के दो गानों को बीमार होने के कारण ग़ुलाम मुहम्मद के आग्रह पर नौशाद ने रेकॉर्ड किया था। इसलिए 'चलते-चलते' में नौशाद का प्रभाव परिलक्षित होता है।

वैसे 'पाकीज़ा' का पार्श्व संगीत तो ग़ुलाम मुहम्मद की मृत्यु हो चुकने के कारण पूर्णतः नौशाद ने ही दिया और परवीन सुल्ताना, राजकुमारी और वाणी जयराम से बड़ी सुन्दर ठुमरियाँ गवाईं, जैसे उस समय तक गुमनामी की गर्त में खो चुकी पुरानी पार्श्व गायिका राजकुमारी के स्वर में 'नज़रिया की मारी', वाणी जयराम के स्वर में पहाड़ी की छाया लिये 'मोरा साजन सौतन घर जाए' और परवीन सुल्ताना के स्वर में 'कौन गली गये श्याम'। इन सबको तो रेकॉर्ड में भी शामिल किया गया, पर फ़िल्म के साउंडट्रैक पर तो और भी कई बन्दिशों और ग़ज़लों के अंश कोठों की पृष्ठभूमि में सुनाई पड़ते हैं, जिनमें नसीम बानो चोपड़ा के स्वर में मीर की ग़ज़ल 'देख तो दिल की जाँ से उठता है' तो लाजवाब ही थी। इसके अतिरिक्त छोटे-छोटे टुकड़ों के रूप में राजकुमारी के स्वर में 'मोरी बाली उमरिया में दाग़' और 'अब कि न जाओ बिदेस' जैसी ठुमरियाँ और वाणी जयराम के स्वर में ग़ज़ल 'मौत की उल्फ़त में' भी सुनाई देती हैं।

'पाकीज़ा' के लोकप्रिय गानों को तो हर कोई जानता है, इन पर

चर्चा और इनकी वाहवाही भी बख़ूबी हो चुकी है, पर पाकीज़ा के लिए ग़ुलाम मुहम्मद के द्वारा कम्पोज़ किए गए उन गानों का भी जवाब नहीं है जो फ़िल्म में शामिल नहीं हुए और जिन्हें 'पाकीज़ा : रंग ब रंग' के नाम से अलग रेकॉर्ड में एच.एम.व्ही. ने रिलीज किया। 'पी के चले हम हैं शराबी' में लता की आवाज़ की कोमलता और तबले की गत के बीच ग़ुलाम मुहम्मद ने जो 'हारमनी' पैदा की है, वह अद्‌भुत है। लता की एकल आवाज़ में पहाड़ी पर कम्पोज़ किया 'चलो दिलदार चलो' फ़िल्म में शामिल किए गए लता-रफ़ी के युगल गीत से कहीं बेहतर बन पड़ा है। एकल गीत में प्रवाह, गति और तीव्रता का जो स्वाभाविक संगम है वह युगल गीत में थोड़ा निर्मित-सा लगता है। अन्य गीतों में 'प्यारे बाबुल तुम्हारी दुहाई' (लता) और 'कोठे से लम्बा हमारा बन्ना' (शमशाद) पारम्परिक विवाह गीतों की धुनें हैं, 'ये किसकी आँखों का नूर हो तुम' (रफ़ी) पारम्परिक मुशायरे की शैली का राग यमन में एक संगीतमय विस्तार है (ख़य्याम की कई रचनाओं में भी इस शैली का प्रयोग मिलता है), 'जाएँ तो अब कहाँ' (रफ़ी, शमशाद) क़व्वाली की शैली में है तो 'बन्धन बाँधो न' (शोभा गुर्टू) राग भूपाली पर आधारित शास्त्रीय रचना है। सुमन का आवाज़ में पारम्परिक मुजरे को पुनः जीवन्त करता 'गिर गई रे मोरे माथे की बिंदिया' एक अनूठी रचना है और सुमन की आवाज़ पर नियंत्रण और फैलाव, दोनों को प्रकट करती है। इसी तरह 'तन्हाई सुनाया करती है' (लता) एक कविता की तरह नर्म और छूनेवाली रचना बन पड़ी है। यह निष्कर्ष अनुचित नहीं है कि 'पाकीज़ा' के लिए ग़ुलाम मुहम्मद ने अपनी क्षमता का बहुआयामी उपयोग किया और संगीत की हर विधा की बानगियाँ तलाशीं। यह दोहरे अफ़सोस का विषय है कि 'पाकीज़ा' ग़ुलाम मुहम्मद के जीवनकाल में बन न सकी,

और जब बनी तो उसमें कई बेहद ख़ूबसूरत गीत शामिल न किए जा सके। क़ायदा तो यह था कि विशिष्ट संगीत के लिए ग़ुलाम मुहम्मद को मरणोपरान्त फ़िल्मफ़ेयर पुरस्कार दिया जाता, पर फ़िल्मफ़ेयर पुरस्कारों की दुनिया में गुणवत्ता कई बार मानक नहीं रही है। पुरस्कार शंकर की 'बेईमान' को मिला, जिसका संगीत कुल मिलाकर लचर था और 'पाकीज़ा' के तो आसपास भी नहीं ठहरता था।